探索新时代「双一流」建设的中国道路

刘承波 ◎ 著

中国财经出版传媒集团
中国财政经济出版社

图书在版编目（CIP）数据

探索新时代“双一流”建设的中国道路/刘承波著 .—北京：中国财政经济出版社，2018.11

ISBN 978－7－5095－8686－0

Ⅰ. ①探… Ⅱ. ①刘… Ⅲ. ①高等教育－教育改革－研究－中国 Ⅳ. ①G649.21

中国版本图书馆 CIP 数据核字（2018）第 269224 号

责任编辑：张怡然　　责任印制：张　健

封面设计：秦聪聪　　版式设计：楠竹文化

中国财政经济出版社 出版

URL：http：//ckfz.cfeph.cn

E－mail：cfeph@cfeph.cn

社址：北京市海淀区阜成路甲 28 号　邮政编码：100142

营销中心电话：010－88191537

天猫网店：中国财政经济出版社旗舰店

网址：https：//zgczjjcbs.tmall.com

北京财经印刷厂印刷　各地新华书店经销

787×1092 毫米　16 开　19.75 印张　224 000 字

2019 年 1 月第 1 版　2019 年 1 月北京第 1 次印刷

定价：79.00 元

ISBN 978－7－5095－8686－0

（图书出现印装问题，本社负责调换）

本社质量投诉电话：010－88190744

打击盗版举报热线：010－88191661　QQ：2242791300

序

统筹推进世界一流大学和一流学科建设，实现我国从高等教育大国到高等教育强国的历史性跨越，是以习近平同志为核心的党中央准确把握世界创新经济发展的新形势和全球高等教育发展格局的新变化，高瞻远瞩、审时度势做出的重大战略决策，必将为提升我国高等教育发展水平、增强国家核心竞争力奠定长远发展基础。

是否拥有世界先进水平的大学，是一个国家高等教育发展水平的重要标志。在日趋激烈的国际竞争中，世界发达国家都将追求大学卓越、创建世界一流大学，作为提升国际竞争力、确保国际竞争优势的重要战略举措。我们国家也一向重视高等教育重点建设，发挥制度优势，实施了一系列旨在提高质量、追求世界一流的“工程”和“计划”，最引世人瞩目的就是20世纪末以来相继实施的“211工程”、“985工程”。通过实施“211工程”、“985工程”以及“优势学科创新平台”和“特色重点学科项目”等重点建设，一批重点高校和重点学科建设取得重大进展，带动了我国高等教育整体水平的提升，为经济社会持续健康发展做出了重要贡献。

但由于这些“工程”、“计划”在实施过程中逐渐暴露出缺乏竞争、身份固化、重复交叉等突出问题，迫切需要创新实施方式，激发活力，加强资源整合。正是在此背景下，国家提出了进一步实施“双一流”建设这一全新的计划。从公布的首批“双一流”建设名单看，有世界一流大学建设高校42所（A类36所，B类6所），世界一流学科建设高校95所，共计高校137所，大多数是“211工程”、“985工程”以及“优势学科创新平台”和“特色重点学科项目”等重点建设高校，还有25所学科特色鲜明的非“211工程”、“985工程”高校。可以说，“211工程”、“985工程”等为实施“双一流”建设奠定了主要基础。但正如陈宝生部长所指出的，“双一流”不是“985”、“211”的翻版，要在继承好已有建设成效的基础上，在加强系统谋划、加大改革力度、完善推进机制上下功夫，努力形成总量控制、开放竞争、动态调整的高校重点建设新格局，开辟高等教育强国建设的新道路。

同时，“双一流”建设还被赋予了“引领性工程”、“示范性工程”的新使命，即“双一流”建设要引领高等教育内涵式发展，提升高等教育的整体水平。这是建设高等教育强国的必然要求。目前我国有普通高校2631所，其中大量的是不同层次、不同类型的地方院校，建设高等教育强国同样离不了它们。新时代的“双一流”建设，既要建设学术性研究型大学，又要激发不同层次与类型的地方高校，争创各种层次、类型的一流。要看到，不同层次、类型的高校各有所长，都有在各自层次与类型中争创一流的潜质。传统学术性研究型大学可以办成世界一流大学，在某些领域具有特色的应用型大学同样有望在该层次与类型中办成世界一流大学。“双一流”建设要积极发挥好示范引领作用，引领和带动地方高水平大学建设，促进中西部高校综合实力提升和基础能力建设。要坚持统筹兼顾、多元发展，把“一流”的精神推进到高等教育各个层次、各种类型的高校与学科，以此引领高等教育的多样化发展，防止“双一流”的高校和学科成为天马行空的“独行侠”。

正是由于“双一流”建设被寄予厚望，因此一经提出便引起社会各界的广泛关注，成为一段时间以来高教界研究的热点问题。我所指导的研究生刘承波博士的新著《探索新时代“双一流”建设的中国道路》，正是在这一研究热潮中出版的一本对“双一流”建设进行较系统全面研究的专著。专著立足新时代，遵循“扎根中国大地办大学”的原则要求，对“双一流”建设的历史使命、推进策略、制度建设等进行了全面系统的研究，在国内走在前列，不仅有学术水平，而且有政策参考价值。作者所在单位——国家教育发展中心，是专门从事教育发展和改革的宏观决策研究与咨询机构，为开展国家教育发展战略和体制改革的重大决策研究，为制定教育领域的重大文件发挥了重要作用。我和顾明远、吕型伟等一些老同志也曾长期参与发展中心专家咨询委员会的专家咨询工作。刘承波博士2002年在厦门大学获得博士学位后，即到教育发展研究中心，从事教育理论与政策研究。在发展中心的十几年间，他在高等教育大众化、高等教育重点建设、高等教育治理等方面取得了较为丰富的研究成果，学术研究能力不断提高；在围绕国家教育改革发展任务，承担服务领导重要决策项目方面，发挥了应有作用，体现出较高的政策研究水平。他的这本专著，正是得益于他多年来的研究积累。

概览全书，站位较高，视野宽阔，内容丰富。专著首先从战略高度分析了“双一流”建设的历史使命，对“双一流”建设服务国家战略、引领高等教育内涵式发展、推进构建人类命运共同体等都有深入探讨，有独到的见解。例如，专著紧紧把握时代主题，提出“双一流”建设要为推进世界文明进步，推动构建人类命运共同体做出新贡献。党的十八大以来，我国提出“一带一路”倡议、推进构建人类命运共同体、支持多边主义，在世界舞台发挥着更大作用，赢得了国际社会普遍赞誉。“双一流”建设以构建人类命运共同体的理念深化教育改革，进一步发挥大学的功能与作用，为中国特色社会主义事业发展和人类社会进步做出新时代的贡献，正是反映了新时代的新要求。其次本书是对推进策略的研究。从“211”、“985”到“双一流”，高等教育重点建设在完善推进机制方面做出新的努力。对此，专著提出要发挥制度优势统筹推进，在借鉴国外经验做法基础上建立健全“双一流”建设的动态调整推进机制，植根本土在有关学科领域实现超越，社会评价助推“双一流”建设等。最后，专著提出要加快中国特色现代大学制度建设，为“双一流”建设提供制度保障。要在借鉴发达国家高等教育治理的成功经验基础上，改变传统的高校管理理念，坚持体制机制创新，完善高校治理体系、提高治理能力。

这本专著，逻辑严谨，思路清晰，站在中国特色社会主义进入新时代这一新的历史方位，探索当前“双一流”建设“中国特色、世界一流”的发展道路，对于新时代加快推进“双一流”建设具有重要理论与实践价值。当然，正如专著中所指出的，“双一流”建设作为我国高等教育改革发展的重大战略决策，必将主导今后较长一个时期我国高等教育发展的走向。新时代有关“双一流”的研究与实践，也必将长期处于进行时，处于探索推进当中。随着“双一流”建设的不断推进，许多理论和实践问题还需要逐步深化研究。期待作者能在对“双一流”建设的理论和实践问题的后续研究中有新的成果和收获。

潘懋元

2019 年 1 月 10 日

前　言

党的十九大指出，建设教育强国是中华民族伟大复兴的基础工程，必须把教育事业放在优先位置，深化教育改革，加快教育现代化，办好人民满意的教育。高等教育肩负着培养数以千万计的专门人才和一大批拔尖创新人才、进行科技创新、开展社会服务的重要使命，是综合国力的重要组成部分，在支撑经济社会发展、提高自主创新能力、推进创新型国家建设、全面建设小康社会和实现中华民族伟大复兴中具有基础性、先导性、战略性的作用。进入新时代，为提升我国高等教育综合实力和国际竞争力，为实现“两个一百年”奋斗目标和中华民族伟大复兴的中国梦提供有力支撑，必须以统筹推进世界一流大学和一流学科建设（简称“双一流”建设）为契机，积极推进高等教育改革和创新，实现高等教育内涵式发展，努力建设高等教育强国。

一

2015 年 8 月，习近平总书记主持召开中央全面深化改革领导小组第十五次会议，审议通过了《统筹推进世界一流大学和一流学科建设总体方案》（简称《总体方案》）。“双一流”建设是党中央、国务院在新的历史时期，为提升我国教育发展水平、增强国家核心竞争力、奠定长远发展基础做出的重大战略决策。根据《总体方案》，到 2020

年，中国若干所大学和一批学科进入世界一流行列，若干学科进入世界一流学科前列；到2030年，更多的大学和学科进入世界一流行列，若干所大学进入世界一流大学前列，一批学科进入世界一流学科前列，高等教育整体实力显著提升；到21世纪中叶，一流大学和一流学科的数量和实力进入世界前列，基本建成高等教育强国。

“双一流”建设既承载着国家理想，助推“两个一百年”奋斗目标和中华民族伟大复兴中国梦的实现，又关乎“211工程”、“985工程”之后国内高水平大学发展的走向，关乎未来若干年中国高等教育国际竞争力的提高。自《总体方案》发布以来，一直牵动人心，刺激着人们的神经，引起社会各界广泛关注。为推动《总体方案》尽快落地实施，2017年1月教育部、财政部、国家发展和改革委员会联合发布了《统筹推进世界一流大学和一流学科建设实施办法（暂行）》（简称《实施办法》）。作为《总体方案》的操作实施性文件，《实施办法》为高校合理选择建设路径，不断提升人才培养、科学研究、社会服务、文化传承创新和国际交流合作能力指明了方向。《实施办法》提出，坚持以“中国特色、世界一流”为核心要求，坚持“以一流为目标、以学科为基础、以绩效为杠杆、以改革为动力”的基本原则，坚持扶优扶需扶特扶新，按照“一流大学”和“一流学科”两类布局建设高校，引导和支持具备较强实力的高校合理定位、办出特色、差别化发展。以学科为基础，着力打造学科领域高峰，支持一批接近或达到世界先进水平的学科，加强建设关系国家安全和重大利益的学科，鼓励新兴学科、交叉学科，布局一批国家急需、支撑产业转型升级和区域发展的学科，积极建设具有中国特色、中国风格、中国气派的哲学社会科学体系，以一流学科建设带动高校整体建设。

2017年9月21日，在社会各界的期待中，世界一流大学和一流学科建设高校名单尘埃落定，教育部、财政部、国家发展和改革委员会印发《关于公布世界一流大学和一流学科建设高校及建设学科名单的通知》，终于公布了“双一流”建设高校名单和“双一流”建设学科名单：42所大学成为一流大学建设高校，其中A类36所，B类6所；95所高校成为一流学科建设高校；共确立了465个一流学科建设的学科点。这标志着我国“双一流”建设进入了正式实施阶段，我国高等教育重点建设已开启新的征程。

二

习近平总书记在党的十九大报告中郑重宣示：“经过长期努力，中国特色社会主义进入了新时代，这是我国发展新的历史方位。”新时代是中国人民在历经“站起来”、“富起来”的历史进步后，将迈入建设中国特色社会主义现代化强国“强起来”、实现中华民族伟大复兴的新时代。十九大报告将“双一流”建设作为“优先发展教育事业”的重要内容，意味着我国高等教育强国建设进入了新时代。

十九大报告明确提出，要加快一流大学和一流学科建设，实现高等教育内涵式发展。在这一要求面前，“双一流”建设需要按《总体方案》提出的“以中国特色、世界一流为核心”，在“世界一流”和“中国特色”的结合上下功夫，在内涵、品位和精神气质上下功夫。2014年5月，习近平总书记在北京大学师生座谈会上的讲话中指出：“办好中国的世界一流大学，必须有中国特色。没有特色，跟在他人后面亦步亦趋，依样画葫芦，是不可能办成功的。这里可以套用一句话，越是民族的越是世界的。世界上不会有第二个哈佛、牛津、斯坦福、麻省理工、剑桥，但会有第一个北大、清华、浙大、复旦、南大等中国著名学府。我们要认真吸收世界上先进的办学治学经验，更要遵循教育规律，扎根中国大地办大学。”2016年12月7日，他在全国高校思想政治工作会议上的讲话中进一步指出：“我国有独特的历史、独特的文化、独特的国情，决定了我国必须走自己的高等教育发展道路，扎实办好中国特色社会主义高校。我国高等教育发展方向要同我国发展的现实目标和未来方向紧密联系在一起，为人民服务，为中国共产党治国理政服务，为巩固和发展中国特色社会主义制度服务，为改革开放和社会主义现代化建设服务。”扎根中国大地，凸显中国特色，正是“双一流”建设的根本立足点和出发点；从本国实际出发探索出一条自己的成功之路，则是“双一流”建设的必然选择。

首先要明确“双一流”建设肩负国家重托，要面向国家重大战略需求，面向经济社会主战场，面向世界科技发展前沿，全面提升学校在人才培养、科学研究、社会服务、文化传承创新和国际交流合作的综合实力。要坚持社会主义办学方向，全面贯彻党的教育方针，注意吸收借鉴“211工程”、“985工程”实施中的经验与不足，进一步促进学科交叉融合和协同创新，面对新时代国家发展战略的调整、社会主要矛盾发生转变的外部环境变化，探讨“双一流”建设新道路。

需要看到，近代高等教育、世界一流大学、高等教育强国均起源并产生于西方社会。一些发达国家的世界一流大学在其长久的发展过程中形成了独特的学校风格、办学特色、制度文化，反映出其深厚的历史积淀。习近平总书记指出，虚心学习、积极借鉴别国、别民族思想文化的长处和精华，是增强本国、本民族思想文化自尊、自信、自立的重要条件。这些世界一流大学在人才培养、学科建设、科学研究、社会服务等方面有着成功的经验，在大学制度建设、高等教育治理、教授治学、校长治校、社会参与等方面已形成规律性的认识，对我们进行“双一流”建设具有重要借鉴作用。

尽管如此，我们也要认识到，虽然每当人们追问世界一流大学的基本特征、探索世界一流大学的形成规律、寻找高等教育强国的建设路径时，总是习惯于聚焦西方国家，希冀从中找到世界一流大学、高等教育强国的参照基准和模仿对象，但是，世界一流大学乃至高等教育强国并非西方社会专有的文化产物，非西方社会随着现代化的发展也将会诞生自己的一流大学，成为高等教育强国。高等教育后进国家（或高等教育后发外生型国家）在迈向高等教育强国的进程中，或多或少地存在一个西方化的过程，但这一过程应超越简单的移植、模仿，走向自主创新，形成一套适合本土的高等教育发展机制。探索新时代“双一流”建设的中国道路，就是要本着“解放思想，实事求是”的精神，从中国实际出发探索出一条合乎本国实际的建设高等教育强国的发展道路。

三

自《总体方案》发布以来，“双一流”建设一直是学界研究的热点问题，有关研究文章不计其数，内容涉及人才培养、师资队伍建设、内部治理与制度建设、指标与评价、推进策略、国际交流与合作、一流大学比较研究等方面，其中有许多是大学领导或行政官员对学习领会“双一流”建设精神的体会文章，大量的学术研究文章也主要是对某个感兴趣的主题所做的有关研究探讨，缺乏从全局的观点把握“双一流”建设的总体要求、整体思路。随着党的十九大的召开，“双一流”建设迎来新时代新的建设高潮，进入全面落实发展的新阶段，也必然要求理论研究和实践探索深入推进，既要求从理论高度进行指导，又需要根据新情况、新问题提出具有针对性的政策建议和发展思路。因此，党的十九大之后，有关“双一流”建设的研究热度未减，反而继续高涨，但目前尚没有专著对新时代“双一流”建设面临的新形势、新要求及发展路径等进行深入系统的研究。在此研究现状下，本人主持了中央公益基金课题“新时代‘双一流’建设使命担当与推进策略”项目研究，力图以中国特色社会主义进入新时代为背景，对“双一流”建设的历史使命、推进策略、制度建设等方面进行全面的分析研究，努力探索“双一流”建设的中国道路。本书就是在本课题研究取得初步成果的基础上，对现有研究进行整理加工、进一步完善而成。

概览全书，按照逻辑递进关系，分为以下六大部分，即六章内容：

第一章：分析新时代对“双一流”建设的新要求、新期望。站在新的历史方位，“双一流”建设要以习近平新时代中国特色社会主义思想为指导，把握新机遇，瞄准发展方向，科学选择建设路径，解决新问题，做出新贡献。主要体现在以下方面：服务党的十九大提出的国家战略；引领高等教育内涵式发展；为构建人类命运共同体、促进人类进步做出更大贡献。接下来的三章分别展开论述。

第二章：主要内容是“双一流”建设如何服务国家发展战略。服务国家战略是“双一流”建设的重要前提和核心导向。“双一流”建设要围绕这一根本使命，努力培养造就一大批具有国际水平的战略科技人才、科技领军人才、青年科技人才和高水平创新团队；瞄准世界科技前沿着力提升我国基础研究和应用基础研究的原始创新能力，围绕国家发展重大需求推进科技创新，加强成果转化，服务经济社会发展。

第三章：主要内容是为实现高等教育内涵式发展，“双一流”建设应当如何发挥示范引领作用。一方面，“双一流”建设要按照“扶优扶需扶特扶新”要求，面向国家重大战略需求，拓展学科领域服务面向，调整优化高校科类结构和专业结构，办出特色、形成优势；另一方面，要对区域高等教育内涵式发展，起到带动和示范作用，促进区域布局结构调整，巩固提升特色优势学科，促进高等教育与经济社会的协调发展。

第四章：主要内容是为推动构建人类命运共同体，“双一流”建设应当如何拓展国际视野进一步发挥大学的功能与作用。在我国日益走近世界舞台中央的宏观背景下，“双一流”建设应当既立足中国，自觉置身于国家发展的大舞台，又面向国际前沿，努力把学术事业的本土使命与国际使命统一起来，为推动人类文明进步、构建人类命运共同体做出更大贡献。

第五章：在前面三章基础上，探讨“双一流”建设的推进策略。独特的历史、独特的文化、独特的国情，决定了“双一流”建设必须扎根中国大地办大学，走“中国特色、世界一流”的发展道路。要充分发挥制度优势推进重点建设，要学习借鉴国际经验建立健全“双一流”建设的动态调整推进机制，要植根本土在有关学科领域实现超越等。

第六章：“双一流”建设还必须有制度保障，要坚持体制机制创新，大力推进治理体系和治理能力现代化。要加强和完善党的领导，在国家的宏观调控政策指导下，处理好大学与政府的关系、大学与社会的关系，切实落实办学自主权，完善高校内部治理结构，发挥各种社会中介组织的作用，推进现代大学制度建设，形成学校依法自主管理、自主发展、自我约束、社会监督的制度保障机制。

应当看到，“双一流”建设作为我国高等教育改革发展的重大战略决策，必将主导今后较长一个时期我国高等教育发展的走向。新时代有关“双一流”的研究与实践，也注定长期处于进行时，处于探索推进当中。综观本书内容，还有许多问题研究得不够深入，还需要随着“双一流”建设的不断推进继续加以深化研究。这也是继本书之后还要进一步加强有关高等教育研究的一个重要方面。最后，期望本书的出版，对探索新时代中国特色“双一流”建设的理论与实践发挥积极作用，对读者了解近年来我国高教领域所进行的“双一流”建设等一系列重大改革有所帮助，同时，也敬请广大读者对书中存在的不足之处以及深化课题研究需要继续努力的方向，提出批评意见和宝贵建议。

目录

第一章 “双一流”建设肩负历史重任——新时代新期望 ………… 1

一、从国际视野看我国高等教育重点建设 ……………………… 3

二、新时代对“双一流”建设的新要求 ……………………… 12

第二章 服务国家发展战略——根本使命 ……………………… 19

一、培养造就服务国家发展战略的高层次创新人才 ………… 21

二、增强国家创新发展能力和核心竞争力 …………………… 53

第三章 实现高等教育内涵式发展——引领作用 ……………… 67

一、高等教育内涵式发展新理念 ……………………………… 69

二、以质量为核心加强“双一流”高校内涵建设 ………… 78

三、“双一流”建设引领高等教育体系协调发展 ………… 89

四、“双一流”建设带动高等教育布局结构调整 ………… 105

第四章 推动构建人类命运共同体——国际视野 ………… 111

一、构建人类命运共同体呼唤高等教育要有新作为 ……… 113

二、教育对外开放新格局为构建人类命运共同体奠定基础 …… 122

三、“双一流”建设推动构建人类命运共同体的实践路径 …… 129

第五章 “中国特色、世界一流”的路径选择——推进策略 …… 139

一、发挥制度优势推进重点建设 ……………………………… 141

二、建立动态调整推进机制 …… 152
三、探索“后发外生型”高等教育的“追赶超越”策略 …… 163
四、社会评价助推“双一流”建设 …… 182

第六章　推进治理体系和治理能力现代化——制度保障 …… 201
一、从管理到治理 …… 203
二、高等教育治理初见成效 …… 207
三、借鉴国外大学制度完善我国高等教育治理体系 …… 218
四、根据“双一流”建设要求进一步提升高等教育治理能力 …… 240

参考文献 …… 249

附　录 …… 267
附录一：国务院关于印发统筹推进世界一流大学和一流学科建设总体方案的通知（国发〔2015〕64 号） …… 269
附录二：教育部、财政部、国家发展和改革委员会关于印发《统筹推进世界一流大学和一流学科建设实施办法（暂行）》的通知（教研〔2017〕2 号） …… 279
附录三：教育部、财政部、国家发展和改革委员会关于公布世界一流大学和一流学科建设高校及建设学科名单的通知（教研函〔2017〕2 号） …… 287

后　记 …… 297

第一章

“双一流”建设肩负历史重任

——新时代新期望

高等教育肩负着培养数以千万计的高级专门人才和一大批拔尖创新人才、发展科学和服务社会的重要使命，对于提高全民素质、提升国家的综合国力和核心竞争力，具有极其重要的战略意义。习近平总书记指出①：“教育强则国家强。高等教育发展水平是一个国家发展水平和发展潜力的重要标志。实现中华民族伟大复兴，教育的地位和作用不可忽视。我们对高等教育的需要比以往任何时候都更加迫切，对科学知识和卓越人才的渴求比以往任何时候都更加强烈。党中央做出加快建设世界一流大学和一流学科的战略决策，就是要提高我国高等教育发展水平，增强国家核心竞争力。”站在新时代这个新的历史方位，“加快一流大学和一流学科建设，实现高等教育内涵式发展”，必将为实现“两个一百年”奋斗目标和中华民族伟大复兴的中国梦提供强有力支撑。

一、从国际视野看我国高等教育重点建设

国际经验告诉我们，是否拥有世界先进水平的大学，是一个国家高等教育发展水平的重要标志，是一个国家综合国力的集中体现。综观当今世界，所有发达国家都拥有世界著名的一流大学，如美国的哈佛大学、斯坦福大学，英国的牛津大学、剑桥大学，日本的东京大学，俄罗斯的莫斯科大学等。这些大学对本国的经济、科技、社会、军事等各个领域的发展起着重大影响。进入新世纪，面对知

---

① 《习近平在全国高校思想政治工作会议上强调：把思想政治工作贯穿教育教学全过程 开创我国高等教育事业发展新局面》，人民网，《人民日报》，http：//dangjian. people. com. cn/n1/2016/1209/c117092 – 28936962. html，2016 年 12 月 9 日。

识经济的发展、经济全球化步伐的加快以及各种挑战，各国更普遍突出了发展高等教育对国家利益、国家安全的重要作用，对教育政策进行调整。许多国家将追求大学卓越、创建世界一流大学，作为提升国际竞争力、确保国际竞争优势的重要战略举措，纷纷提出有关行动计划，如德国的“卓越计划”、韩国的“BK21 工程”、俄罗斯的“联邦创新型大学计划”、日本的“21 世纪 COE 计划”等。近 20 年来，我国政府相继实施了“211 工程”和“985 工程”等，追求世界一流的努力，也一直引起世人瞩目。通过实施“211 工程”、“985 工程”以及“优势学科创新平台”和“特色重点学科项目”等重点建设，一批重点高校和重点学科建设取得重大进展，带动了我国高等教育整体水平的提升，为经济社会持续健康发展做出了重要贡献。“双一流”战略的实施无疑将加速推进我国若干所大学、一批学科步入或者接近世界一流大学和一流学科的行列，对实施创新驱动发展战略发挥着重要的引领和支撑作用。

（一）国际视野中的一流大学建设①

进入 21 世纪以来，面对经济转型发展、世界科技竞争、高等教育国际化的挑战，世界各国的高等教育纷纷掀起了如火如荼的改革。早在 2000 年，美国国会主持完成《科学、工程技术的竞争优势：美国人才多样化》；2001 年国防部主持完成国家安全系列报告之三——《国家安全路线图：必要的变革》；2003 年国家科学委员会完成《科学、工程领域劳动力政策国家报告草案》；2003 年国家科学院完成《理解

① 部分内容参见：刘承波：《从国家战略高度加快建设世界一流大学》，《清华大学教育研究》2005 年第 6 期。

他人，教育自己：从国际比较研究中获益》①。从中可看出美国拟调整的重点为：加速本国人才培养，减少对外国人才的依赖；视科学和教育为影响国家安全的重要因素，设立“国家安全科学与技术教育法”；联邦政府要承担起人才培养的责任，以满足国家发展的长远需要；加强教育国际合作，努力提高教育质量。为使欧洲教育水平赶上美国，欧盟委员会 2005 年 4 月 20 日公布的一份报告称：欧盟计划增加对高等教育的投入，使其达到占 GDP 的 2%②。法国政府 2000 年开始实施“U3M 计划”，即“第三个千禧年的大学计划”，主要目的是增加教育资源，提高教育质量，推动科学研究，确保高等教育能够对国家（地区）的经济社会发展做出更多的贡献。“U3M 计划”在 2002—2006 年的总预算将超过 500 亿法郎（1 法郎 =0. 15 欧元），其中 402 亿法郎包含在国家（地区）的计划合同中，教育部直接管理的是 172 亿法郎③。英国国会 1997 年颁布《学习社会中的高等教育》，简称《迪尔英报告》，为 21 世纪的高等教育制订了蓝图。该报告被普遍认为是自 20 世纪 60 年代《罗宾斯报告》之后，第一个全面回顾与反思英国高等教育并对未来发展做出战略构思的纲领性文件④。英国在不断增加高等教育投入的同时，通过“研究评估计划”来提高大学的研究质量，并正在考虑根据取得的成功经验来提出一项外部基准方案，评估政府部

---

① 方庆朝：《美国酝酿对教育政策进行新的调整》，《教育部国际合作与交流司国外教育调研材料汇编》2003 年第 7 期，第 1—7 页。

② 西班牙《国家报》4 月 21 日报道：《欧盟拟大幅度增加高教投入》，《参考消息》2005 年 4 月 23 日。

③ 范文曜、马陆亭：《国际视野下高等教育质量评估与财政拨款》，教育科学出版社，2004，第 18—19 页。

④ 张建新、陈学飞：《英国高等教育改革法述评》，《清华大学教育研究》2004 年第 2 期，第 73 页。

门在运用科学政策方面的措施①。在加强大学与工业的联系方面英国也实施了一系列的计划，如“大学挑战计划”“联系计划”“法拉第合作伙伴计划”及“高等教育创新基金”。

在许多国家的高等教育发展战略中，建设高水平大学是其重要内容。如德国，为适应知识经济的发展需要，激活德国的高校体制，联邦德国教研部于2004年年初提出了创建5所“精英大学”的计划，在社会各界引起了强烈反响和广泛争论。经协商，联邦政府和各州政府年中达成一致：以联邦和各州“共建”的形式，创建10所“精英大学”，并重点资助德国大学的“精英系”以及旨在培养高层次科研后备力量的“博士生院”。“精英大学”计划的启动时间为2005年，联邦政府每年对该计划的拨款为2.5亿欧元②。日本21世纪初出台的《振兴日本经济改革大学结构计划》，提出拟建30所国际一流水准的大学。加大竞争性投入力度，使其在5年内翻一番；加速大学研究成果的产业化，提出大学专利的企业化要在5年内从70项提高到700项，要在10年内建成10个以上“硅谷”式的高新产业区等。2003年6月25日，韩国教育人力资源部、财政经济部、国防部、科学技术部等14个部联合制定出台了国家重点领域的人才培养综合实施计划③，预计4年内投资2兆2400亿韩元，目标是建立一套培养、开发、使用人才的新机制，在具有竞争力的核心领域培养一批能够主导和开发世界领先技术的高级专门人才。韩国还提出“21世纪智慧韩国”计

---

① 英国首相布莱尔：《科学之重要意义》，《科技日报》2002年9月16日。

② 《德国的“精英大学”计划》，《教育部国际合作与交流司国外教育调研材料汇编》2004年第5期，第4页。

③ 驻韩国使馆教育处：《韩国重点领域人才培养综合实施计划（摘要）》，《教育部国际合作与交流司国外教育调研材料汇编》2004年第1期，第106—107页。

划①，其第二阶段将把15所大学建设成世界一流学府；“星级学系”计划，拟每年投2000亿韩元从全球招聘50位明星级教授提升各大学的研究实力，希望为韩国培育未来的诺贝尔奖得主；“韩国学习”计划，拟增设奖学金大量吸引海外留学生。2010年，在萨科齐执政的法国政府的推动下，法国高等教育实施了“卓越大学计划”这一突破性的重大改革，力图通过将现有具备世界一流竞争力的较为分散的高等院校、“高等教育与研究集群”与科研机构进行合并转化与优势重组，为法国打造5—10所具有国际竞争力，能与哈佛大学、牛津大学等抗衡的顶尖大学②。

从这些国际比较不难看出，许多国家都是将追求大学卓越、创建世界一流大学，作为提升国家竞争力、确保国际竞争优势的重要战略举措。

（二）从“211工程”、“985工程”到“双一流”建设

中华人民共和国成立以来，重点建设一批高等学校一直就是我国高等教育发展的重大政策选择。新中国是在一穷二白的基础上建设起来的，因而对有限的资源一向十分珍惜。这种思想在高等学校层次结构上的体现，就是集中力量、重点建设一批高等学校。这一过程是漫长的，大致经历过新中国成立初期的“抓住重点，带动全局”办学方针的提出，1954—1963年全国重点高校的形成，1978—1981年全国重点高校的恢复和确立，1984—1985年部分高校被列为国家重点建设项

---

① 《韩国启动高教改革计划》，《参考消息》2005年5月4日。

② 张惠、刘宝存：《法国建设世界一流大学的战略及实践——以巴黎-萨克雷大学为例》，《清华大学教育研究》2015年第6期，第23—31页。

目，1984 年、1986 年和 2000 年在 55 所高等学校建立研究生院，20 世纪 90 年代中期以来被先后提出并实施的“211 工程”、“985 工程”建设以及后来实施的“2011 计划”等。尤其是“211 工程”、“985 工程”，近 20 年来一直是中国高等改革和发展的“风向标”，为世人所瞩目。截至 2011 年，共有 112 所高校进入“211 工程”，39 所高校进入“985 工程”。通过实施“211 工程”和“985 工程”，中国研究型大学与国外研究型大学的差距迅速缩小，无疑为“双一流”建设起到了重要奠基作用。

进入新时代，中国大学更是加快了追求世界一流的步伐。“双一流”建设作为国家战略，体现着国家的理想，承载着国家和民族的期望，将充分考虑“211 工程”、“985 工程”等高等教育重点建设基础，继承好已有建设成效，同时创新建设管理模式，把建设世界一流大学的事业在新历史潮流下推向前进。

1. “211 工程”和“985 工程”的实施

为迎接世界新技术革命的挑战，促进我国高等教育发展，提高高等学校的教育和科研水平，1993 年 2 月，党中央、国务院发布的《中国教育改革和发展纲要》提出，集中各方面力量办好 100 所左右重点大学和一批重点学科和专业。1995 年，国务院批准《“211 工程”总体建设规划》，正式开始实施“211 工程”。“211 工程”是 1995 年国务院批准实施的一项高等教育重点建设项目，具体是指：面向 21 世纪，重点建设 100 所左右的高等学校和一批重点学科点，以此“为我国进入 21 世纪准备骨干人才”，“使相当一批高等学校和重点学科点能够成为培养高层次专门人才和解决国家经济建设、科技和社会发展重大科技问题的基地，在教育质量、科学研究和管理等方面处于国内先进水平，并有一定的国际影响。其中若干所高等学校和部分重点学科点达到或接近世界先进水平”。“211 工程”是一个以倾向性资金为保障实现重点办学、有选择地发展高等教育事业的工程，显示了政府在公共经费投入上的政策导向性，中央政府投入呈现集中一部分财力向国内少数重点大学、重点学科倾斜的特征，是中华人民共和国建立以来在高等教育领域进行的规模最大的重点建设工程，自实施以来，较高质量地实现了预期目标，取得了一批重大成果和明显的效益。

世纪之交，世界开始进入以信息技术为标志的高科技和新经济时代，国际间对高层次人才的争夺日趋激烈，科学技术水平成为国家综合国力的重要标志。建设世界一流大学和高水平大学，是推动中国高等教育整体水平提升，实现跨越式发展的重要举措，是实施科教兴国战略和人才强国战略的重要组成部分。1998 年 5 月，时任国家主席江泽民在北京大学百年校庆的讲话中宣告：“为了实现现代化，我国要有若干所具有世界先进水平的一流大学。”据此，国家决定对部分高等学校予以重点支持。其目标是：经过 20 年或稍长一段时间的努力，在中国建设若干所世界一流大学和一批世界一流学科。为促进一流大学的创建，中央政府决定，从自 1998 年起的中央本级财政教育经费占本级财政支出比例年增长的 1% 中，设专项资金重点支持若干所大学进入国际先进行列。若干所国内外一流大学的创建，犹如建立一支“国家队”，是实现教育适度超前发展的重要组成部分，有力地推动了我国高等教育事业的整体发展。

国家通过“211 工程”和“985 工程”的建设，改善了高校过去资金匮乏、设施陈旧、队伍不稳的局面，形成了一批高水平综合大学，增强了高校的拔尖创新人才培养能力、科研实力、创新能力和为经济社会发展服务的能力，提高了高水平大学的人才培养质量，凝聚了一大批国际知名专家、学者和高水平师资，承担了大量的国家重大科研项目和课题，取得了一批具有标志性、突破性和对经济社会发展具有重大意义与推动作用的重大成果，拓展了国际交流与合作的领域，学术交往更加活跃，国际学术界的影响力和知名度不断提高，为中国改革开放和现代化建设做出了重大贡献，促进了综合国力的全面提升。在近年来的“泰晤士高等教育（THE）世界大学排名”中，北大、清华都进入了全球50强；在英国QS教育集团近年来的“QS世界大学学科排名”上，中国大陆有几十所大学入选全球顶尖学科前400名，在数量上仅次于美国。

2. “双一流”建设拉开序幕

虽然“211工程”和“985工程”在推动我国创建高水平大学、建设重点学科等方面取得了显著成效，但工程本身存在身份固化、竞争缺失、重复交叉等突出问题，迫切需要加强资源整合，创新实施方式。在此背景下，国家进一步实施“双一流”建设，希望在加强系统谋划、加大改革力度、完善推进机制等方面做出新的努力。2017年“两会”期间，教育部部长陈宝生明确表示①，“双一流”不是“985工程”、“211工程”的翻版，而是一个全新的计划，要在“985工程”、“211工程”基础上，把建设世界一流大学的事业在新历史潮流下推向前进，即既要充分考虑“211工程”、“985工程”等高等教育重点建设基础，继承好已有建设成效，同时又要创新建设管理模式。

“双一流”建设的总体基调是“建设高校实行总量控制、开放竞争、

① 陈宝生：《“双一流”不是“985”、“211”的翻版升级版山寨版》，http://www.xinhuanet.com/politics/2017lh/2017-03/12/c_129507948.htm，2017年3月12日。

动态调整”。“双一流”建设不仅在过程中实施动态监测，实行动态管理，而且在每一轮建设期末，进行评价，重新确定下一轮建设范围，有进有出。《统筹推进世界一流大学和一流学科建设实施办法（暂行）》中提出，坚持扶优扶需扶特扶新，按照“一流大学”和“一流学科”两类布局建设高校，“服务国家重大战略布局”和“扶持特殊需求”成为两大重要因素。建设过程中，对实施有力、进展良好、成效明显的，加大支持力度；对实施不力、进展缓慢、缺乏实效的，提出警示并减小支持力度。对于建设过程中出现重大问题、不再具备建设条件且经警示整改仍无改善的高校及学科，及时调整出建设范围。可以说，入围的高校并不是带上了“铁帽子”，建设不好随时有被摘掉帽子的风险。由此让已经列入名单的高校能够居安思危，让未能入选的高校看到方向与希望，真正激活高等教育发展的一池春水。

“双一流”建设方案提出了确切的时间表，包括三个阶段的具体建设目标和五年一轮的建设周期。阶段目标在时间段、内容项上既是递进的，又是并进的，即存在着从行列到前列、从少到多的递进，与大学、学科和高等教育整体实力的并进。① 最后，量变引起质变，形成“一流大学和一流学科的数量和实力进入世界前列，基本建成高等教育强国”的局面。这说明，“双一流”建设既瞄准高端，又对梯队有引领和带动作用，最终目的是为了建成高等教育强国；同时也说明，我们已开始由过去国家发展的现实需求、国际竞争的战略选择，进入到实现中国梦的理想升华。正如建设的指导思想所言——加快建成一批世界一流大学和一流学科，提升我国高等教育综合实力和国际竞争力，为实现“两个一百年”奋斗目标和中华民族伟大复兴的中国梦提供有力支撑。

① 马陆亭：《“双一流”建设承载着国家理想》，《群众》2017 年第 11 期。

二、新时代对“双一流”建设的新要求

党的十九大报告指出：“建设教育强国是中华民族伟大复兴的基础工程，必须把教育事业放在优先位置，加快教育现代化，办好人民满意的教育。”建设教育强国，第一次写入中国共产党全会报告，是全党和全国人民的奋斗目标，也是未来几十年中国教育发展的行动指南。加快推进“双一流”建设，恰逢全面建成小康社会进入决胜阶段、中国特色社会主义进入新时代的关键时期，意义尤为重大。站在新的历史方位，“双一流”建设将为提高我国高等教育发展水平、增强国家核心竞争力奠定更加坚实的基础，为建设富强民主文明和谐美丽的社会主义现代化强国提供强有力的人才保障。

（一）把握“双一流”建设新的历史方位

党的十九大报告指出，从现在到2020年，是全面建成小康社会决胜期；从十九大到二十大，是“两个一百年”奋斗目标的历史交汇期。报告提出，我们既要全面建成小康社会、实现第一个百年奋斗目标，又要乘势而上开启全面建设社会主义现代化国家新征程，向第二个百年奋斗目标进军：从2020年到2035年，在全面建成小康社会的基础上，再奋斗15年，基本实现社会主义现代化；从2035年到本世纪中叶，在基本实现现代化的基础上，再奋斗15年，把我国建成富强民主文明和谐美丽的社会主义现代化强国。党的十九大报告描绘了建设社会主义现代化强国的宏伟蓝图，分“两步走”的战略安排完整勾画了我国社会主义现代化建设的时间表、路线图。

教育兴则国兴，教育强则国强。新时代社会主义现代化强国呼唤教育强国。建设教育强国，为社会主义现代化建设服务，为中华民族伟大复兴奠定基础，实现全体人民共同富裕和共同发展，是新时代中国特色社会主义教育的新要求、新标志和新特征。为实现党的十九大确定的教育改革发展目标任务而奋斗，是教育战线的重大政治任务和工作主题。推进“双一流”建设，加快建成高等教育强国，为中华民族伟大复兴奠基，需要我们以十九大精神为指针，进一步认清形势、明确目标、理清思路，把握适应新的历史方位，充分认识到高等教育的发展环境所面临一系列变化：

一是国家发展战略的调整。党的十九大报告确定，到 2035 年，基本实现社会主义现代化。这比党的十三大提出“三步走”发展战略，即“到下个世纪中叶，人均国民生产总值达到中等发达国家水平，人民生活比较富裕，基本实现现代化”的目标，足足提前了 15 年。国家发展战略的调整直接决定教育发展战略的变化，教育包括高等教育，应该在 2035 年有更高、更清晰的奋斗目标，应当率先实现现代化，或者达到发达国家教育水平的前列。二是社会主要矛盾的转变。十九大报告指出，我国社会主要矛盾已经转化为“人民日益增长的美好生活需要和不平衡不充分的发展之间的矛盾”。社会主要矛盾的新表述使我们的视野更加宽广，对问题的认识更为深刻。不平衡主要表现为公平的问题，不充分主要表现为质量的问题。我们要充分认识这个主要矛盾在高教领域中的表现，认识高等教育“不平衡、不充分”的问题，为实现高等教育内涵式发展，努力满足人民日益增长的美好生活需要做出新的更大贡献。三是发展主题的转换。党的十九大报告指出，我们迎来了从“站起来、富起来到强起来”的伟大转折，“强起来”成为我国新时代发展的主题。未来高等教育的发展主题也应该从“大起来”向“强起来”转变，建设高等教育强国成为我国高教发展的时代主题。

（二）明确“双一流”建设的新要求、新期望①

“一流大学”和“一流学科”建设是建设高等教育强国、实现党的十九大提出的“实现社会主义现代化和中华民族伟大复兴”总任务的必然选择和重要举措。站在新的历史方位，“双一流”建设要以习近平新时代中国特色社会主义思想为指导，把握新机遇，瞄准发展方向，科学选择建设路径，解决新问题，做出新贡献。

1. 明确发展方向，服务国家发展战略

党的十九大报告强调指出“我国发展仍处于重要战略机遇期”，进一步明确了“五位一体”总体布局、“四个全面”战略布局，并提出一系列重大战略举措。我们期望，“双一流”建设不仅能加速我国若干所大学、一批学科步入或者接近世界一流大学和一流学科行列的步伐，同时也能为服务建设社会主义现代化强国的国家战略找准方向，做出更大贡献。从国际比较看，增强本国高等教育的竞争实力，提高大学的国际地位，是各国从国家利益出发的带有普遍性的战略选择。哈佛大学原校长陆登庭（Neil Rudenstine）曾指出：建设世界一流大学要有高水平的原创性研究、高水平的教师，培养高水平的人才，以

① 参见刘承波：《十九大对“双一流”建设的新要求新期望》，《中国科学报》2017 年 12 月 19 日第 7 版。此处根据原文修改整理。

及充足的办学经费等，这是其共性的一面。同时，每个一流大学也都有自己的特色。建设一流大学是为了适应本国社会和经济发展的需要，而且现在世界公认的一流大学都为各自国家的发展做出了重要贡献。实际上，正是这些社会需求，促使这些大学成为世界一流大学。

进入新时代，我国在政治、经济、文化、教育、军事、外交等各方面都已取得突出成绩的基础上，仍面临许多突出问题和挑战。这些问题和挑战，为“双一流”建设创造了历史新机遇。“双一流”建设既要瞄准世界前沿的学科，争取有所突破，又要从国家建设、社会发展的需要出发，努力做出应有的贡献，为加快建设创新型国家多出成果，多出人才，而不单纯是追求排名指标、追求在《自然》（*Nature*）、《科学》（*Science*）上发表多少文章。要加强基础研究、应用研究和技术开发，拓展实施国家重大科技项目，既加强对能源、环境、水资源等传统学科的研究，又突出关键共性技术、前沿引领技术、现代工程技术、颠覆性技术创新，在新材料、生命科学、大数据、人工智能、量子通信等领域取得丰硕成果。

2. 发挥引领作用，提升高等教育整体水平

党的十九大报告指出，中国特色社会主义进入新时代，我国社会主要矛盾已经转化为人民日益增长的美好生活需要和不平衡不充分的发展之间的矛盾。在高等教育领域，主要表现为人民群众对优质高等教育资源的迫切需求与供给相对不足的矛盾。由于我国地域广阔，东中西部地理条件迥异，存在明显的经济发展水平的梯度，农业经济、工业经济和知识经济等多种形态并存，不同学校在教育投入、办学条件等方面也差异巨大，因此高等教育存在区域发展不平衡、校际发展不平衡、结构发展不平衡等突出问题在所难免。同时，由于近年来高

等教育大众化的快速发展，也在一定程度上存在高等学校内涵发展不充分、教育质量下滑、支撑国家战略发展能力偏弱等问题。

解决这些问题，必须提升我国高等教育的整体实力。对此，“双一流”建设可以发挥重要的示范引领作用。“双一流”建设不同于“211 工程”、“985 工程”的重要特点是“建立健全绩效评价机制”、“动态调整支持力度”，打破“终身制”，避免贴标签、身份固化。被遴选认定为“建设”高校或“建设”学科，并非已经是世界一流大学和一流学科，要通过对高校的第三方评价鞭策其建设和发展，做到有进有出。通过建立科学的动态调整机制，“双一流”建设有助于形成示范带动效应，引领高等教育从一流的大学建设转向一流的体系建设。2017 年 9 月 21 日，教育部等 3 部委联合公布世界一流大学和一流学科建设高校及建设学科名单，既充分考虑“211 工程”、“985 工程”等重点建设基础，还考虑到促进高等教育区域协调发展，服务国家重大战略布局，期望通过“双一流”建设，引领和带动地方高水平大学建设，整体提升中国高等教育质量，做强整个高等教育，实现高等教育的内涵式发展。例如，“双一流”大学名单中新增郑州大学、云南大学、新疆大学 3 所大学，已经考虑到扶持中部大省河南、西南边陲云南以及丝路明珠新疆的高等教育事业发展。

3. 提高国际影响力，推进世界文明进步

在过去的几年，我国通过倡议共建“一带一路”、发起创办亚投行、倡导构建人类命运共同体等，国际影响力、感召力、塑造力进一步提高，为世界和平与发展做出了重大贡献。党的十九大报告站在促进人类文明进步和世界和平发展的高度，进一步呼吁“各国人民同心协力，构建人类命运共同体，建设持久和平、普遍安全、共同繁荣、

开放包容、清洁美丽的世界”。我国的“双一流”建设应积极关注和参与影响人类社会发展的重大科技课题和社会问题的研究和实践，进行高水平的科学研究，培养素质一流、具有全球视野的学生，为推进世界文明进步，推进世界经济和社会发展做出新的贡献。

综观世界一流大学，都享有一流的国际声誉、学术声望，从事国际最前沿的科学研究，拥有一批国际一流的研究室，取得一批标志性科研成果，能为世界经济和社会发展做出更卓越的贡献。例如，英国剑桥大学的卡文迪什实验室在20世纪总是处于世界物理学研究的最前沿，成为现代物理学的发源地之一，为剑桥大学赢得世界声誉。世界一流大学也具有广泛的国际联系，不仅是国际科技、教育、文化交流的中心，也是国际化人才的培养基地。世界一流大学攻读学位的海外留学生的比例较高，其中研究生中留学生的比例一般在20%以上。

近年来，我国高等教育开放水平不断提升，多层次宽领域的教育合作与交流取得新进展，来华留学规模不断扩大，办成了一批示范性中外合作学校和研究机构，我国的高水平教育机构海外办学也迈出实质性步伐，孔子学院综合文化传播功能进一步拓展。在我国高等教育的国际地位和影响力明显增强的基础上，“双一流”建设应以更加开放的心胸和视野，建立全球性的发展坐标，不断扩大国际交流与合作，提高中国高等教育的国际影响力，为推动人类文明进步做出新的更大贡献。

第二章

服务国家发展战略

——根本使命

习近平总书记在党的十九大报告中，从新时代的历史方位和战略高度，庄严宣告“坚定实施科教兴国战略、人才强国战略、创新驱动发展战略”。高等教育处于教育体系的顶端，是科技第一生产力、创新第一动力和人才第一资源的重要结合点，在改革开放和现代化建设全局中具有先导性、引领性、支撑性地位。“双一流”建设是我国高等教育改革发展的重大战略决策，关系国家的核心竞争力。其根本使命，就是要服务国家发展战略，培养造就一大批具有国际水平的战略科技人才、科技领军人才、青年科技人才和高水平创新团队，为建设科技强国、质量强国、航天强国、网络强国、交通强国、数字中国、智慧社会提供有力支撑；就是要瞄准世界科技前沿，着力提升基础研究和应用基础研究的原始创新能力，实现前瞻性基础研究、引领性原创成果重大突破，突出关键共性技术、前沿引领技术、现代工程技术、颠覆性技术创新，为进一步增强国家创新发展能力和核心竞争力，在国家创新体系中更加发挥主力军作用。

一、培养造就服务国家发展战略的高层次创新人才

综观世界一流大学，普遍重视人才培养。与学校所具有的学术地位相匹配，为社会各界培养精英和领袖是一流大学当仁不让的选择。例如，哈佛大学、耶鲁大学、斯坦福大学、麻省理工学院与康奈尔大学等都是享誉世界的一流研究型大学，它们都普遍提出培养具有创新性的领导者。哈佛大学定位于培养下一代的领导人，这些人能够理解技术与社会的复杂性，并且运用智力资源和创新性思维去应对 21 世纪

的挑战①；耶鲁大学培养学生成为学术、职业以及社会的领导人②；麻省理工学院要使学生成为创新性的、智力型的领导者与问题解决者③；斯坦福大学培养知识渊博、个性鲜明、富有创新性的，能够引领下个世纪的领军人才④；康奈尔大学同样将人才培养类型定位于领导者，如其下设的酒店管理学院致力于培养酒店产业中的领导人，人类生态学院培养学生成为公民、学者和业界的从业者，能够作为领导者去分析与处理当代社会问题，工程学院培养学生成为日益复杂的世界当中的创新性的领导者⑤。

一流大学的影响力，无疑首先取决于其造就的一代又一代的优秀人才。只有培养出一流人才的高校，才能够成为世界一流大学。培养一代青年学生，为经济社会发展提供人才和智力支撑，始终是我国高等学校工作的核心和首要职责。20 世纪 90 年代中后期以来，我国通过实施“211 工程”和“985 工程”等重点建设，推动我国高水平大学发展，高层次人才培养取得显著成效。全国设置研究生院的 53 所普通高校，承担了全国高校约三分之二的博士生和二分之一的硕士生培养任务，承担的科研任务约占全国高校的 60%，在承担重大科研任务和培养拔尖创新人才方面发挥了重要作用。如我国的“神州”系列载

---

① “About Harvard College”, http: //www. admissions. college. harvard. edu/about/index. html.

② “Yale College Programs of Study Fall and Spring Terms 2011—2012”, http: //www. yale. edu/printer/ bulletin/archivepdffiles/YCPS/YCPS_ 2011—2012. pdf.

③ “ MIT BULLETIN Course Catalog ”, http: //web. mit. edu/catalog/archive/2011—2012/catalog1112. pdf.

④ “STANFORD BULLETIN 2011 - 12”, http: //www. stanford. ed.

⑤ “2011—2012 Courses of study”, http: //courses. cornell. edu/index. php.

人飞船的高层科技人员，绝大多数是我们自己培养的博士和硕士①。

党的十九大报告指出，人才是实现民族振兴、赢得国际竞争主动的战略资源。“青年兴则国家兴，青年强则国家强。青年一代有理想、有本领、有担当，国家就有前途，民族就有希望。”党的十九大提出的战略目标为“双一流”建设创造了历史新机遇，也对新时代的人才培养提出新的要求和期望。《统筹推进世界一流大学和一流学科建设总体方案》（以下简称《总体方案》）提出，要突出人才培养的核心地位，着力培养具有历史使命感和社会责任心，富有创新精神和实践能力的各类创新型、应用型、复合型优秀人才。“双一流”建设高校应在习近平新时代中国特色社会主义思想指引下，牢固树立人才培养、立德树人第一理念，把促进人的全面发展和适应社会需要作为衡量人才培养水平的根本标准，加快推进人才培养模式改革，进一步深化教育教学改革，推进科教协同育人，完善高水平科研支撑拔尖创新人才培养机制，着力提高人才培养质量，努力为国家经济社会发展培养一流创新人才、合格建设者，切实担负起培养担当民族复兴大任时代新人的历史重任。

（一）把握正确育人方向

习近平总书记在全国高校思想政治工作会议的讲话中指出②，我国高等教育肩负着培养德智体美全面发展的社会主义事业建设者和接班人的重大任务，必须坚持正确政治方向。他强调指出，我们的高校

① 刘承波等：《着力提高质量，促进协调发展》，《中国高教研究》2007 年第 7 期。

② 《习近平在全国高校思想政治工作会议上强调：把思想政治工作贯穿教育教学全过程，开创我国高等教育事业发展新局面》，人民网：《人民日报》，http：//dangjian. people. com. cn/n1/2016/1209/c117092 - 28936962. html，2016 年 12 月 9 日。

是党领导下的高校，是中国特色社会主义高校。办好我们的高校，必须坚持以马克思主义为指导，全面贯彻党的教育方针；要坚持不懈传播马克思主义科学理论，抓好马克思主义理论教育，为学生一生成长奠定科学的思想基础；要坚持不懈培育和弘扬社会主义核心价值观，引导广大师生做社会主义核心价值观的坚定信仰者、积极传播者、模范践行者。

1. 认识思想政治工作的重要性

实现中华民族伟大复兴，需要一代代青年的接力奋斗。实现党的十九大提出的2035年和本世纪中叶两步走战略目标，所依赖的主力军就是今天在校的大学生。“双一流”建设要立足服务全面建设社会主义现代化国家新征程，适应我国社会主要矛盾的新变化，把党的教育方针贯彻于办学治校全过程，全面规划好学校的学科建设与人才培养，积极践行社会主义核心价值观，引导学生做到“四个正确认识”，努力造就能够传承中华优秀文化，具有家国情怀、天下意识、全球视野和创新思维的服务社会主义事业的合格建设者和可靠接班人，而非旁观者和反对派。

小麦灌浆期，阳光、水分跟不上，就会耽误一季庄稼的收成。一所学校一旦在办学方向上走错了，在培养人的问题上走偏了，那就像一株歪脖子树，无论如何也长不成参天大树。在中国特色社会主义进入新时代的历史背景下，党和国家事业发展对高等教育的需要，对科学知识和优秀人才的需要，比以往任何时候都更为迫切。新的历史方位决定了高等教育新的历史使命，高等教育必须立足“培养什么样的人、如何培养人以及为谁培养人”这个根本问题，树立新的价值坐标，实现新的作为，坚持与新时代同向同行。扎根中国大地办大学，就是要使我们的人才培养同我国发展的现实目标和未来方向紧密联系在一起，为人民服务，为中国共产党治国理政服务，为巩固和发展中国特色社会主义制度服务，为改革开放和社会主义现代化建设服务。

当前，全球思想文化交流、交融、交锋，高校面临的各种意识形态风险日益凸显，开展思想政治工作尤为重要。习近平总书记指出，要教育引导学生正确认识世界和中国发展大势，从我们党探索中国特色社会主义历史发展和伟大实践中，认识和把握人类社会发展的历史必然性，认识和把握中国特色社会主义的历史必然性，不断树立为共产主义远大理想和中国特色社会主义共同理想而奋斗的信念和信心；正确认识中国特色和国际比较，全面客观认识当代中国、看待外部世界；正确认识时代责任和历史使命，用中国梦激扬青春梦，为学生点亮理想的灯、照亮前行的路，激励学生自觉把个人的理想追求融入国家和民族的事业中，勇做走在时代前列的奋进者、开拓者；正确认识远大抱负和脚踏实地，珍惜韶华、脚踏实地，把远大抱负落实到实际行动中，让勤奋学习成为青春飞扬的动力，让增长本领成为青春搏击的能量。

2. 全过程、全方位加强思想政治工作

“要坚持把立德树人作为中心环节，把思想政治工作贯穿教育教学全过程，实现全程育人、全方位育人。”习近平总书记在全国高校思想政治工作会议上的重要讲话站在实现中华民族伟大复兴的全局和战略高度，科学回答了高校“培养什么样的人、如何培养人以及为谁培养人”这一根本问题，为做好新形势下高校思想政治工作、发展高等教育事业指明了行动方向。

要充分调动和发挥高校广大理论工作者的积极性、主动性、创造

性，把高校建设成为研究和传播马克思主义的重要阵地，建设具有强大凝聚力和引领力的社会主义意识形态。对青年学生，要以培养担当民族复兴大任的时代新人为着眼点，加强思想道德建设，广泛开展理想信念教育，培育和践行社会主义核心价值观。要更加注重以文化人、以文育人，广泛开展文明校园创建，开展形式多样、健康向上、格调高雅的校园文化活动，广泛开展各类社会实践。要运用新媒体、新技术使工作活起来，推动思想政治工作传统优势同信息技术高度融合，增强时代感和吸引力。还要加快构建中国特色哲学社会科学学科体系和教材体系，推出更多高水平教材，创新学术话语体系，建立科学权威、公开透明的哲学社会科学成果评价体系，努力构建全方位、全领域、全要素的哲学社会科学体系。

习近平总书记特别指出，要用好课堂教学这个主渠道，思想政治理论课要坚持在改进中加强，提升思想政治教育亲和力和针对性，满足学生成长发展需求和期待，其他各门课都要守好一段渠、种好责任田，使各类课程与思想政治理论课同向同行，形成协同效应。立德树人，以师为范。教师传道，自己首先要明道、信道。高校教师以德立身、以德立学、以德施教，努力成为先进思想文化的传播者、党执政的坚定支持者，就能更好担起学生健康成长指导者和引路人的责任。

（二）切实增强思想政治工作实效

要做好高校思想政治工作，必须按规律办事，做到因事而化、因时而进、因势而新。“舟循川则游速，人顺路则不迷。”遵循思想政治工作规律和教书育人、学生成长规律，是提高工作能力和水平的有效途径。思想政治理论课教学在大学生思想政治教育中的地位和所能发挥的作用，无疑是其他课程所不可替代的。为使其真正成为把大学生培养成全面发展的中国特色社会主义事业的建设者和接班人不可或缺的教育活动，必须重视不断提高其实效。思想政治理论课的实效最终体现为学生的学习效果，即学生发生了什么样的变化、获得了什么样的发展。而学生的学习效果又从根本上取决于学生的学习方式。因此，我们需要探讨改进学生的学习方式，以有效或高效的学习方式代替无效或低效的学习方式。

1. 改进学习方式：提高思想政治理论课实效的关键

思想政治理论课的实效是指思想政治理论课教书育人的实际效果[①]，归根结底体现为学生的学习效果，即学生发生了积极的变化、获得了充分的发展，具体体现为学生掌握了正确的思想和理论，形成了崇高的理想和信念，树立了科学的世界观、人生观、价值观，学会了运用马克思主义的立场、观点和方法分析问题、解决问题，获得了自由而充分的发展，等等。

唯物辩证法认为，外因是变化的条件，内因是变化的根据，外因通过内因起作用。因此，学生的学习效果从根本上取决于他们的内在因素，如学习动机和学习策略等。提高思想政治理论课的实效，离不开学校的重视、学科的建设、优质的教材和优秀的师资等外部条件，但是，这些外部条件最终都要通过提升学生的学习而发挥作用，即通过激发学生的学习动机和改进学生的学习策略而提升学习效果。

学生的学习动机和学习策略所构成的范畴可以称为学习方式。[②] 学

---

① 刘福州：《也谈思想政治理论课教学实效性的提高》，《思想理论教育导刊》2005 年第 10 期。

② 孙智昌：《学习方式：理论结构与转变策略》，《教育学报》2010 年第 6 期。

生的学习方式不同，学习效果也就不同，有些学习方式导致低水平的学习效果，有些学习方式则可导致高水平的学习效果。例如，依靠记忆的学习方式只是简单地复制外部信息，难以使所学知识达到融会贯通，难以运用所学知识，或者只能教条化地运用所学知识，而基于理解的学习方式则是对外部信息的主动加工，可以使所学知识达到融会贯通，也可以运用所学知识去理解新概念和解决实际问题。可见，提高思想政治理论课的实效的关键是改进学生的学习方式，即以有效的或高效的学习方式代替无效或低效的学习方式。

习近平总书记指出，思想政治理论课要坚持在改进中加强，提升思想政治教育亲和力和针对性，满足学生成长发展需求和期待。① 当前，“教师讲学生听”仍然是许多高校思想政治理论课的主要教学模式，于是“听中学”便成为学生基本的学习方式，“上课记笔记，考前背笔记，考后全忘记”也就成了这种学习方式的写照。在这样的被动的、接受式的学习中，学生学习积极性不高，且以记忆为主要学习策略，因而导致学生不仅难以深刻理解政治理论、形成理想信念，而且还养成了被动、依赖、不负责任等消极态度，而这些都是与思想政治理论课的目的和任务相悖的。因此，需要改进学生的学习方式，把主要从“听中学”转变为多种学习方式相结合的、强调学生积极性的、要求学生全身心投入的学习方式，特别要强调课堂教学和实践相结合。在课堂教学中，帮助学生掌握课程的基本概念、基本原理，在实践中，要求学生解决具体问题、完成具体任务，这样，学生不仅能够理解、掌握和运用思想政治理论，而且还能学会关心、学会奉献和

① 《习近平在全国高校思想政治工作会议上强调：把思想政治工作贯穿教育教学全过程 开创我国高等教育事业发展新局面》，人民网：《人民日报》，http：//dangjian. people. com. cn/n1/2016/1209/c117092 - 28936962. html，2016 年 12 月 9 日。

学会负责等，从而较好地实现思想政治理论课的教学目的。

2. 深层学习：提高思想政治理论课实效的学习方式

深层学习是一种基于理解、寻求意义和注重反思的学习，表层学习是一种依靠记忆并且以记忆为最终目的的学习。二者是相对应的两种学习方式，因此，可以在二者的比较中更好地认识深层学习对提高思想理论课实效的意义。

（1）表层学习和深层学习在多个方面存在明显差别 。主要有以下不同：①深层学习是意义探寻型学习，基于理解；表层学习是信息复制型学习，依靠记忆。②深层学习是批判性地检视新的事实和观念，并且把它们并入已经存在的认知结构，在观念之间建立起丰富的联系；表层学习常规地记忆事实和规则，不能批判性地接受新的事实和观念，并且把它们作为孤立的、没有联系的项目储存在头脑中。③深层学习关注解决问题所需的中心论据或概念，表层学习关注解决问题所需的外部信号和公式。④深层学习把课程内容和现实生活联系起来，表层学习把课程内容简单地视为为考试而学的材料。⑤深层学习由学习者的内在动机所驱动，学习者为自己的理解、为满足自己的好奇心和求知欲而学习，倾向于使自己的学习超越课程的要求；表层学习由学习者的外部动机，如通过考试、获得表扬和获取资格等所驱动，害怕失败、为避免失败而学，经常消极地对待学习任务，希望以最小努力达到考试的最低要求。[①] ⑥深层学习与愉快的学习经验有关，而表层学

① Biggs, J. , *Teaching for quality learning at university* (Buckingham: The Society for Research into Higher Education & Open University Press, 2003).

习却和高焦虑有关。[①] ⑦深层学习能够区别观点和证据，并且能够运用组织原则把思想整合起来；表层学习无法识别指导原则或指导模式。⑧深层学习反思学习的目的、策略和效果；表层学习没有反思学习的目的、策略和效果。[②]

（2）表层学习和深层学习取得不同的效果。由于两种学习方式的性质、动机和策略等不同，因而其效果也不同。表层学习导致结构不良、低水平的学习效果，并且很快就会遗忘。不仅如此，有些学生还会因为没有体验到学习的成就感而产生厌学情绪。而深层学习则可导致结构良好的、高水平的、能够长期保持的学习效果。[③] 具体来说，深层学习可以使学生深入理解一门学科的理论和方法的核心、一门学科的分析工具及该学科本身的复杂性。[④] 不仅如此，深层学习还可以帮助学生建构起更加复杂的、分类清晰的知识结构，提高学习者的理解能力，努力靠自己来理解各种观念，形成看问题的多种视角，广泛地应用所学材料且把它同以前的经历和学习联系起来。[⑤] 总之，深层学习不仅能让学生理解知识和发展智能，而且还能让学生获得身体、

---

① Thomas, E. & Nelson, L., “Deep Learning and College Outcomes: Do Fields of Study Differ?” *Paper presented at the Annual Meeting of the Association for Institutional Research*, May 29 - June 1, 2005.

② Entwistle, N., “Learning and studying: contrasts and influence. 1991,” http://www.newhorizons.org/future/Creating_the_Future/crfut_entwistle.html.

③ Trigwell K., & Prosser M., “Improving the quality of student learning: the influence of learning context and student approaches to learning on learning outcomes”, *Higher Education*, 1991 (22).

④ Association of American Colleges, *Integrity in the College Curriculum: A report to the Academic Community* (Washington, D.C.: Association of American Colleges, 1985), p29.

⑤ Meyers, N. M. & Nulty, D. D., “How to use (five) curriculum design principles to align authentic learning environments, assessment, students' approaches to thinking and learning outcomes”, *Assessment and Evaluation in Higher Education*, 2009 (5).

情感、审美、道德和精神的全面成长。[①] 因此，已有的研究都鼓励学生采用深层学习方式。

（3）深层学习对提高思想政治理论课实效具有重要意义。思想政治理论课的实效，从根本上体现为两个方面：一是学生内化所学理论为自己的世界观、人生观、价值观和方法论，并以之为指导来分析和解决实际问题；二是促进学生自由而充分的发展。

首先，只有采用深层学习方式，学生才能把所学理论内化为自己的世界观、人生观、价值观和方法论。社会心理学家凯尔曼描述了价值内化的三个阶段：顺从，即受外在压力的影响，表面接受他人意见或观点，外显行为与他人一致，但在认识与情感上与他人并不一致。认同，即在思想、情感、态度上主动接受他人或集体的影响，不再是迫于压力的。内化，即在思想观点上与他人一致，将自己认同的思想同自己原有的观点、信念融为一体，构成一个完整的价值体系。[②] 从表层学习的成果来看，该学习方式只能让学生记忆理论而难以深刻理解理论、执着信仰理论，因此，他的实际行为更可能是一种顺从外部压力的行为，而不是源于自己的理想信念的行为。而从深层学习的成果来看，学生努力靠自己来理解各种观念、深入一门学科的理论和方法的核心，能够对所学材料形成自己的理解，能够建构起更加复杂的、分类清晰的知识结构，且能够广泛地应用所学理论。因此，深层学习能够帮助学生掌握马克思主义的精髓，能够把马克思主义内化为自己的世界观、人生观和价值观，并且能够自觉地运用马克思主义的立场、观点和方法来分析和解决实际问题。

---

① Grauerholz, L., "Teaching Holistically to Achieve Deep Learning", *College Teaching*, 2001 (2).

② 鲁洁、王逢贤：《德育新论》，江苏教育出版社，1994，第273页。

其次，只有学生采用深层学习方式，才有可能获得自由而充分的发展。思想政治教育的最高目的是促进人的自由而全面的发展，即引领人的自我建构和自我完善，让人获得自己、成为自己、发展自己，使人对基于“现实的我”的不断否定而向应然提升、迈进，使人不断走向未来，把人引向更高的可能性。[①] 表层学习由外在动机驱动，通常只求达到最低要求，如通过考试，因而无法让学生获得自由而充分的发展。而深层学习是一种既是情感的又是智力的，既是心理的又是生理的，既是社会的又是个人的，既是完全独特的又是自由共享的体验，有助于学生获得身体、情感、审美、道德和精神的全面发展。

3. 改革思想政治理论课：鼓励学生深层学习以提高其实效

在了解学生采用表层学习方式或深层学习方式的原因的基础上，对思想政治理论课进行有针对性的改革，从而鼓励学生采用深层学习方式来提高这些课程的实效。

（1）学生采用表层学习方式或深层学习方式，存在多方面的原因。

学生采用表层学习方式的原因：课程因素，包括一门课程的材料过多，相对多的课堂教学时间，缺乏深入学习科目的机会，无法选择学习科目和学习方法，一个让人感到威胁、导致焦虑的评价机制等[②]。学生因素，包括学习目的仅仅是为了通过考试，对非学术的关注远远超过对学术的关注，相对于过重学习负担而言不充分的学习时间 ，错误地理解学习的要求，对教育具有抵制的想法，高焦虑，先天缺乏深

① 张耀灿、曹清燕：《论马克思主义人学视野中思想政治教育的目的》，《马克思主义与现实》2007 年第 6 期。

② Rhem, J., “Deep/Surface Approaches To Learning: An Introduction”, THE NATIONAL TEACHING & LEARNING FORUM. 1995 (1).

度理解某些特殊内容的能力等。教师因素，包括教师按照清单零碎地教学，没有把一个主题或科目的内在结构呈现出来；运用简答或多项选择等不可避免地把事实和知识割裂、孤立的评价方法；采用激起学生抵触情绪的教学方法、评价方法，如“我讨厌教这部分内容，你们将讨厌学习这部分内容，但我们不得不学习这部分内容”；没有为学生完成学习任务提供足够的时间；制造学生的长期焦虑情绪或者表现出对学生成功的低期望，如“不能理解这些内容的人不符合读大学。”①

学生采用深层学习方式的原因：课程因素，包括课程具有理论或实践的价值，课程目标清晰、富有挑战性，课程结构具有整体性、灵活性和选择性，课程负担适度，学业成就评估注重学生的理解和解决实际问题等。学生因素，包括具有把某一任务适当地和有意义地完成的意图，这样的意图产生于内在的好奇心或者做好某件事的决心；恰当的背景知识；具有在高概念水平和根本原则上把握事物的能力；先天具有概念化工作而不是为孤立的细节所困的能力。教学环境因素，包括以清晰地呈现主题或学科结构的方式进行教学；引出学生积极反应的教学；在学生已有的基础上进行教学；积极应对并消除学生的错误概念；对所学内容的结构而不是孤立的事实进行评估；采用鼓励积极学习氛围的教学和评价方式，允许学生犯错误并从错误中学习；强调学习的深度而不是学习的广度；从根本上采用支持课程的清晰目标的教学和评价方式。②

（2）鼓励学生深层学习，提高课程实效。

一是凸显思想政治理论课的价值。学生不会对他们认为毫无意义

① Biggs, J., *Teaching for quality learning at university* (Buckingham: The Society for Research into Higher Education & Open University Press, 2003, P15—16).

② 同上，第 16—17 页。

的材料努力达到深层理解。当前，在学生中存在思想政治教育“过时论”、“无用论”和“失信论”等观点，严重影响了学习的积极性。① 为了激发学生的内在学习动机，必须凸显思想政治理论课的价值。首先，教师对所教课程的态度会影响学生对这门课程的态度，如果教师认为所教课程很有价值，热爱所教的课程并且对其表现出浓厚的兴趣，就会感染学生，激发他们对所学课程的兴趣，从而更认真地学习。反之，如果教师自己对所教课程没有兴趣，或者认为没有价值，则会打击学生的积极性，使之消极应付学习。因此，思想政治理论课的教师要真正认识到所教课程的价值并且热爱所教课程。其次，教师要让学生意识到思想政治理论课是引领他们发展方向的课程，修好这些课程，有助于他们把个人的命运与国家和民族的命运结合起来，把个人的发展与国家的富强和社会的进步结合起来，从而充分实现自己的人生价值。

二是提高思想政治理论课目标的挑战性。在思想政治理论课的学习中，如果学生的目标只是为了考试过关，获得学分和学位，那么他们就会采用表层学习方式。高挑战性的目标可以激励学生采用深层学习方式。例如，在认知领域的记忆、理解、运用、分析、评价和创造6个目标中，② 理解、运用、分析、评价和创造等是高于记忆的高级认知能力，是对学生有一定挑战性的课程目标，可以激励学生采用深层学习方式。因此，教师应该把要求学生深刻理解理论、整体掌握理论、创造性地运用理论解决实际问题等，作为思想政治理论课的目标，鼓

① 王立仁、孟晓光：《高校思想政治教育实效性研究综述》，《思想理论教育导刊》2007 年第 5 期。

② L. W. 安德森、D. R. 克拉斯沃尔等：《学习、教学和评估的分类学：布鲁姆教育目标分类学修订版》，皮连生主译，华东师范大学出版社，2007，第 25 页。

励学生采用深层学习方式。

三是唤起大学生的深层学习意识。学生处理学习任务的方式受他们的学习意识的影响。如果学生具有深层学习的意识，那么，他们就有可能采用深层学习的方式。因此，教师应该通过让学生了解表层学习和深层学习的性质、策略和成果的区别，从而唤起学生的深层学习意识，并努力采用深层学习方式。在此基础上，教师应该指导学生掌握深层学习方式，具体包括：高级学习，即要求学生运用高于熟记的高级心智进行学习的活动；整合学习，即要求学生整合获得知识、技能和能力为一体的活动；反思学习，即要求学生探索他们自己的学习经验以便更好地理解自己是如何学习的活动。

四是综合运用教学方法。教师教的方法会影响学生学的方法和效果。照本宣科的单向式教学容易导致学生的表层学习，而学生必须积极参与的互动式教学，更能激励学生的深层学习。在思想政治理论课的教学中，教师应该根据教学目标、教学内容和学生特点，综合地运用教学方法，既要多用通俗易懂的语言和生动鲜活的事例来启发学生思考，增强教学效果，又要加强实践教学，引导大学生走出校门，在形式多样的实践教学活动中，提高思想政治素质和观察分析社会现象的能力，深化教育教学的效果。多种教学方法的有机配合，既可以激发学生的内在动机，又可以让教学方法与教学任务、教学内容相契合，从而提高教学效果。

五是完善学生学习评价。不恰当的学习评价，如让学生感到威胁、导致焦虑的评价或为讨好学生而降低要求的评价，都有可能导致学生的表层学习。而鼓励学生积极学习、注重理解和应用的评价，则可以鼓励学生的深层学习。在对学生的思想政治理论课的学习效果的评价上，首先，评价应该以促进学生发展而不是以对学生分等为目的，从而体现思想政治理论课育人的价值取向。其次，不能只看学生记住了多少理论，而应采取多种方式，综合考核学生对所学内容的理解和实际表现，从而全面、客观反映大学生的马克思主义理论素养和道德品质。①

（三）创新人才培养机制

机制原指机器的构造和工作原理，现广泛应用于自然现象和社会现象，指一个系统中各元素之间的相互作用的过程和功能。对机制问题的研究，应重视对事物变化内在规律的研究，同时充分考虑外部施加的人为因素可能产生的影响和后果，即应该考虑以下方面：第一，事物变化的内在原因及其规律；第二，外部因素的作用方式；第三，外部因素对事物变化的影响；第四，事物变化的表现形态。

从此意义上说，人才培养机制是人才培养体系内外各因素（学生、教师、专业、课程、学校、社会等）之间发生相互影响、相互制约作用的功能或机理。创新人才培养机制，就是在一定教育思想和理论指导下，着眼于提高人才培养质量，按照高等学校人才培养规律，不断完善培养方案，优化课程体系，运用相关的教学手段，充分利用好全社会资源，合理安排专业理论学习与实习、实训、实践，构建更加科学的教育教学平台，把科学发展观全面落实到人才培养的各个环节等。近年来，我们在创新人才培养机制方面进行了一些探索，取得了积极进展，为“双一流”建设中人才培养积累了有益经验。

① 《中宣部、教育部关于进一步加强和改进高等学校思想政治理论课的意见》，《教育部公报》2005 年第 6 期。

1. 推进人才培养机制创新的积极探索

（1）启动实施“基础学科拔尖学生培养试验计划”。2009 年，为回应“钱学森之问”，培养中国自己的学术大师，教育部、中组部、财政部等共同启动实施基础学科拔尖学生培养试验计划。该计划先行在数学、物理学、化学、生物科学和计算机科学等领域，选择了清华大学、北京大学等 19 所高校实施，得到了高校师生的认可，引起了社会的高度关注和国际一流大学的积极互动。高校在体制机制和教育教学上大胆改革、努力创新，以“领跑者”的理念建立拔尖人才培养试验区，以“选”、“鉴”结合探索拔尖学生选拔方式，以“一制三化”（即导师制、小班化、个性化、国际化）探索因材施教模式，在选拔拔尖学生、开展因材施教、吸引学术大师参与以及加强国际化培养等方面初步形成了一套有效机制，更加注重引入科学研究项目训练，培养学生的科研兴趣和研究能力，带动了本科教育质量整体提升。拔尖学生普遍展现出既有远大理想又脚踏实地的精神风貌，在批判性思维能力、知识整合能力、相互协作能力等方面表现突出，部分学生已在学术领域崭露头角，在世界顶尖学术期刊上发表论文，在国际大赛上表现优异。相关高校与知名中学合作开展拔尖创新人才培养，积极探索参与创新人才早期培养的新途径，形成了多样化、多途径探索的格局。

（2）在重点领域全面推进系列“卓越计划”的实施。近年来，教育部陆续联合其他部委分别实施了卓越工程师教育培养计划、卓越新闻传播人才教育培养计划、卓越法律人才教育培养计划、卓越医生教育培养计划、卓越农林人才教育培养计划等，创新了高等工程、法学、新闻传播、农林、医学等领域人才培养模式，建立了多部门协同育人

专栏

高校基础学科拔尖计划试验区人才培养模式

基础学科拔尖计划选择北京大学、清华大学等高校的数学、物理、化学、生物、计算机5个学科率先进行试点，力图在创新人才培养方面有所突破。第一类是组建专门学院，作为拔尖学生培养的改革试验区。如北京大学元培学院、清华大学清华学堂、北京师范大学励耘学院，上海交通大学致远学院、南京大学匡亚明学院，兰州大学萃英学院等。第二类是设立专门试验班实施人才培养计划，如中国科技大学华罗庚数学科技英才班、西安交通大学理科试验班等。第三类是普通班培养，如中山大学等，不单独设班，以普通班为依托，对拔尖学生辅以专门的课外指导等，以满足其进一步学习的需求，俗称“散养式”培养。

各高校都努力处理好参与计划的学生和普通学生之间的关系，发挥“拔尖计划”的引领和示范作用，促进整体人才培养质量的提高。

资料来源：根据有关材料整理。

的新机制。例如，2010年，教育部启动实施卓越工程师教育培养计划。该计划主要任务是探索建立高校与行业、企业联合培养人才的新机制，创新工程教育人才培养模式，建设高水平工程教育教师队伍，扩大工程教育的对外开放。参与高校与企业联合制定人才培养标准，共同建设课程体系和教学内容，共同实施培养过程，共同评价培养质量。各高校聘请具有丰富工程实践经验的企业工程技术人员到校任教或担任兼职教师，同时部分学校派教师到企业挂职或锻炼。2012年，教育部等23个部委（协会）联合批准了中国建筑工程总公司等626家企事业单位作为首批国家级工程实践教育中心建设单位。高校与有关部门、科研院所、行业企业联合培养人才的机制正在逐步建立。又比如，实施国防生卓越工程师教育培养计划。2013 年 6 月，教育部与总参谋部、总政治部、总后勤部、总装备部共同实施国防生“卓越计划”，创新高校部队联合培养国防生的模式，进一步提高国防生综合素质，强化国防生军事工程实践能力和岗位任职能力。

（3）深入实施科教结合协同育人行动计划。科教结合协同育人行动计划是由教育部和中国科学院联合推出的一项合作育人计划，于 2012 年 8 月 29 日正式启动。该行动计划内容包括科苑学者上讲台计划、重点实验室开放计划、大学生科研实践计划、大学生暑期学校计划、大学生夏令营计划、联合培养大学生计划、联合培养研究生计划、人文社科学者进科苑计划、中科院大学生奖学金计划、科苑学者走进中学计划 10 个项目。目前参与计划的高校近 350 所、科研院所近 120 家，已经覆盖到全国所有省市地区，其中正式签署联合培养本科生计划协议的共有 40 所高校以及 43 家科研院所，各科研院所委派专家到相关高校授课或讲座已经达到 1400 余人次，每年从该计划中受益学生数超过 15 万人次。有关高校和科研院所按照“加强统筹、试点引领、重点突破、全面推进”的原则，不断探索联合培养人才的新模式，加强创新人才培养，提高学生的实践能力，增强学生的创新本领，建立了高校和科研院所协同育人工作机制，带动和促进了高校与科研院所的相互配合、相互支持，逐步实现科教结合的有效推进、合作共赢。

（4）推进试点学院改革，以“三改革一完善”探索创新人才培养机制。教育部研究制定了《关于推进试点学院改革的指导意见》，遴选了 17 所高校的二级学院（系、部）设立试点学院，作为“教育教学改革特别试验区”，旨在以创新人才培养体制为核心，以学院（系、部）

为基本实施单位，围绕改革人才招录与选拔方式，改革人才培养模式，改革教师遴选、考核与评价制度，完善学院内部治理结构，提出了24项支持试点学院改革的政策突破措施，推进试点学院人才培养和管理体制、机制改革实现新突破，为高等教育整体综合改革积累经验，做出示范。

2. “双一流”建设高校创新人才培养机制的主要思路

《总体方案》把“培养拔尖创新人才”作为“双一流”建设的一项重要任务，提出“坚持立德树人，突出人才培养的核心地位，着力培养具有历史使命感和社会责任心、富有创新精神和实践能力的各类创新型、应用型、复合型优秀人才”。要推进观念、制度、培养过程和方法创新，加大拔尖创新人才培养力度，努力培养一大批具有创新意识、创新精神、创新思维、创新能力并能够取得创新成果的具有国际意识和国际竞争力的拔尖创新人才。

根据“双一流”建设对培养拔尖创新人才的要求，总结这些年来高校在创新人才培养机制方面所取得的成果经验，还需要着力推动集聚社会资源，推动协同育人，激发高校人才培养的潜力和活力，提高人才培养质量，促进高校办出特色争创一流。其主要思路是对机制创新进行系统性、整体性思考，有效实施部部、校校、校企、校地、校所以及国际合作的协同育人长效机制；着力推进高校与校外资源的融合互动，积极寻求与其他高校、地区、科研院所、企事业单位以及海外高校的合作，实施复合型人才培养，提高人才培养质量；深入实施系列卓越计划、科教结合协同育人计划，积极推进产学研合作，鼓励、引导高校突破学科、学校、行业和地区等壁垒，积极创新人才培养模式，努力把更多社会资源转化为教书育人资源，走政产学研用紧密合作的协同育人之路。

（四）以“研究”作为教学的最佳形式①

推进“双一流”建设，强化人才培养，要求必须研究大学教学规律，不断推进教育教学改革，练好教学育人内功。其中，如何处理好教学与研究的关系，是一直困扰大学教学的一个问题。它不仅影响着大学的自我定位、职能发挥和发展前景，也影响着教师的工作方式和学生的学习方式。就大学生的学习而言，研究与大学教学在本质上都是发现和创造，学生参与研究的过程也就是他们接受教育的过程，应当提倡把研究作为大学教学的最佳形式。与其他教学形式相比，研究作为教学的最佳形式的意义在21世纪日益凸显。它能给学生、教师、学科和学校等带来更多的好处。要使研究成为教学的最佳形式，大学不仅要鼓励教师进行研究，并且把研究与教学密切结合起来，更要鼓励学生参与研究，在研究中学习，突出大学教学的发现、探索和创造的品质。

1. 研究作为教学最佳形式的意义在21世纪日益凸显

1998年《博耶报告》指出，一门课程接着一门课程的收听、转录、吸收和复制的传递式教学，由于被多数教师所熟悉，容易操作，而且不需要想象力，已经作为本科生的学习模式持续了几个世纪。但是，这种传递式教学不应该是研究型大学中占主导地位的教学模式。研究型大学与小型文理学院明显不同，它们具有创造一种高度综合的教育的能力，因此，应该利用研究生教育和研究项目的巨大资源优势

① 参见刘承波：《“双一流”建设与以研究为特征的大学教学》，《大学教育科学》2017年第5期。此处根据原文修改整理。

来加强本科生教育的质量，从而为本科生提供一种与文理学院不同的、只有在研究型大学才能获得的全新体验。① 教学与研究的共振，知识的创造与传播由同一批人承担，是研究型大学的显著特征。研究与大学教学在本质上都是发现和创造，学生参与研究的过程也就是他们接受教育的过程。在研究型大学的文化中，教学不应该只是简单地传递知识，而更应该是发现知识和创造知识；教师不应该只是知识的传递者，学生也不应该只是知识的接收者，他们都应该是知识的探究者，一起为了发现而冒险。因此，1998 年《博耶报告》关于重建研究型大学本科教育的第一条建议就是创造条件，让学生有机会通过探究而学习，而不是通过简单地传递知识而学习。这样的研究型大学教育将培养出一群拥有探究的精神、清晰思维的能力、解决问题的兴趣、沟通的技能、丰富且多样的经验的特殊个体，是一群能够为 21 世纪提供科学的、技术的、学术的、政治的和创造性的领导的个体。② 所以，麻省理工学院校长查尔斯·维特斯认为，美国的研究型大学已经奠定了坚实的基础，21 世纪最好的教育可能诞生于此。他以麻省理工学院为例说明，本科教育、研究生教育与科学研究的奇妙融合，确实造就了世界最佳学府。③

（1）知识社会所要求的就业能力与研究活动所强调的能力在很大程度上重叠。有关高等教育的本质、研究和科学的任务、适合学生的教育类型等问题，和我们将生活在一个什么样的社会的问题密

① “The Boyer Commission on Educating Undergraduates in the Research University. REINVENTING UNDERGRADUATE EDUCATION：A Blueprint for America's Research Universities”，http：//www. sunysb. edu/press/021006 – Boyer.

② 同上。

③ 查尔斯·维特斯：《一流大学，卓越校长：麻省理工学院与研究型大学的作用》，蓝劲松译，北京大学出版社，2008，第 29 页。

切相关。在21世纪，我们进入了一个以知识为核心、以创新为动力的知识社会，我们的生活方式、工作方式和学习方式都将发生巨大的变化。在这样的背景下，教育的形式也将发生巨大的变化，研究将不只是研究型大学的教学形式，也将是非研究型大学的教学形式。

在知识社会中，知识的生产模式变得更加丰富，创新的内容和形式也变得更加多样。吉本斯等人在《知识生产的新模式》中提出了“模式2”的理论。他们把传统的知识生产方式称为“模式1”，而把在传统的知识生产模式之外进行的知识生产模式称为“模式2”。在模式1中，知识生产主要在一种学科的，主要是认知的情境中进行。而在模式2中，知识则在一个更广阔的、跨学科的社会和经济情境中被创造出来。与模式1相比，在模式2中，进行知识创造的场所和致力于从事研究维度的活动的人员都大大增加了，即不再仅仅只有大学和学院中的教师从事研究，还有非大学的机构、研究中心、政府的专业部门、企业的实验室、智囊团、咨询机构的人员共同参与研究。① 不仅越来越多的机构和人员从事研究维度的工作，而且越来越多的职业对就业人员的能力要求与研究活动所强调的能力高度重叠。欧洲共同体委员会（Commission of the European Communities）的报告指出，就业能力的核心是批判性思维、分析、辩论、独立工作、学会学习、问题解决、决策、规划、协作、管理、合作等能力。这清晰地显示出洪堡所强调的教学与研究杂交所形成的优点，在当前情境中更加突出了。很显然，知识社会所需要的就业能力与现代研究活动中所需要的能力

① 陈洪捷、施晓光：《国外高等教育学基本文献讲读》，北京大学出版社，2014，第214—224页。

是高度重叠的。[①] 所以，“现在，我们都是研究者，……教学和研究更加密切地联系在一起，……在一个知识社会里，所有的学生——当然是所有的毕业生——必须成为研究者，他们不仅仅是从事知识生产，他们还必须受到处理科学前进中产生的危机和不确定性的教育”[②]。正因为越来越多的职业需要从业人员具有研究思维和研究能力，因此，发展学生的参与严格系统的探究过程的能力是非常重要的。欧洲共同体委员会指出，以知识社会的就业能力为核心的所谓“能力本位高等教育”，需要通过研究对学生进行教育。一方面，因为研究能力对于知识社会中的专业是非常有用的；另一方面，也只有与研究密切联系的高等教育才有能力去培养学生的研究能力。[③] 具体而言，大学必须改进教学方法，转向更包容的、合作的和基于探究的研究、教学与学习模式。教与学的区别必须被打破，学生需要充分进入研究者的文化和团体，与研究者共同探索面对的复杂问题。学生需要通过参与研究的方法形成一个学科的知识框架，了解学科领域的关键问题和主要观点，知道该学科的研究者做什么；需要参与那些模拟他们教师的研究过程的活动；需要学习某个学科所使用的研究的方法和技术，并且具有练习这种研究的方法和技术的机会。这些都意味着，学生在他们的

---

① “Commission of the European Communities, Strata – Etan Expert Group (E. Bourgeois, Rapporteur)”, *Developing Foresight for the Development of Higher Education/Research Relations in the Perspective of the European Research Area* (ERA) (Brussels, European Commission, Directorate General for Research), 2002: 40.

② Scott, P., “A Lot to Learn: We Are all Researchers Now. And We Can No Longer Separate Research from Teaching”, http://www.theguardian.com/education/2002/jan/08/highereducation.uk1.

③ SIMONS M, ELEN J., “The ‘Research – Teaching Nexus’ and ‘Education through Research’: an Exploration of Ambivalences”, *Studies in Higher Education*, 2007, 32 (5): 617—631.

学习中，应该像研究者一样参与知识大厦的建造。①

（2）研究作为最佳教学形式有助于大学在 MOOCs 时代的生存和发展。2012 年，大规模在线开放课程（Massive Open Online Course，简称“MOOCs”）在世界范围内高调兴起，出现了 edX、Coursera 和 Udacity 等具有影响力的平台，众多世界顶尖大学在上面开设课程，吸引了世界各地数千万学生在上面学习。以 MOOCs 为代表的在线教育是高等教育的一个重要发展趋势，将有可能从根本上改变高等教育的面貌。斯坦福大学校长享内西教授（John L. Hennessy）认为“教育技术将摧毁现有高等教育体系”。② 曾担任过英国开放大学副校长和联合国教科文组织教育助理干事的约翰·丹尼尔爵士（Sir John Daniel）认为 MOOCs 所带来的真正的变革应该是高等教育商业模式中最核心的稀缺资源面临着开放性教育资源的挑战。③ 过去，优质教育资源只有极少数精英学生才能享受，大多数学生不得不选择在一般大学就读，而 MOOCs 的兴起则使优质资源为更多人共享成为可能。在这样的背景下，如果大学之间只有质量高低之分而没有办学模式之别，那么，人们就会选择最佳大学提供的最佳课程，一般的大学及其课程可能会因缺乏学生选择而面临困境。因此，一般大学要想获得生存和发展的空间，一方面需要形成鲜明的办学特色，为学生提供与优秀大学不同的教育服务；另一方面要选择不易被在线教育代替的课程模式和教学形式。传统的教学模式主要有研究型教学模式和课堂讲课模式。一份研

---

① BREW A.，“Research and Teaching：Beyond the Divide”，*Palgrave MacMillan*，2006：4，19，13—14.

② 王一兵：《MOOCs 的灵魂、启示与对策》，《高等教育研究》2014 年第 1 期，第 57—60 页。

③ 约翰·丹尼尔等：《让 MOOCs 更有意义：在谎言、悖论和可能性的迷宫中沉思》，《现代远程教育研究》2013 年第 3 期，第 3—12 页。

究发现，MOOCs 及其变种将取代大部分现在的课程模式，即课堂讲课模式，而研究型课程和师生紧密结合的学习模式能够保留并得到发展。[①] 因此，为了生存和发展，一般的大学应该把研究作为一种教学形式。

2. 大学仅注重教师研究的局限性

虽然在“双一流”建设中大学具有把研究作为一种教学形式的天然优势，但如果把教学看作是传授知识，而把研究看作是发现知识，那么，教师所从事的就是两种性质不同的工作。由于教师时间和精力有限，研究与教学就有可能成为两项互相分离乃至对立的工作。博耶就曾经呼吁，美国高等教育界无论如何都应超越那种把教学与研究对立起来的传统思维方式，超越教学与研究孰重孰轻的过时的争论。[②] 仅仅注重教师研究，即便研究与教学不是完全的分离，也只能是低水平的结合，即教师只是把最新研究成果带给学生，而不是带领学生做研究，因此，学生可能只是掌握了前沿知识，却没有掌握研究方法，形成研究能力。在这种情况下，我们就不能说研究是大学教学的最佳形式。

（1）教学与研究分别由不同的人承担。1998 年《博耶报告》指出，美国的研究型大学没有能够为本科生提供优质的教育，在整个 20 世纪 90 年代，对研究的强调是以逐渐牺牲本科教学质量为代价的。在现实中，我们这个时代的本科生几乎没有与学者型教师直接接触。教

① 李明华：《MOOCs 革命：独立课程市场形成和高等教育世界市场新格局》，《开放教育研究》2013 年第 3 期，第 11—29 页。

② 欧内斯特·L. 博耶：《关于美国教育改革的演讲》，涂艳国等译，教育科学出版社，2002，第 65、74 页。

学通常是这些学者的徒弟——研究生来进行，而招生广告中所提到的学术明星几乎不会在本科生课堂上出现，顶多就在几百名学生的讲座课上偶尔出现。①

美国研究型大学及其教师为什么重视研究而轻视教学呢？首先，这是受整体时代背景的影响。“在一个对发现和探索极度痴迷的国家和时代，研究使命导致大学先前的培养年轻人成为牧师、律师和绅士的教育功能黯然失色。大学在整体上没有发现把本科教育整合入他们最为看重的研究使命的途径。正如博耶在20世纪90年代的《学术反思》一书中所描述的：‘焦点从学生转移到教授，从普通教育转移到专业教育，从忠诚于学校转移到忠诚于学科。’高级研究和本科教学处于两个截然不同的轨道，前者是愉快、被认可和获得奖赏的源泉，后者则是为了维持院校生存而不得不承受的一种负担。”② 其次，大学制度的影响。大学教师的职称晋升和终身教职的获得主要根据研究成果而非教学成果。锡拉丘兹大学的研究报告指出，在决定教师的职称晋升和终身教职时，研究成果比教学效果占据多得多的分量，因此，在“要么出版，要么灭亡”的压力下，很多教师忙于研究工作而无暇顾及教学工作。最后，教师价值取向的影响。教师更希望通过研究成果来获得能力认可和学术声誉。德里克·博克指出，教师难以通过优秀的教学效果来获得全国性的声誉，但却可以通过公开发表论著的方式建立起全国性的学术声誉。③ 不仅如此，教学还被认为是教师因不

① “The Boyer Commission on Educating Undergraduates in the Research University. REINVENTING UNDERGRADUATE EDUCATION: A Blueprint for America's Research Universities”, http://www.sunysb.edu/press/021006 - Boyer, 2014 - 08 - 01.

② 同上。

③ 德里克·博克：《回归大学之道》，侯定凯译，华东师范大学出版社，2008，第20页。

胜任研究而迫不得已的选择。在尼奎斯特等人对研究生进行的一个调查中，有受访学生写道：“我每天都听人说把时间花在教学上不是一个理智的选择。我没有感受到教学在系里受重视。教学基本上是遭受轻视的——只有那些不能成为一个好的研究者的人，才不得不去寻求成为一个好的教师。很多教师告诫我：‘你花在教学上的时间能少则少，要确保自己成为一个好的研究者’。”① 因此，很多教师认为研究比教学有价值，愿意把时间花在研究上而不是教学上。

（2）研究尚未被牢固地整合入教学。研究与教学的结合既有形式的不同，又有程度的差异；研究既可能只是被微弱地嵌入教学，也可能是被强力整合入教学，前者如教师在讲座中提到研究或把研究成果列入学生阅读目录中。在这种情况下，研究只是被作为信息内容呈现出来，虽然学生学到了很多前沿知识，但却并不了解研究过程，也没有掌握研究的技能。相反，如果研究被强力整合入教学，它会塑造学生的学习活动。教师的研究和学术活动不是简单地以信息的条目的形式出现，而是变成学生学习的一个结构性的元素。而且，教师和学生的关系开始发生微妙的变化，学生不再仅仅是教师所授知识的接收者，而是与教师一起成为知识的发现者和创造者。格里菲斯对研究介入教学的四种模式进行了归纳：②

一是研究引领的教学。课程围绕着学科内容建构，内容选择直接基于教师特殊的研究兴趣；教学基于传统的知识传递模式；强调对研究结果而非研究过程的理解；没有任何抓住教学与研究的双向互利关

---

① NYQUIST J D, etc. , “On the Road to Becoming a Professor: The Graduate Student Experience”, *Change*, 1999 , 31 (3): 18—27.

② GRIFFITHS R. , “Knowledge Production and the Research - Teaching Nexus: the Case of the Built Environment Disciplines”, *Studies in Higher Education*, 2004, 2 (6).

系的意图。

二是研究取向的教学。课程对理解某领域知识产生过程的强调与对课本中已经取得知识的强调是一样的；关注研究技能的教学和研究精神的培养；教师的研究经验广泛地渗透在课程中。

三是研究为本的教学。课程基于探究活动而非围绕学科内容的获得进行设计，教师探究过程的经验被高度整合到学生的学习活动中；教师和学生的角色差异是最小的；有意地利用教学与研究双向互动的机会。

四是研究自觉的教学。课程自觉地把系统的探究引入教与学的过程本身，强调学生的研究和探索技能的发展，发展一种鼓励学生深入了解并且积极投入知识生产过程的研究文化。此外，教师还采用科学研究的方式去研究教与学的有效性。

在这四种模式中，第一种教学模式本质上还是知识传授式教学，只不过是强调传授新知识。最后一种教学模式则反映了教学与研究的高度整合，研究真正成为一种教学形式。因此，从研究引领、研究取向、研究为本到研究自觉，教学与研究的关系从松散走向密切。目前，大学教学主要还是研究引领与研究取向的教学。要使研究成为教学的最佳形式，必须从研究引领与研究取向的教学走向研究自觉的教学。

3. “双一流”建设中应强调和鼓励学生的研究

按照某种观念，教学本质上是一个知识传递过程。这是一种教师中心和课程大纲驱动的模式，教师通常只意识到他们自己和他们自己在做什么，而忽视了学生和学生的学习。这是与基于讲座的传统教育学密切相关的。按照另一种观念，教学本质上是一个帮助学生学习的过程。教师不仅意识到他们自己和他们自己在做什么，而且还意识到学生和学生的学习。在这个过程中，学生需要扮演一个积极的角色，去建构或重构他们已经存在的理解模式。这不是一个意在增加知识的学习过程的添加模式，而是一个学习过程的变化模式，意在使学生成为一个不同的人。这是与更加强调学生中心和基于探究的教育学密切相关的。① 在美国的研究型大学里，“知识的发现和传播比单纯的授课地位更高，在培养探索者上体现了研究作为教育手段的效率和价值”。② 因此，德里克·博克呼吁本科教学方法应该进行一次根本性的转变，即从以教师为中心的、基于讲座的方法向以学生为中心的、学生主动学习的方法转变，让学生运用各种各样的方法去学习、理解和运用知识。③ 以教师为中心的知识传递式教学常常引发学生的表层学习，而学习支持型教学则常常引发学生的深层学习。④ 表层学习是一种依靠记忆并且以记忆为最终目的的学习，深层学习是一种基于理解、寻求意义和注重反思的学习。表层学习由学习者的外部动机，如通过考试、获得表扬和获取资格等所驱动，害怕失败、为避免失败而学，经常消极地对待学习任务，希望以最小努力达到考试的最低要求，因此，常常导致结构不良、低水平的学习效果，并且很快就会遗忘。深层学习由学习者的内在动机所驱动，学习者为自己的理解、为满足自己的好奇心和求知欲而学习，倾向于使自己的学习超越课程的要求，

---

① GRIFFITHS R, “Knowledge Production and the Research - Teaching Nexus: the Case of the Built Environment Disciplines”, *Studies in Higher Education*, 2004, 2 (6).

② 乔纳森·R. 科尔:《大学之道》，冯国平等译，人民文学出版社，2014，第16页。

③ 曲铭峰、龚放:《研究型大学“教育家校长”的专业素养》，《高等教育研究》2014年第8期，第37—45页。

④ BREW A., “Research and Teaching: Beyond the Divide”, *Palgrave MacMillan*, 2006: 4, 19, 13—14.

因而可以获得结构良好的、高水平的、能够长期保持的学习效果。① 把研究作为教学的一种形式，鼓励学生在研究中学习，实质上就是一种深层学习方式，这不仅有助于提升学生的学业成就，而且也有助于促进教师、学科和学校的发展。②

首先，提升学生学业成就。研究和探索使学生在学习上更加主动、更加投入，从而获得更好的学业成就。一是可以使学生更深入地掌握知识，并且能够掌握前沿知识。二是可以使学生熟悉研究过程，掌握研究技能，从而获得智力发展，成为创造性的和批判性的思考者。三是促进学生的专业发展与提升，包括提高团队合作能力，加强与导师和其他专业人员的关系，从而更深地理解学科的文化和专业性，增加成为学术型人才的机会，同时也提升职业的判断和选择能力，促进职业证书的获得等。四是促进学生个性发展，如激发好奇心，促进个体主动性的发展，增强信心，得到团体的更好认同等。

其次，促进教师专业发展。一是有助于教师提升教学和指导的效果。研究作为一种教学形式，可以打破教师与学生之间的界线，直接整合研究和教学，促进研究生教育和本科生教育的协同作用，从而提升教学和指导的效果。二是有助于教师取得研究的、学术的和创造的成果。本科生可以为教师的研究问题提供新颖的视角和多维的方法，使教师获得智力上的鼓舞，帮助教师保持在学科前沿，维持专业知识

① Trigwell K. , Prosser M. , "Improving the Quality of Student Learning: the Influence of Learning Context and Student Approaches to Learning on Learning Outcomes", *Higher Education*, 1991, 22 (3): 251—266.

② Osborn J. M. , Karukstis K. K. , "The Benefits of Undergraduate Research, Scholarship, and Creative Activity", in: M. Boyd and J. Wesemann (Eds.), "Pages 41—53, "Broadening Participation in Undergraduate Research: Fostering Excellence and Enhancing the Impact", *Council on Undergraduate Research*, Washington, DC, 2009, 41—53.

水准、专业热情和专业投入，从而提升研究项目，产生更好的研究成果。三是整合研究与教学，促进教师专业发展。教师与本科生的紧密接触暗示着教学与研究不是相互排斥的而是内在缠绕在一起的两种活动，教师的研究活动可以持续不断地把新的研究内容和研究方法引入课程，这不仅有利于学生智力发展，而且使教师角色走向多样性，增加工作的满意度，促进个人发展。

再次，推进学科持续发展。一方面是学生与教师对未知领域的探索，可以取得新的学术成果，从而为学科知识体系提供新的养分；另一方面是激发学生从事研究工作的志趣，引导学生投入研究工作，不仅可以扩大学科研究队伍，而且可以为学科研究培养大批后备力量，从而促进学科发展。

最后，提高大学学术声誉。教学与研究相结合，通过研究进行教育，可以促进大学学术发展，提高大学学术声誉。以色列社会学家本·戴维曾经分析了世界学术中心由法国转移到德国再转移到美国的原因。法国在19世纪上半叶曾成为世界学术中心，但在19世纪后半叶被德国取代。其衰退的原因之一是采取了高等教育与学术分离的政策，把高等学术研究所从大学中独立出去。与此相反，德国成为世界学术中心的原因之一是大学坚持教学与研究相统一原则。而20世纪美国取代德国成为世界学术中心的原因之一也是在学习德国大学办学经验的基础上，创建了研究型大学，成立了研究生院，以系科制代替讲座制，以平等的师生研究团队取代了德国等级森严的师徒制，从而创新了教学与研究相结合的机制，促进了大学学术发展。

总之，研究作为教学的一种形式，与其他教学形式，尤其是知识传递式教学相比，对学生、教师、学校和学科都有更大的好处。在我国的“双一流”建设中，大学应基于研究，重构教学，即把研究作为大学教学的最佳形式，突出大学教学的发现、探索和创造的品质，这样才能在培养出符合时代需要的具有探索意识、研究能力、创造精神和健全人格的人才的同时，提升自身品质，增强适应能力，更好地在变革时代生存和发展。

二、增强国家创新发展能力和核心竞争力

党的十九大指出，创新是引领发展的第一动力，是建设现代化经济体系的战略支撑。为加快建设创新型国家，进一步增强国家创新发展能力和核心竞争力，“双一流”建设要按照党的十九大要求在国家创新体系中更加发挥主力军作用：瞄准世界科技前沿，强化基础研究，实现前瞻性基础研究、引领性原创成果重大突破，使我国高等学校在国际上的影响力显著上升。要加强应用基础研究，拓展实施国家重大科技项目，突出关键共性技术、前沿引领技术、现代工程技术、颠覆性技术创新，使高等学校对经济社会发展贡献和服务能力明显增强，获得科研成果、专利数明显增加，为建设科技强国、质量强国、航天强国、网络强国、交通强国、数字中国、智慧社会提供有力支撑。

（一）高校已成为科学研究的主阵地

建设世界一流大学和一流学科，是推动中国高等教育整体水平跃升，实现跨越式发展的重要举措，是实施科教兴国战略和人才强国战略的重要组成部分。回顾20世纪90年代以来的高等教育发展的过程，一流大学和高水平大学建设成效显著，提升了我国高等教育整体水平。

国家通过实施“211 工程”、“985 工程”等重点建设，改善了高校过去资金匮乏、设施陈旧、队伍不稳的局面，形成了一批高水平综合大学。高等学校科学研究和社会服务水平全面提高，贡献力度不断加大。高校已成为科学研究的主阵地，承担了大量的国家重大科研项目和课题，取得了一批具有标志性、突破性和对经济社会发展具有重大意义与推动作用的重大成果，在国家自然科学奖、技术发明奖、科技进步奖的获得上都有突出表现；在人文社会科学研究中，不断推动理论创新和哲学社会科学研究，较好地发挥了现代化建设“思想库”和“智囊团”的作用。

1. “211 工程”建设奠定基础

“211 工程”作为中华人民共和国成立以来在高等教育领域进行的规模最大的重点建设工程，总体建设目标是：面向 21 世纪，经过若干年的努力，使 100 所左右的高等学校以及一批重点学科在教育质量、科学研究、管理水平和办学效益等方面有较大提高，成为立足国内培养高层次人才、解决经济建设和社会发展重大问题的基地。该工程主要包括三大部分：

（1）学校整体条件建设。造就一大批学术造诣较深、在国内外有一定影响的学术带头人和骨干教师，特别应加速青年学术带头人的培养，保持一支政治业务素质优良、结构合理、人员精干、相对稳定的教师队伍和管理干部队伍；深入进行教育教学改革，优化学科（专业）结构，促进学生德智体全面发展，确保教育质量有较大的提高；加强教学、科研必需的基础设施建设，实验室建设和公共设施建设，为培养及吸引优秀人才创造必需的生活、工作条件；提高办学规模效益；加强科学研究工作，努力实现科研成果产业化，加快科学技术转化为现实生产力的步伐；推进办学体制改革，深化学校内部管理体制的改革；增强高等学校国际交流与合作，扩大中国高等教育在国际上的影响。

（2）重点学科建设。主要是增强科技前沿领域高层次人才培养的能力。在部分有条件的学校中选择一些重点研究基地，力争对国家的经济建设、科技进步、社会发展和国防建设等领域产生重大影响，能够解决本领域的重大科技问题，并有望取得突破性成果。通过加强培养人才的实验条件，拓宽学科面，形成一批学科基础相关、内在联系紧密、资源共享、具有特色和优势的学科群和学科基地，以持续培养本领域高水平的骨干人才。要努力形成覆盖中国经济建设和社会发展主要行业和领域、带动学科和科技发展、分工合理、相互配套的重点学科体系。

（3）高等教育公共服务体系建设。主要包括中国教育和科研计算机网（CERNET）、图书文献保障系统、现代化仪器设备共享系统等建设内容。中国教育和科研计算机网将连接全国主要高等学校，并与国际网络联网，为中国教育、科技和社会各界提供信息服务。图书文献保障系统以中国教育和科研计算机网为依托，设立全国综合文献中心和一批学科文献中心，与国内外文献系统广泛联网，建立文献信息子网。根据地区优势，在全国高等学校比较集中的中心城市，结合高等学校重点学科的建设，设立现代化仪器设备共享服务中心，提高设备的使用效率。

工程实施以来，取得了一批重大成果和明显的效益，主要体现在以下五个方面：一是集中力量，重点突破，带动整体，重点建设起了一批重点院校和重点学科，有预见性地为中国提高综合国力和国际竞争力构筑了前沿阵地，有效带动了高等教育整体水平的提高。二是较大程度改善了高等学校办学条件，提高了办学整体实力和培养高层次创造性人才的能力。三是一批重点学科已成为国家知识创新、技术创新和高层次人才培养的主要基地。四是建设起了全国高等教育数字化信息平台，“211 工程”建成了中国教育和科研计算机网八大地区主干网和十大重点学科镜像系统，为中国高等学校了解和掌握最新科技发展前沿提供了十分便利的条件。五是建立了规范、协调、科学的管理运行机制，提高了管理水平和效率，保证了工程建设的有效实施。对高等教育发展起到了巨大推动作用，并为建设若干所世界一流大学和若干个世界一流学科奠定了良好的基础。

2. “985 工程”建设增强实力

“985 工程”于 1999 年正式启动，北京大学、清华大学首先获得国家高强度支持。随后，教育部和相关部委和省级政府重点共建复旦大学、上海交通大学、南京大学、浙江大学、西安交通大学、中国科学技术大学和哈尔滨工业大学。在“985 工程”建设中，通过共建、调整、合作、合并的途径，各校促进学科优势互补，增强学科的综合性。

由于学科的交叉整合和对优势学科的重点扶持，各校承担国家重大科研项目的竞争能力大大加强，一批重要科研成果应运而生。如“985 工程”建设之初，北京大学理科共承担国家各类重大课题 248 项，文科承担国家教育人文社科基金 100 项，如：有两项研究成果入选 2001 年全国基础研究成果十大新闻，三项成果列入中国高等学校十大科技进展，原创性的基础研究闪光点增多；人类疾病基因研究中心的一项原创性成果已申请 PCT 国际专利及美国、英国专利；首次发现并证明了世界上最古老的大洋地壳残片（25 亿年），使板块构造理论使用范围向前推进5亿年。清华大学取得了一批有重要影响的应用研究成果，如：被世界公认为安全性最好、发电效率最高的第四代先进型反应堆已于2000年建成并投入临界运行；“航天清华一号”微小卫星于2000年6月发射成功，标志着清华以多学科集成优势切入航天高科技领域；生物芯片技术方面的多项自主知识产权技术，使中国在该方向的研发和产业化方面达到世界先进水平；紧凑型高压输电技术，每千公里可以减少土地占用6万亩；高温超导带型线材的研制达到国际先进水平。其他学校，如南京大学“全固态双波长激光器”的原创性研制，被誉为国际领先水平的重要成果。上海交通大学在国内率先开展了精神疾病的药物基因组学研究，在单基因遗传病研究中获世界认可。各校还十分注重科技成果的转化及高新技术产业化，努力以一流的科研成果为基础，以多种形式促进产学研结合。以北大科技园、清华科技园为代表的国家级大学科技园，为产学研结合提供了新平台。哈尔滨工业大学以工大集团、八达集团为基础，以兴办哈工大科技园和深圳国际技术创新研究院为拓展目标，形成了科技产业开发新格局。西安交通大学科技园利用西部大开发的契机，与香港理工大学合作成立“国际企业家深造学院”等机构，为西部提供智力和人才服务。

“985工程”建设是中国高等教育体制改革以来，在加强重点建设、高等学校依法自主办学、实施跨越式发展方面所进行的改革力度最大、取得成效最明显、积累经验最宝贵的一次成功的尝试。

虽然在高层次人才培养的数量和水平，科研的整体条件和成果水平等方面还不能满足国家发展战略需要，但经过“985工程”建设，调整和优化了学校的学科结构和学科方向，一些水平较高的大学基础设施有了明显改善，科研实力不断增强，快速凝聚了一批国内外高层次人才，提高了高层次创造性人才的培养质量，产生了若干具有较大

专栏

国家科技三大奖高校占七成

2014年，全国共有138所高等学校作为第一完成单位或参与完成单位，获得了2014年度国家科学技术奖三大奖共180项，占通用项目总数254项的70.9%。其中，有86所高校作为第一完成单位的获奖项目数为122项，占授奖总数的48%。在2014年的国家科学技术奖授奖项目中，全国高等学校获得国家自然科学奖一等奖1项、二等奖26项，占授奖项目总数的58.7%；38个项目获得国家技术发明奖通用项目二等奖，占通用项目授奖总数的70.4%；技术发明奖一等奖共3项，其中2项专用项目一等奖均为高校获得。

资料来源：《中国青年报》，2015年1月10日，第4版。

影响的原创性科研成果，部分学科接近世界一流水平，切实解决了一些关系国计民生的重大现实问题。高校取得一大批知识创新和重大科研创新成果，经济社会发展能力不断提升，为我国建设人力资源强国、提高整体竞争力水平以及服务创新驱动发展的国家战略，形成了无可替代的重要基础与支撑。例如，近年来，科技论文发表数量增幅较大，2009年，全国高校累计发表科技论文1016345篇，其中国外发表156750篇，到2013年，两个数字分别上升到1127210篇和249637篇，其中国外发表科技论文篇数增加了59.26%。2009年发明专利申请授权数为14408件，2013年增加到35873件，增幅高达148.98%①。全国高校有效发明专利量前50名的总量也由2011年的49090件上升到2014年的81844件（有效发明专利是指授权后并持续缴年费的专利，

① 根据《2014年中国统计年鉴》。

只有前50名的统计)，增加了66.7%[①]。近几年来，全国高校在国家科技三大奖中获奖项目数保持在三分之二左右，取得了包括量子反常霍尔效应、诱导全能干细胞、天河二号等在内的一系列标志性成果，相关高校的“40K以上铁基高温超导体的发现及若干基本物理性质研究”和“透明计算技术”两项研究成果分获2013年度、2014年度国家自然科学奖一等奖。

总之，高校主动服务国家和区域经济社会发展的意识明显增强，原创性科研成果不断涌现，取得了一批接近或达到世界先进水平的研究成果，科技成果转化机制不断完善，学科专业、类型层次结构渐趋优化，分类指导、分类管理原则逐步落实，高等教育综合实力和国际竞争力稳步提升，对国家创新体系建设的贡献度显著提高，也为在中国建设世界一流大学积累了经验、奠定了基础。

3. “2011计划”等进一步提升创新能力

2012年3月，教育部和财政部联合颁发了《关于实施高等学校创新能力提升计划的意见》。“高等学校创新能力提升计划”（简称“2011计划”）的实施在推动高校转变发展方式，面向国家重大需求找到各自办学特色和优势，深化机制改革和内涵发展，提升学科人才科研“三位一体”创新能力，支撑和服务国家创新驱动发展战略等方面发挥了积极作用。一批协同创新中心也通过重大任务牵引，形成了有组织的科研机制，构建了拔尖创新人才培养模式，汇聚形成了高水平创新团队，集聚了创新资源，产出了一些重大创新成果。

---

① 根据教育部科技发展中心统计。

2011年11月，教育部、财政部联合出台《高等学校哲学社会科学繁荣计划（2011—2020年）》，各高校积极开展基础理论和学术前沿问题研究，在传承文明、创新文化、繁荣学术方面取得显著成效，产生了一批有较高水平的理论成果。教育系统在国家重大决策中的思想库和智囊团作用进一步凸显，全国哲学社会科学领域80%以上的成果聚集在高校。据不完全统计，仅2010年至2014年间，高校共出版著作约13.3万部，发表论文约160万篇，一批以《中国民俗史》《庄子学史》《西藏古乐谱研究》为代表的理论成果被评为第六届高等学校科学研究优秀成果奖（人文社会科学）。

（二）“双一流”建设高校要在科技创新中发挥主力军作用

当今世界，科技日新月异，竞争日趋激烈，一场新的技术革命扑面而来。各国纷纷调整发展战略，更加注重科技进步和创新驱动。美国公布了一份长达35页的《2016—2045年新兴科技趋势报告》①，该报告是在美国过去5年内由政府机构、咨询机构、智囊团、科研机构等发表的32份科技趋势相关研究调查报告的基础上提炼形成的。该报告的发布，一是为了帮助美国相关部门对未来30年可能影响国家力量的核心科技有一个总体上的把握，二是为国家及社会资本指明科技投资方向，以确保美国在未来世界中的战略优势。通过对近700项科技趋势的综合比对分析，最终明确了20项最值得关注的科技发展趋势。这20项技术分别是：物联网、机器人与自动化系统、智能手机与云端计算、智能城市、量子计算、虚拟现实和增强现实、大数据分析、人

① 重磅报告解读：美国公布长达35页的《2016—2045年新兴科技趋势报告》，http：//news. ifeng. com/a/20170901/51836012_0. shtml。

体机能增强、网络攻击防御、先进数码设备、智能化材料、太空科技、生物合成科技、增材制造、基因医学、能源科技、新型武器、食物与淡水、气候变化调节等。

从世界范围看，不仅国家和社会对科技依存度很高，国际之间的竞争对科技实力的依赖性也前所未有。党的十九大提出了“建设创新型国家”的奋斗目标，当前的中国，创新成为引领社会发展的第一动力，创新之气日浓，创造之地日阔，“大众创新，万众创业”蔚然成风，中国正朝创新型国家的行列迈进。为增强国家创新发展能力和核心竞争力，推进“双一流”建设，意义十分重大。首批“双一流”建设高校共计 137 所：世界一流大学建设高校 42 所（A 类 36 所，B 类 6 所），世界一流学科建设高校 95 所。其中的大多数高校经过“211 工程”、“985 工程”以及“优势学科创新平台”和“特色重点学科项目”等重点建设，学校实力明显增强，重点学科建设取得重大进展；25 所非“985”、“211”高校入选一流学科建设的高校（如中国科学院大学、北京协和医学院、中央美术学院、上海音乐学院、天津中医药大学、南京邮电大学等），办学实力也很雄厚、学科特色鲜明，是“双一流”建设中的“新鲜血液”。无疑，“双一流”建设高校代表了中国高校的最高学术水平，是知识、科技和人才的聚集高地，是科技创新和知识创新的重要阵地，是实施创新驱动发展战略的重要力量，是推进先进文化传播的主导力量。

1. 充分发挥优势和特色，积极参与国家创新体系建设

国家对科技创新的要求可简略地概括为两大类：第一，基础研究要瞄准世界科技前沿，实现前瞻性、引领性原创成果重大突破；第二，应用研究要深化科技体制改革，建立产学研深度融合的技术创新体系，

促进科技成果转化。这两大目标可细化为 5 项具体要求：①要求对自然现象及其运行规律有重大发现；②要求运用科学知识，在产品、工艺、材料等领域有重大发明；③要求在完成国家重大工程、计划、项目等方面做出重大贡献；④要求科研人员走出“象牙塔”，解决科研成果被束之高阁的“浪费问题”；⑤要求建立研究、孵化、中试、转化和市场运作一体化机制，解决创新环节的“梗阻现象”。

“双一流”建设高校要充分发挥和强化高校在基础学科和基础研究方面的优势，全面推进高校创新体系建设，提升高校原始创新能力和社会服务水平。以高水平的科研促进高质量的人才培养，以高质量的人才培养增强高校自主创新能力，探索教育与研究有机结合、自由探索科学前沿与积极服务国家需求密切结合的知识创新体系，更好地发挥高等学校在国家创新体系中的核心作用。

2. 加强重点科研基地、创新团队建设和创新科技平台建设，显著提升学校的科研实力

“双一流”建设要围绕国家重大需求和科研重点方向，坚持以重点实验室、工程（技术）研究中心、人文社会科学重点研究基地等创新基地为依托，以优秀学术带头人为核心，面向国内外吸引、汇集一批著名学者和专家，逐渐形成一批具有世界一流水平的科研创新能力强大的创新团队，更多地承担国家重大、重点任务，努力取得一批重大科技成果。

要通过科技资源的优化配置，合理布局和重组，构建一批多层次、开放式的支撑基础科学研究的重点基地，为基础研究的开展搭建必要的平台。目前，正在运行的国家重点实验室为 162 个，其中有 103 个设在高等学校。教育部级重点实验室已达 157 个。这些重点实验室为实现科技组织结构的集约化，促进多学科交叉、融合和生长，培育创

新研究群体提供了平台和保障。“双一流”建设要进一步围绕国家目标的基础研究和战略高技术研究，发挥高校综合优势，建设共建共享、流动开放、高效运行的国家基础研究与应用研究基地，选择有限目标，组织优势力量，进行重点培育，大力培养优秀创新人才和群体，鼓励开展自由探索的基础研究，并向社会提供公共科技产品及服务，形成区域研究开发中心，提升区域创新能力。

3. 大力发展哲学社会科学，促进社会主义文化大发展大繁荣

这也是“双一流”建设的重要任务。要进一步繁荣发展哲学社会科学，构建高校哲学社会科学理论创新体系、社会服务体系、条件保障体系和学术评价体系，推动高等学校哲学社会科学研究与经济发展、社会进步、文化繁荣紧密结合，促进科研成果向教育教学、决策咨询、社会普及和文化产业转化。

实施马克思主义理论建设工程，推进马克思主义理论创新，着力构建以当代中国马克思主义为指导，具有中国特色、中国风格、中国气派的哲学社会科学学科体系和教材体系。加强教育部人文社会科学重点研究基地建设，完善团队攻关研究与个人自由探索并重的社科基金体系，组织哲学社会科学重大课题攻关，在哲学社会科学领域取得一批具有重大学术价值和社会影响的研究成果，促进社会主义文化大发展大繁荣。积极推动高校哲学社会科学研究走向世界，推进文化传播，弘扬中华民族优秀文化。

（三）“双一流”建设高校要主动服务经济社会发展

“双一流”建设高校要以多种方式服务国家、区域和地方经济社

会发展，努力拓宽高校与政府、企业、社会的联系渠道，普及和转化科学研究成果，促进优秀成果推广和应用，切实发挥高校的思想库和智囊团作用，推动社会建设和文化建设。

1. 面向经济建设主战场，主动服务经济社会发展

按照供给侧改革的要求，对接产业，与生产实践紧密结合，与社会力量广泛联合，走产学研相结合之路，全面提升高校服务区域经济社会发展的能力。高等学校要积极参与以企业为主体的技术创新体系建设，主动探索建立新型的产学研合作机制，建立和拓宽高校与企业、科研机构之间有效的联系渠道，通过联合、共建、融合等方式，加强高等学校与企业、科研院所的合作，为企业技术创新提供坚实的人才、知识、技术和文化支撑。

2. 建立科技成果转化机制，加快科技成果转化速度

据2014年统计，全国共建有115家国家大学科技园，涵盖30个省（区、市）的近200所高校。115家国家大学科技园拥有孵化面积1100万平方米，孵化基金总额10亿元，在孵企业8500家，承担各级各类计划项目3189项，其中国家级项目541项，在孵企业申请专利12096项，其中发明专利5830项，服务社会发展的能力有很大提升。目前科技进步对经济增长的贡献率正在跨越60%的门槛，全国现有的7000万科技人才资源将孕育出“星火燎原”之势。大学，作为知识经济时代所仰赖的创新“发动机”，必须义无反顾地充当起创新“一方面军”中的“领头雁”的角色。

“双一流”建设要进一步强化高校服务国家战略和区域经济社会发展的意识，构建科技成果转化机制，形成符合科学发展规律、质量

导向明确、评估监督有力、成果转化迅速、组织运行高效的高校科研运行机制和领导有力、责任明确、管理到位的高校科研管理体制，构筑起结构合理、布局较为完整的高校技术创新与高新技术产业化基地体系，将科技成果最大限度地转化为看得见的生产力。

3. 积极参与决策咨询，加快高校智库建设

据统计，仅2010—2014年间，高校承担企事业单位委托研究项目24万多项，向各级政府部门、企事业单位提交研究咨询报告4.3万余篇。北京大学国际战略研究中心在全球150家重要智库中排名63位。华中师范大学中国农村研究院开展的百村十年观察项目、中国农村博物馆、农村数据库等平台建设在全国产生很大影响，有关咨询报告为国家和部门决策提供了重要参考和依据。南开大学APEC研究中心为我国参加一年一度的APEC领导人非正式会议和APEC部长级会议提供政策咨询，得到外交部、商务部的多次表彰。

党的十九大报告明确提出“加强中国特色新型智库建设”。面对新时代的要求，深化智库体制机制改革，优化智库内部管理流程，提高智库成果质量和咨政能力成为智库发展需要解决的核心问题。“双一流”建设高校在当前智库建设的热潮中，要成为一流智库，首先要选准新定位，明确智库成立目标和服务群体定位，聚焦智库重点研究领域，为服务对象提供真正有价值的决策参考；其次要充分发挥自身资源优势，把研究“一流问题”放在首位，树立良好的品牌形象和影响力，获得更高的关注度和社会认可度，在汇聚高素质人才的基础上，通过深耕细作，进一步开拓市场，实现科技成果高效转化。

第三章

实现高等教育内涵式发展

——引领作用

党的十九大开启了全面建设社会主义现代化国家新征程，统筹推进“五位一体”总体布局和“四个全面”战略布局，对高等教育提出了必须坚持内涵式发展的新要求。一方面，进入新时代，教育在实现中华民族伟大复兴中的基础性作用更加凸显，对高等教育的需要比以往任何时候都更加迫切，对科学知识和卓越人才的渴求比以往任何时候都更加强烈，必须坚持内涵式发展，全面提升教育质量，为实现伟大梦想提供更好的基础支撑。另一方面，党的十九大指出，新时代我国社会主要矛盾已经转化为人民日益增长的美好生活需要和不平衡不充分的发展之间的矛盾，随着经济社会发展和高等教育普及程度的提高，优质高等教育资源短缺已经成为现阶段高等教育发展的主要矛盾，并由此引发高等教育公平、人才培养质量、大学生就业等一系列社会广泛关注的热点难点问题。这些矛盾和问题的解决，都有待于高等教育在更高水平上实现内涵式发展，而“双一流”建设将发挥重要的示范引领作用。

一、高等教育内涵式发展新理念

（一）关于内涵式发展

1. 内涵式发展的概念

查阅《现代汉语词典》①，“内涵”主要有以下含义：一是逻辑学

① 《现代汉语词典》（第6版），商务印书馆，2012，第938—939页，第1337页。

上指一个概念所反映的事物的本质属性的总和，即概念的内容；二是事物所包含的内容、内在的涵养。外延是一个概念所确指的对象的范围。借用形式逻辑关于概念的两个基本特征，来说明学校教育发展的两种形式和路径，提出“外延式发展”和“内涵式发展”：外延式发展强调的是数量增长、规模扩大、空间拓展；内涵式发展则强调的是结构优化、质量提高、效益提升、实力增强。

教育的发展是通过一定的指标来体现的，这些指标包括数量增长、规模扩张、结构调整、条件改善、质量提高、公平性增强等。通常，我们把数量的增长和质量的提高作为界定教育发展的两个最基本的维度。

在实践中，人们通常是把资源增量作为衡量学校教育发展的尺度，因为数量的指标容易测定，数量的增长和规模的扩张给人的感受更直觉、更可观。在对学校教育的各级各类督导评估中，也将学校对人、财、物的投入列在办学水平之中。数量指标在一定程度上反映了学校教育的发展水平。诚然，教育资源数量上的增长，是学校教育质量提高的前提和基础，而且，教育资源极大丰富，也可以为学校教育实践提供更广阔的实践活动空间。然而，数量的增长并不是学校教育发展的充分条件，它不能直接导致质量的提高，数据统计并不能完全反映学校教育发展的实际情况，尤其是在涉及伦理、道德和文化等方面的品质，单纯的数量统计就很难说明问题，甚至无能为力。数量反映的只是学校教育发展的表层，数量的增加、增长往往依靠的是教育资源的“投入”和对教育资源的“消耗”，属于“外延式发展”。质量则反映了学校教育发展的深层，具有满足师生和社会的明确或隐含的现实需要的能力的特性，质量的提高往往依靠的是科学的思想、内容和方法，属于“内涵式发展”。在教育发展过程中，没有无数量的质量，也没有无质量的数量，数量增长是基础，质量提高是目的，没有数量增长就没有质量的提高，但有了数量的增长不一定能提高质量，没有质量保证的数量增长是没有意义的，质量是教育发展的本质，提高质量是教育工作的中心任务。

2. 高等教育的内涵式发展

改革开放以来，尤其是进入 21 世纪以来，我国高等教育取得举世瞩目的历史性成就，为经济社会发展提供了强有力的人力资源保障和智力支持。2002 年我国高等教育毛入学率达到 15%，进入了国际公认的高等教育大众化阶段，据《2017 年全国教育事业发展统计公报》①，2017 年，高等教育毛入学率达到 45.7%，高等教育正快速向普及化阶段迈进，人民群众接受高等教育的需求得到较好满足。

在经过近年的快速发展之后，我国高等教育已进入了一个新的发展阶段，也面临许多问题和矛盾：高等教育规模居世界之首，但“大而不强”的问题比较突出，一段时间以来，高等教育发展主要体现为办学规模的拓展和办学结构的层次延伸，如建设新校区、增设新专业、扩大招生规模等；高等教育服务国家服务社会的能力明显增强，但国际竞争力还需进一步提升；老百姓上大学难的矛盾基本解决，但上好大学、选好专业的矛盾依旧突出；以质量求生存、求发展的意识有所强化，但对提高质量投入的资源与精力依旧不足、教学的中心地位仍欠重视；通过“中西部高等教育振兴计划”等使高等教育区域布局更加优化，但区域发展不平衡问题仍很突出；鼓励高等学校明确定位、特色发展，但“同质化”倾向严重，“千校一面”问题没有得到根本

---

① 教育部：《2017 年全国教育事业发展统计公报》，http://www.moe.gov.cn/jyb_sjzl/sjzl_fztjgb/201807/t20180719_343508.html，2018 年 7 月 19 日。

解决，等等。解决这些问题，实现高等教育内涵式发展，为实现中华民族伟大复兴的中国梦培养符合时代要求的高素质人才，创新先进科技和新思想、新文化，提供优质高等教育资源，满足人民日益增长的对优质高等教育资源的需求，成为高等教育新使命。

根据系统论的观点，高等教育是个复杂的系统，由不同类型和特色的高等教育子系统构成，各高等教育子系统既相互竞争又协同合作，要综合考虑高等教育发展各方面的关系是否和谐，高等教育资源配置以及结构布局是否合理，高等教育的运行过程是否健康有序等，使整个系统有效地适应社会发展多层面的需要，为高等教育从大国走向强国提供良好的结构性基础。规模、结构、质量、效益关系的调整，是高等教育内涵式发展的本质问题。要解决过去一味依赖扩大规模、依赖办学升格、依赖外延式发展模式的现象，转变为以质量建设为核心，提高高校教学、科研质量，提升高办学效益，实现规模、结构、质量、效益协调发展。要研究高等教育所处的经济社会发展的国内国际形势以及科技进步带来的新变革，根据经济和社会发展需要，加快高等学校布局结构调整、专业结构调整、促进教育资源的优化配置，明确各类高等教育机构的定位，理顺各种形式、各种类型高等教育之间的关系，促进不同高等教育形式之间有效沟通和衔接。通过对高等教育系统内在要素的分析和结构调整，使高等教育结构与现代化发展的结构相适应，使高等教育更好地满足社会政治、经济、文化的需要，进一步解决好发展不平衡不充分的问题，来满足人民日益增长的对更高质量、更加公平教育的需求。

（二）“创新、协调、绿色、开放、共享”新发展理念

“创新、协调、绿色、开放、共享”五大发展理念由党的十八届

五中全会首次提出，充分反映了我们党治国理政的新理念、新思想和新战略。党的十九大报告又进一步把“坚持新发展理念”列入新时代坚持和发展中国特色社会主义的基本方略，明确指出：“发展是解决我国一切问题的基础和关键，发展必须是科学发展，必须坚定不移贯彻创新、协调、绿色、开放、共享的发展理念。”坚持高等教育内涵式发展，就是要以新发展理念为统领，立足中国特色社会主义进入新时代的历史特征和国际社会发展潮流，以质量为生命、以内涵建设谋发展，补齐短板，破解高等教育发展存在的突出问题，不断提升我国高等教育体系的综合实力。

1. 把“创新”作为内涵式发展的推动力

我国高等教育的发展属于后发外生型，需要我们立足中国实际，利用“后发优势”，学习外国的好经验，服务高等教育实践，但最根本的是要依靠创新，学会用“先发优势”，解决前人没有解决的问题和人类面临的共同问题，这样才能走到世界高等教育的前列。

21 世纪以来，我国高等教育取得了突飞猛进的进步，QS 全球教育集团发布的“2016 年全球高等教育系统实力排名”显示，我国高等教育系统实力位列世界第八名、亚洲第一名。随着我国高等教育水平的不断提高，与发达国家高等教育的差距日益缩小，但自身创新的任务愈发凸现和繁重。

2013 年 9 月 10 日，习近平总书记在第 29 个教师节慰问信中首次提出“发展具有中国特色、世界水平的现代教育”。2014 年 5 月 4 日，在视察北大时他又郑重强调，“我们要认真吸收世界上先进的办学治学经验，更要遵循教育规律，扎根中国大地办大学”。这就要求我们既要总结我国高等教育改革与发展的成功实践，又要结合中国实际，对我国高等教育改革发展难题进行针对性、前瞻性、储备性政策研究，为解决我国和世界高等教育问题提出体现中国立场、智慧、价值的理念、主张和方案。

当前，世界新一轮科技革命和产业变革蓄势待发，大数据、云计算、“互联网+”、工业革命4.0以及发达国家推进高起点的“再工业化”，这些在全球范围内引发了新一轮激烈竞争，倒逼我国加快全面创新。

创新是高等教育内涵式发展的根本动力。一方面，高等教育应积极推进科教融合发展，构建“政产学研用”一体的创新网络，参与国家创新体系建设，积极组建跨学科科研团队，推动跨领域跨行业协同创新，着力增强高等教育自主创新能力，为经济社会发展提供持久动力。另一方面，高等教育要充分发挥“人才蓄水池”和“人才高地”的独特作用，实施更积极、更开放、更有效的人才培养和引进政策，完善人才评价激励机制和服务保障体系，营造有利于青年教师脱颖而出的氛围和环境，让“人才高地”真正变为“创新高地”。

2. 把“协调”作为内涵式发展的基本遵循

协调发展主要强调高等教育办学规模、结构、功能要与区域经济社会发展的需求相适应，要进一步增强高等教育服务社会、引领创新的功能。要牢牢把握我国高等教育事业的总体布局，坚持规模、结构、质量、效益相统一，正确处理事业发展中的重大关系，不断增强高等教育发展的整体性。

在宏观层面上必须把区域高等教育规划纳入区域经济社会整体规划当中，并成为其重要组成部分；高等教育的学科专业、人才培养结构与区域经济布局、产业结构等高度契合和协调；区域内高校形成与区域经济社会的环境和资源条件密切关联的独特的“政产学研用”合作模式、人才培养模式和办学模式；区域内高校为地区发展提供政策咨询、科技服务、人才支持和文化引领等多重作用，成为区域经济社会发展的重要原动力。

在高等教育内部关系层面上，要努力推进高等教育内部协调发展，在整体上建立科学分层分类、多样多元、协同共生的高等教育体系，逐步形成不同层次、不同类型高校目标定位明确、各司其职、各具特色、各有优势的高等教育发展格局，避免各学校“千校一面”的同质化现象。

在学校发展层面上，要调整优化学科专业结构，积极改造传统学科专业，大力扶持新兴交叉学科专业，努力办好特色学科专业，逐步形成与国家重大发展战略与地方经济社会发展相适应的学科专业动态调节机制。

3. 把“绿色”作为内涵式发展的重要取向

绿色发展注重的是解决发展可持续问题，若将可持续发展作为一种理念来指导大学发展，则需在教学、研究和社会服务中体现可持续发展，发挥大学通过人才培养与科学研究为社会经济文化以及环境的可持续发展提供人才支持、智力支持和技术支持。

联合国教科文组织提出“以可持续发展为导向的教育”是“建立在可持续理念、原则和价值观基础之上”，“需要从环境、社会、文化以及经济四个方面促进人类福祉”①。要把生态文明和可持续发展的理念融入办学指导思想，贯彻到具体的办学实践当中。要为高等教育及

① “United Nation Economic, Scientificand Cultural Organization (UNESCO)”, http: //en. unesco. org/.

其师生的发展创造良好的环境和学术生态。在宏观层面上要为教育理念适应当代社会发展、中国特色社会主义建设以及人才培养的需要，创造一个很好的环境、条件和生态；在微观层面上要为学生成长成才提供一个绿色环境，为教师发展提供一个好的学术生态环境。

如果以培养有可持续发展理念的全人为目标，就需要大学在各个场合、各个环节体现可持续发展的理念，用理念来指导实践，形成一种自觉的、有保障的实践，以可持续发展为导向的大学教育要通过一系列有效的教学方法和技术促进学生全人参与式学习（Participatory learning）并提高学生高阶思考能力（Higher-orderthinking skill），使学生能够进行终身学习（Lifelong learning）。通过教育教学要促进人的可持续发展，同时也要特别注重培养创新型人才，为可持续发展提供高素质的人力资源支持，因为可持续发展的关键，是要有优质的人力资源①。

4. 把“开放”作为内涵式发展的必要条件

要坚持国际视野、中国道路，在统筹国内国际两个大局中办好中国的高等教育，促进国内国际要素有序流动、资源高效配置、发展深度融合。要培养学生具有世界眼光、中国情怀，学会不同文化的包容共处、互学互鉴。

一是要对内开放。深化办学体制改革，鼓励社会力量和民间资本积极参与高等教育改革与建设，为社会提供优质、多样的高等教育服务。要与各类社会主体紧密合作，积极推进产学研结合，鼓励、引导高校突破学科、学校、行业和地区等壁垒，积极创新人才培养模式，

① 钟秉林、张杰、杨卫：《大学的可持续发展》，《教育与职业》2011 年第 5 期。

努力把更多社会资源转化为教书育人资源，走“政产学研用”紧密合作的协同育人之路。

二是对外开放。开展多层次、宽领域的国际交流与合作，提高我国高等教育的国际化水平。一方面，高等教育要继续“请进来”。继续积极开展中外合作办学，以及一批国际合作办学项目；引进世界一流大学和特色学科的优质资源，开展高水平人才联合培养和重大科学问题联合攻关；建设一批高水平国际合作实验室、研究中心，面向全球引进高层次创新人才，促进高校科技研发在国际的协同创新。另一方面，高等教育更要自信地“走出去”，支持具备实力的高校尽快走出国门，不断提升我国高等教育国际影响力和竞争力，在合作中加快我国高等教育与国外高等教育的实质等效，在国际交流中让世界听到中国高等教育的好声音，合力构建人类命运共同体。

5. 把“共享”作为内涵式发展的价值追求

共享发展注重的是解决社会公平正义问题，要以共享发展促进教育公平。党的十八届五中全会指出：“共享是中国特色社会主义的本质要求。必须坚持发展为了人民、发展依靠人民、发展成果由人民共享，做出更有效的制度安排，使全体人民在共建共享发展中有更多获得感。”

教育公平具有起点公平的意义，是社会公平的重要基础，是现代教育发展的必然趋势，对维护社会和谐稳定具有重要意义。发展才是硬道理，把高等教育的“蛋糕”做大，这是解决一切问题的基础和关键。从世纪之交的精英教育（1998 年我国高等教育毛入学率为 9.8%、2000 年为 12.5%）到现在即将进入普及阶段，高等教育发展成就在起点上为人民群众提供了更多接受高等教育的机会，在很大程度上促进了起点的公平。

进入新时代，高等教育应在调结构、转方式、补短板的基础上继续稳步增长，不仅要“做大蛋糕”，促进社会纵向流动，在起点上为人们提供更多接受高等教育的机会，而且要“做好蛋糕”，在结果上努力扩大优质高等教育资源覆盖面。高等教育还要加强精准扶贫，“分好蛋糕”，让更多优质高等教育资源惠及农村、边远、贫困、民族地区的子弟，使他们有更多的现实获得感。要通过对口支援，促进西部地区高等教育的发展和教育公平，提高西部高校的办学水平和服务区域经济社会发展的能力。要加快推进“互联网＋教育”行动，弥补因地域、时间和师资力量等导致的高等教育鸿沟，提高知识获取效率，降低知识获取成本，扩大优质高等教育资源覆盖面。

二、以质量为核心加强“双一流”高校内涵建设

从党的十八大提出“推动高等教育内涵式发展”到党的十九大提出“实现高等教育内涵式发展”，这一从“推动”到“实现”表述的变化，是对高等教育发展要求的升级换挡。“双一流”建设高校必须以高等教育新发展理念为指引，遵循教育基本规律，顺势而上，积极作为，不断加强内涵建设。

（一）切实提高教学水平和育人质量

质量是反映内涵式发展的主要指标。提高高等教育质量，建设高等教育强国，是内涵式发展的核心内容。我国高等教育尽管已经跃上

了一个新的发展台阶，但是不可否认，在教育理念、教育方法，包括教学内容、教学手段以及教学管理方面还存在着许多不适应。推进高等教育内涵式发展，应把立德树人作为一项根本任务，解决好培养什么样的人、怎样培养人的问题，要以培养拔尖创新人才为己任，着力培养学生的创新精神和创新能力，切实提高教学水平和育人质量。

1. 把提高育人质量放在学校工作的核心地位

贯彻党的教育方针，要强化人才培养工作的核心地位，全面提高教育教学水平和人才培养质量。切实落实育人为本、德育为先，深化教学改革，大力推进高等学校素质教育，实现培养模式从注重知识传授向更加重视能力培养转变。树立先进的教育教学思想观念，坚持科技教育与人文教育、通识教育与专业教育相结合，探索适应经济社会发展、符合时代要求的人才培养模式。推动课程体系和教学内容改革，创新教学方法和手段，注重因材施教。加强实践性教学环节，倡导研究性学习和本科生科研活动，提高大学生的学习能力、实践动手能力、创新能力、交流能力、社会适应能力和国际交流能力。

2. 进一步完善教学管理与质量保障制度措施

坚持以学生为本，健全教学支持服务体系，建立有利于学生成长成才的教学管理制度。完善高校教学名师奖励制度，形成激励教授上讲台、知名专家和学者给本科生讲授基础课的长效机制。加强学风建设，严格教学秩序和学术规范，营造师生自主探索、学术自由争鸣的氛围。完善高等教育质量保障体系，切实提高高等教育质量。以专业和学科评估为重点，完善高等教育评估制度。逐步建立以高等教育机构自评为基础，政府评估与中介机构评估相结合，社会和公众广泛参与的评估体系。

3. 加强教学资源建设和整合各种教育资源

加强精品课程、实验室、数字图书文献保障体系（CADLIS）、实验设备与优质资源共享系统建设，建立相应的整合和共享机制。鼓励教师开展教学研究、改进教学方法和手段、开发高质量的新教材和高水平的数字课程资源。整合各类实验实践教学资源，采取高等学校与科研院所、行业、企业合作共建方式，建设共用共享的国家大学生校外实践教育基地，支持国有大中型企业与高校共建开放式的“大学生实训国家示范基地”，推动教学与科研紧密结合、学校与社会密切合作，促进大学生在科学研究中学习、在社会实践中学习。资助大学生开展创新创业训练项目，培养大学生创新创业能力。

（二）按“四扶”原则要求强化办学特色

《统筹推进世界一流大学和一流学科建设实施办法（暂行）》（简称《实施办法》）指出要加强总体规划，坚持扶优扶需扶特扶新，按照“一流大学”和“一流学科”两类布局建设高校，引导和支持具备较强实力的高校合理定位、办出特色、差别化发展，努力形成支撑国家长远发展的一流大学和一流学科体系。“双一流”建设高校要立足自身实际情况，找准定位、扬长避短、办出特色、形成优势。

1. 应对国家重大战略需求，拓展学科领域服务面向

“双一流”建设要直面重大问题，发挥自身专长特长，主动服务国家战略和经济社会发展。《实施办法》强调“国家重大战略需求”

“国家安全”“国家急需”等目标定位，要求高校在秉承原有使命基础上，不断拓展学科领域，支撑行业产业转型升级，为实现国家长远发展提供人才和科技支撑。大学应站在为国家、为民族振兴的广度上，准确、科学地确立自己的战略基点，凝练特色、把握特色、发扬特色，以特色求生存、以特色促发展，着重从事自身擅长的创新链上游的工作，包括基础研究、应用研究、技术开发等。要在新兴交叉前沿领域加大投入力度、引进学术领军人才、搭建重大科研平台，打造新特色和新优势。

2．调整优化学科布局结构，构建一流特色学科体系

一流学科的建设要强调中国特色，适应新时代下对学科的要求。在巩固提升特色学科地位的同时，要进一步拓展学科链条，加强基础学科、支撑学科建设，培育新兴交叉学科，以点带面，从学科高原迈向高峰，形成一流特色学科体系，为跻身世界一流大学行列奠定基础。要坚持学科龙头地位，强化学科牵引作用，将学科建设与资源分配、高端人才引进、人事制度改革等紧密结合起来，综合推进，形成合力。要以优势学科为主干，以特色学科、新兴学科、需求学科为支撑构建学科群，建设一批问题导向的跨学科综合交叉平台和高水平智库，健全学科生态体系。

3．巩固提升特色优势学科，强化行业支撑引领作用

产业结构调整与优化升级，给高校明确服务面向、合理定位、推动产学研合作带来新的考验。“双一流”建设高校，尤其是行业特色大学要巩固提升特色学科的水平和地位，冲击世界一流水平，巩固在行业领域的引领和不可替代地位，做到人无我有、人有我强、人强我

特。在一条完整的技术创新链中，大学、社会、企业承担着不同的角色。高校应广泛深入地与企业合作，推进科技成果转化，大力促进高新技术产业、知识密集型产业、高科技附加值产业、现代服务业等的发展。要做好供给侧改革，哪个学科办得好、有基础、符合未来发展趋势，就继续办，加大力度投入；办得不好的，就要主动精简，要在学科布局上坚持有所为有所不为，不必追求样样都好。

（三）建设一流人才和师资队伍

实践证明，我国高校教师队伍特别是高层次人才队伍是国家高层次人才队伍的重要组成部分，不仅决定着高水平大学的建设水平和高等学校的人才培养质量，而且也是国家基础研究和高技术领域原始创新的一支主力军，是解决国民经济重大问题、实现技术转移和成果转化的一支生力军。

近年来在高校获国家自然科学奖、技术发明奖、科技进步奖方面，一批高校教师做出了突出贡献。高校教师队伍成为国家科技创新和繁荣哲学社会科学的重要“方面军”、科技成果转化及产业化的强大“生力军”。但总体看，“双一流”建设高校教师的综合素质、教育教学水平、学术素养和创新能力等还有待进一步提高，真正处于世界领先水平的“大师”级人才比较少，能够活跃在国际科技前沿的拔尖创新人才还远远不够。

1. 培养和造就学术领军人物

大学孕育大师，大师成就大学，这一话题自中西方产生成规制的、能称之为“大学”的机构以来，一直是人们关注的话题。世界一流人才是成功建设世界一流大学的关键。在当今中国“双一流”建设的进程中，更需呼唤大师。世界一流大学需要有一流人才队伍占据学科前沿，引领学科发展，为本国社会和经济发展做出卓越贡献，赢得广泛国际声誉。人才决定学校的未来，也是学校当前最核心、最紧迫的工作。没有高水平的人才资源做支撑，提高质量、内涵发展、冲击一流、建设高水平研究型大学就都是空谈。要培养和造就一批具有国际领先水平的战略科学家、哲学社会科学专家和学科带头人，一大批活跃在国际学术前沿领域、具有创新能力和发展潜力的中青年学术带头人和学术骨干，一批能够承担国家重大科研任务、参与国际竞争的创新团队和学术群体。

近些年来，我国实施了一系列加强人才队伍建设的政策措施，推出了“国家杰出青年基金”、“长江学者奖励计划”等一系列高层次人才项目和计划，引进、培养、造就了各个领域的大批高层次人才，对促进我国科学教育事业进步和经济社会发展做出了重要贡献。“双一流”建设要继续采取特殊措施，培养造就高水平学科领军人才和学术带头人，引进一批年富力强、世界一流的科技尖子人才和学术大师，吸引外籍知名专家和优秀留学人才到我国高校从事教学科研工作。

2. 加强教学和科研团队建设

要坚持人才强校，培育造就高素质、高水平的教学和科研队伍，吸引、汇集世界一流水平的专家、学者，着力组建高水平的教学、科研、管理和服务队伍。制定针对性具体措施，通过引育并举，进一步强化人才队伍建设，在一些学科和学科方向上达到世界先进水平，逐渐形成一批具有世界水平的创新团队。积极推进高水平大学基层学术组织改革与发展，不断完善“大师＋团队”的人才组织机制，集成学科、平台（基地）、人才的综合优势，大力支持一批高校优秀创新团队和优秀人才群体，从事国家重点发展领域重大理论问题或国际学术前沿的科学研究。进一步优化教师队伍整体结构，改善学缘结构，克服“近亲繁殖”，形成可持续发展的人才梯队。

要加强中青年教师教学科研实践、学术交流和研修，促进教师专业发展，不断提高教育教学水平和自主创新能力。完善教师定期研修制度，构建开放、灵活、多途径的教师继续教育和终身学习体系。政府和学校加大对教师培训的投入力度，完善教师培训经费分担机制。建设一批国家级骨干教师培训基地，采取国内访问学者、高级研修、攻读学位等方式，多渠道选派中青年教师进行研修。进一步扩大高校教师赴海外学习研修的规模，切实增强选派工作的针对性和实效性，选派一大批优秀中青年教师，到海外高水平大学一流学科专业，师从一流导师，学习深造，促进中青年教师掌握国际学术前沿动态。

3. 提升高校教师在国际学术领域的影响力

“双一流”建设高校要采取多种方式，与国外高水平大学开展“强强合作”、“强项合作”，通过联合培养或合作研究，使教师开阔视野提高水平。支持高校高层次人才主持或参加国际重大科学研究计划和国际学术交流活动，竞争国际权威学术组织领导职务，担任著名国际学术期刊编委，在国内举办重要国际学术会议。积极创办专业水平高、有广泛国际影响的专业学术刊物，支持优秀拔尖人才出版高水平学术专著。

4. 营造高层次人才成长的条件和制度环境

在高校建设国家（重点）实验室、国家工程（技术）研究中心、国家工程实验室、国家科技重点实验室、哲学社会科学重点基地，以及一批具有综合性、交叉性和集成性的高水平研究机构，为高校优秀人才在国家创新体系中发挥重要作用创造条件。

建立和健全各项管理制度，构建和完善长效激励机制，将教师各个层次的需要转化为激励因素，公平、公正、公开的处理教师工作中的各种事情，发挥他们在教育教学中的作用。努力构建民主、宽松、开放、和谐的学术环境，支持高校教师自由、自主地开展原创性研究。完善高校教师支持服务体系，营造以人为本、崇尚科学、鼓励创新、宽容失败的文化氛围，促进学术繁荣与发展。加强学术道德建设，完善学术自律与学术监督相结合、学术自由与学术责任相结合的机制。

（四）在更高层次上推动实现资源共享共建

当今世界一流大学之间竞争的关键在于：一是有世界前沿水平学科带头人（一流科学家），同时有一支实力很强的团队配合；二是有支撑一流科学与技术研究的成系列大型实验装置及仪器设备。因此，与早期的大学不同，单有大师已无法支撑起现代一流大学的发展，还必须有与之相匹配的团队和先进科学仪器设备。在我们通过“双一流”建设迎来高等教育发展机遇的同时，还需要思考如何树立一流学科共享思想，推动大学间资源整合实现优势互补、强强联手、设备共享，最终实现内涵式发展。

此次“双一流”建设的108个一流建设学科总科目，分布在465个学科点和137所大学中。平均每一个一流建设学科科目名下入选学科点为4.3，即平均有4.3所大学参与建设。应考虑更高层次地联合构建资源共享平台，避免不同学校的同类学科低水平重复购置同样设备，推进跨学校、跨学科资源共享，进一步推动多学校、多学科联合设计并建设世界一流的、人无我有的实验设施。我们需要通过建立共享平台对大型科研仪器设备等资源进行重组和建设，构建开放、共享、高效、体系完备的物质和信息服务系统，改变高校及科研院所各自为政、单兵作战的格局，充分利用现有仪器设备，综合集成，优化配置，减少重复购置，提高大型、贵重仪器设备使用效率，做到物尽其用。

对于相关性较强的学科，要加强资源集约化管理，努力实现高水平、优质资源的共享、合作。例如，新材料学科群，共涉及全国89个一流学科建设点。它们有很多相似之处，包括材料科学与工程（分布于全国30个大学学科建设点），也还涉及以下学科：化学（25个）、化学工程与技术（9个）、物理学（7个）、力学（6个）、药学（6个）、中药学（6个）。再如，涉及人工智能的主体学科包括：控制科学与工程（9个）、计算机科学与技术（14个）、数学（14个）、信息与通信工程（8个）、软件工程（5个）、电子科学与技术（5个）。人工智能运用对象学科，包括：机械工程（10个）、仪器科学与技术（2个）、交通运输工程（4个）、兵器科学与技术（2个）、船舶与海洋工程（2个）、航空宇航科学与技术（2个）、机械及航空航天和制造工程（2个）、电气工程（8个）。对于这些学科群，一定要从资源整合的要求出发，推动集群发展，全方位形成互补、协同作用。

随着“双一流”建设名单的公布，各相关大学和学科也开始进入了新一轮的大型仪器采购期。如天津大学提出近三年“双一流”经费大型仪器设备购置计划中涉及学院16个、学科24个、大型仪器设备

237 台件，拟购设备金额近 10 亿元①。为避免设备购置的重复浪费和仪器闲置现象的发生，国家不仅要加强对高校发展的财力支持，还要进一步改革完善评价体系，加强对高校发展的规范引导，加强资源共享和协同管理。要进一步统筹建设需求，加大对一流学科建设的大型实验装置及仪器设备等基础设施建设的规划协调力度，作好建设规划，对所购置大型仪器进行严格论证。协调相关学校以及跨学校、跨区域的学科分工合作，鼓励大学错位发展、互补性建设共享平台。更进一步地，需要深度推进全国大型实验装置及仪器设备共建工作，最终形成一批布局合理、功能完善、共享高效的一流学科发展大型平台，建立起大型仪器设备开放共享管理机制，研制大型仪器设备开放共享管理方案，制定合理可行的办法，实行大学与大学之间、大学与科研院所或其他社会科研机构之间设备资源开放共享，最大化地提高仪器设备的使用效益。

（五）以信息化推进内涵建设

信息化是当今世界经济和社会发展的大趋势，信息化水平已成为衡量一个国家和地区现代化水平的重要标志。目前，许多国家都在加快信息化建设步伐。抓住世界信息技术革命和信息化带来的机遇，大力推进国民经济和社会信息化，是我国加快实现工业化和现代化的必然选择，是促进生产力跨越式发展、增强综合国力和国际竞争力、维护国家安全的关键环节。教育信息化是国民经济和社会信息化的重要组成部分，是优化教育结构、合理配置教育资源、缩小东西部及城乡

① 《助推“双一流”，天津大学拟 10 亿元购 237 台仪器设备》，https：//www. instrument. com. cn/news/20170104/210499. shtml，2017 年 1 月 4 日。

教育差距、提高教育质量和管理水平、提高教育投资效益、推进素质教育和培养创新人才的关键环节，正推动着教育思想、观念、模式、内容和方法等的全面创新和深刻变革。

要加大高等教育信息技术基础设施建设力度，进一步提升中国教育和科研计算机网（CERNET）、教育卫星传输网等信息技术基础设施水平，建成高水平的校园网络，实现高等学校之间、高等学校与其他各类学校及教育管理部门之间的互通互联。加强高等学校数字化管理平台、课程平台、服务平台、传输平台和优质资源建设，满足教学、科研、管理、服务和文化建设的需要。建设一批基于互联网的国家级示范教学基地和基础课程实验教学示范中心，逐步实现教学及管理的网络化和数字化，实现信息资源的共建与共享，提高教育信息化的总体效益。

“双一流”建设，要利用自身优势，努力改善高等学校资源共享的基础条件。加强科研创新的基础性工作，在大学建设一批大科学工程和野外台站、全国性的科学数据中心，为基础科学研究提供信息平台。支持在高校建立国家大型仪器中心，推动科学仪器和科学数据的共享。择优支持一些能够与国际期刊接轨的高水平学术期刊。加强高等学校人文社会科学信息网和高校哲学社会科学文献中心建设，建设一批社会调查数据库、统计分析数据库、基础文献数据库、案例集成库等专题数据库，构建高校哲学社会科学发展的条件保障体系，推进哲学社会科学研究方法与手段的现代化。

近年来，信息技术和互联网对教育影响巨大，互联网技术、MOOCs 深度引入教学，在世界范围内掀起了一场在线学习的浪潮。各商业机构、风险投资家、媒体、知名高校都加入到 MOOCs 浪潮中，创建了大量的 MOOCs 学习平台，在促进教育资源共享方面正发挥着巨大作用。例如，美国哈佛大学、斯坦福大学和麻省理工学院在2012年纷纷推出了Udacity、Coursera、edX等在线课程平台。英国12家教育机构在“未来学习”平台上为全世界学生免费提供课程。俄罗斯教科部2014年12月通过决议，成立“开放网络教育委员会”，提供相关物质技术条件，在教育方案中形成统一的在线课程并组织学习。法国制定了法国大学的数字MOOCs计划，并争取将知识共享协议引入法国。我国在在线开放课程的应用、建设方面也取得了骄人的成绩，2018年1月教育部首次正式推出了490门“国家精品在线开放课程”，这在国际上是第一次。首批“国家精品在线开放课程”入选课程质量高、共享范围广、应用效果好、示范性强，从整体上代表了当前我国在线开放课程的最高水平。490门课程中，以北京大学、清华大学、武汉大学、哈尔滨工业大学等高校为主建设的344门课程入选，占比70.2%①。下一步还要继续借助互联网技术促进教育资源共享，大力推进信息技术与教育教学的深度融合，以信息技术的广泛应用促进教育观念、教育模式的变革，推动教育教学质量的“变轨超车”，更大程度上推进教育公平，实现高等教育内涵式发展。

三、“双一流”建设引领高等教育体系协调发展

20世纪90年代以来的管理体制改革，一批部委高校划转到地方或教育部门，高等教育办学主体结构实现重大调整，通过合并调整一

① 《教育部推出首批490门国家精品在线开放课程》，http://news.cctv.com/2018/01/16/ARTIxbv3EUQ2FCbxVse3sXgL180116.shtml，2018年1月16日。

批单科性高校，显著改变了高等教育院校的类型结构，在较大程度上消解了因中央部门与地方重复设置高校造成单科性院校过多、非教育部门办学以及管理体制上的“条块分割”等弊端。与此同时，一些普通高校合并升格、更改行业服务色彩名号、由学院改名为大学的情况非常普遍。中央和省两级管理体制的形成，也调动了地方举办高等教育的积极性，新升的地方本科院校如雨生春笋般地发展起来，成为新的教学型院校。

伴随这些现象，原有的高校升格、更名或提高招生层次后，失去了原有学科优势以及行业服务面向，弱化了一些原来面向行业服务院校的特色和人才培养适应性，模糊了高校体系分层发展的功能定位，不仅使我国高等学校面目雷同，因服务职能相互重合而导致学校之间的恶性竞争，滥用和浪费珍贵的教育资源，使我国高等教育发展远离社会经济发展的实际需要，人才培养供需失调，不利于高校全面提升服务质量和充分发挥对国家发展的影响力。

合理定位、特色办学、协调发展，是“双一流”建设的基本要求，也是高等教育内涵式发展的重要内容。一方面，“双一流”建设高校要努力调整高校科类结构和专业结构，办出特色和优势；另一方面，“双一流”建设也要对不同类型高校合理定位以及优化高等教育体系发挥重要引领作用。

（一）关于高等学校发展同质化倾向

在计划经济时期，我国原有的高教管理体制是一种国家集中计划、中央政府各部委（俗称“条”）和省级政府（俗称“块”）分别投资办学和直接管理的体制。中央各部委相继创办并直接管理了一批为本行业、本部门培养人才的面向全国的高等学校；各省、自治区、直辖市为了满足本地区社会经济发展的需要，也陆续创办并直接管理了一批为本地区服务的高等学校。随着经济社会的发展，在计划经济体制逐步向市场经济体制转变的新的历史条件下，条块分割的弊端及其所带来的问题日益严重。

主要表现在：第一，条块分割，自成体系，各自封闭办学，直接导致省级政府和中央部门在低水平上重复设置高等学校和专业，造成教育资源配置的严重不合理。中央部门和地方分别办学并直接管理，地方政府中各业务厅局也自己办学，造成大的条块分割和小的条块分割，乃至大小块块、条条也分割，形成各自“小而全”的封闭体系。这样造成重复设置、不少学校的规模效益低下，办学条件难以改善。第二，造成单科性院校比重过大、数量过多。中央部门创办的高校以及省级业务部门管理的高校多数是为本部门、本行业服务的单科性院校。这些学校行业性强、学科单一，难以形成多学科交融的学术氛围，既造成部分毕业生知识面较窄，也妨碍了学术水平、科研水平的提高。

20 世纪末以来，为适应国家经济社会发展需要，在国务院机构进行调整改革的同时，一批原部委所属高校划转到地方或教育部门，改变了部门办学、条块分割及重复设置的高等教育管理体制和办学体制。1998 年，并入国家经济贸易委员会的 9 个部委所属的 91 所普通高校和 72 所成人高校调整了办学与管理体制，其中 81 所普通高校划转到地方。原兵器、航空、航天、船舶、核工业总公司五大军工总公司所属的 25 所普通高校、34 所成人高校实施了管理体制调整，其中，除国防科学技术工业委员会保留 7 所普通高校外，其余全部划转地方。另外，还相继调整了 49 个国务院部门（单位）的 161 所普通高校、97 所成人高校，其中有 55 所普通高校转到教育部，1 所由国防科学技术工业委员会管理，其余普通高校均划转到地方。在这次的调整过程中，全国共有509所高校的管理体制发生了变动（其中普通高校296所），其中，中央部门所属高校划转地方管理360所（其中普通高校205所），部门之间进行划转的有99所（其中普通高校83所），体制维持不变的有32所（成人高校改为部门所属培训中心），省（市）业务厅局划转省（市）教委（教育厅）管理的高校18所。通过调整，一批部委高校划转到地方或教育部门，延续数十年的部门办学体制得以改变，单科性院校迅速减少，多科性院校显著增长。

围绕推进高校办学体制与管理体制的综合化改革，国家将62所高校合并成24所高校，还合并组建了一批新的综合性和多科性大学，特别是将一批重点医科院校与教育部所属的重点高校合并，使这些大学成为学科更为齐全或较为齐全的综合性大学。如北京医科大学与北京大学合并组建成新的北京大学，吉林工业大学、白求恩医科大学、长春科技大学、长春邮电学院等与吉林大学合并组建成了新的吉林大学。一些省（市）也根据地方高校布局结构调整的需要，按照“讲需要、讲布局、讲条件”的原则，推动了地方高校的调整合并。如福建农林大学、南华大学、三峡大学、济南大学、广州大学、天津工业大学、内蒙古民族大学、西南科技大学、安徽工业大学、哈尔滨商业大学。尤其是在2000年，全国共计有196所高校（其中普通高校143所，成人高校53所）参与合并，组建了82所高校（其中普通高校78所、成人高校4所）。到2000年底，全国共有556所高校（其中普通高校387所、成人高校169所）合并组建为232所（其中普通高校212所、成人高校20所）。通过高校合并，一批校园比邻、学科专业重复、有利于实现优势互补、有利于集中教育资源发挥集聚效能的高校实现了“双赢”的效果；一批高校合并后增加了学科专业设置，形成了广泛覆盖文、理、工、农、医学科门类的大规模综合性大学，改善了一些地区高校重复设置、资源配置效率低、单科性学校过多或比重过大、人才培养口径窄的状况。

在原有的部门办学、单科型院校人才培养口径过窄等问题和矛盾得到改变的同时，高校追求升格和综合化、缺乏办学特色等新问题又随即产生：

一是高校盲目升格，缺乏合理定位。20 世纪 90 年代末以来，普通高校发展中呈现出明显盲目升格和争上层次的趋势——高职争升本科，学院争改大学，本科院校争上硕士点、博士点，尤其是一些地方高校，尽管办学历史不长，积淀不深，也把发展重点放在升格和争上学科点上，而不在形成本科教育特色发展上下功夫（为转型发展埋伏笔）。由于各地高校在发展的过程中都存在争上博士点、硕士点的倾向，把有限的精力和资源用于举办研究生教育上，本科教学受到削弱。

二是综合院校设置过快、过多，削弱原有的办学优势。减少单科型院校、适当增加高校的办学综合性，是适应社会发展趋势和需要的，但过多、过快地发展综合性院校尤其是增加过多的地方性综合院校，不利于形成突出的办学特色和不同的服务面向，不利于为地方发展培养有质量、有特色、多规格的专门人才。尤其是随着高校体制的改变，过去许多中央各部委所属的高校被划转归地方政府管理，部分高校出现了改名热，学院升为“大学”。许多专科或大学不管是否具备相应实力，纷纷打出“以某科为主，向多学科发展”的牌子，理工科类改名时多选“科技”、“理工”作校名，使原来学校所具有的优势和特色逐渐丧失。例如，西安公路学院本是亚洲唯一一所以公路建设学科为特色和优势的学校，但是，自从和西安地质学院、西北建筑工程学院合并成为长安大学后，外界也就不知道其特色和优势是什么了。西北轻工业学院是以皮革和酿造为特色的学校，随着更名为陕西科技大学后，陕科大的优势和特色也没有多少人知道了。长春光学精密机械学院是1958年由中国科学院创办，著名科学家、两院院士王大珩为第一任院长的一所以光电技术为特色的高校，2002年改名为长春理工大学后，丢掉了“长春光机学院”的品牌，实属可惜。

三是大量增设学科和专业，失去办学特色。除综合性大学以外，专门性高校在没有充分考虑自身办学条件与市场需求变化的情况下，盲目开办热门学科专业和低成本专业。如超过90%的院校普遍设立了管理学和文学两大类学科专业，导致人才培养同构、毕业生就业困难。高校在专业设置时，不是首先考虑自身优势来提升办学的影响力和办学特色，而是简单地以什么专业热就办什么，结果竞相设置热门学科专业、扩大热门专业的招生，国际经济与贸易、法学、英语、艺术设计、电子信息工程、计算机科学与技术、工商管理和市场营销等热门专业一度增长过猛，客观上加剧了人才培养结构失调以及热门专业毕业生就业难的问题。学校规模的迅速扩展，给相应的师资配备、办学条件、教学运行以及校内管理也带来压力，甚至使得部分高校在较长的一段时间内仍难以恢复到原有的运行条件和质量保障水平。实证分析表明，这些高校尽管师资配备、教育教学条件也在努力改善，但仍跟不上规模扩展的变化。

四是服务面向不明，服务行业能力明显下降。在布局结构调整、管理体制改革尤其是在高校合并及其学科综合化的过程中，原来一批具有稳定服务行业面向、具有一定人才培养特色和学科优势的专门性院校割断了与原行业部门的联系，但是为行业发展服务、与行业合作的新机制没有及时建立起来，加上合并、改名或升格后的高校的学科专业变化很大，原有的专业及其招生规模都发生了萎缩现象，尤其是涉及国家发展大局的农业、师范、矿业、地质等类专门人才培养院校，其行业服务能力明显下降，原有特色大为弱化，与国家和地方的人才需求趋势不相适应。例如，我国农业本科院校学科布点越来越分散，农业门类学生所占比例大幅下降，面向农业服务的特色削弱，为农业服务的能力性明显下降。农业对于我国这样一个人口大国来说具有特殊的意义，实施乡村振兴战略，发展新型农业和现代农业需要高校培养适应现代农业发展需要的应用型人才。但目前农业院校设置了过多的通用学科，而且，所有农业院校都设了管理学，90% 以上的学校都设经济学和文学。拿出大量资源设置和举办过多的一般性、通用性学科专业，冲淡了农业本科院校的农业专门特色。

五是重点建设高校也大量设置热门专业，而高新技术相关专业人才培养能力不强。“211 工程”、“985 工程”高校设置专业体现新兴学科、科技发展前沿学科以及体现创新人才培养不够，大量发展一般性学科与研究型大学的发展定位不相适应，不利于提高办学水平与竞争力。“211 工程”高校过多地设置外语、管理、对外贸易、自动化、艺术设计等热门专业，而与生物科学、航空航天、电子信息等有关的高新技术相关专业，所占比重不大。一段时间以来，部分“985 工程”高校，一方面设置了过多的热门专业，另一方面缺少引领高新技术发展的新兴、交叉专业。如在“双一流”建设实施之前，吉林大学设有本科专业 131 个，热门专业就达到 27 个，几乎涵盖了所有的热门专业，而高新专业只有 8 个；浙江大学设有本科专业 124 个，其中的热门专业达到 26 个，而与高新技术发展相关的专业只有 6 个。这与建设成为世界知名高水平研究型大学的理想不相适应，与成为国家高素质人才培养、高水平科学研究和科技成果转化的基地的发展目标不相符。

（二）不同类型高等学校要合理定位协调发展

这是高等教育内涵式发展的重要内容。从现代化建设对高层次专门人才需求的多样性以及学校自身发展需求出发，高等学校要自觉、准确把握自身定位，不谋求上层次，而是扎根自己的实际情况，谋划好自己所开专业的服务面向，在学科专业建设方面苦练内功，办出特色。

1. 高等教育机构分类

对高等教育机构进行分类，是高等学校合理定位的前提。这需要从计划经济年代说起。中华人民共和国成立后，我国高等教育机构的分类带有深深的苏联模式的烙印，如一般将大学分为综合大学、理工科大学、语言大学、政法大学、财经大学、农业大学、林业大学、师范大学、民族大学、体育大学、医药大学、艺术大学、非重点短期职业大学13类。这种分类是20世纪50年代以来根据“以培养工业建设人才和师资为重点，发展专门学院，整顿和加强综合大学”的方针，进行高等学校院系调整的结果。1992年以来，随着我国高等教育的发展，我国对高校的结构、布局进行了调整，如许多原来的工科大学已经发展成综合大学，如清华大学、华中科技大学、重庆大学等，以前的分类已经淡化，显现出新的特点。

尤其近年来，高等学校普遍出现片面追求大而全、过分追求升格、盲目设置热门专业等倾向，导致高校在发展定位上出现单一化、趋同化的问题，使我国的高等学校因缺乏个性而逐渐失去了原有的办学特色和院校发展定位，从总体上削弱了高等教育与国家经济社会发展的适应性。因此，在2010年发布的《规划纲要》中就提出要使高等教育结构更加合理、特色更加鲜明的发展目标：建立高校分类体系，实行分类管理，发挥政策指导和资源配置的作用，引导高校合理定位，克服同质化倾向。

高等学校缺乏合理定位，既难以满足现代化对高层次专门人才多样性的要求，也不利于高等教育整体实力的提高。但就建立分类体系而言，目前尚没有统一的意见。已有的分法中，有的分为部属院校、省属院校、市属院校；有的分为副部级大学、“985”大学、有研究生院的大学、“211”高校、地方本科院校、高职院校；有的分为研究型大学、教学科研型大学、教学型本科院校、高等职业学校；有的分为研究型、研究教学型、教学研究型、教学型等。这些分法，有的是反映行政隶属关系，有的等级鲜明，但都不可取。相比较而言，联合国教科文组织的国际教育分类标准比较符合中国的国情。联合国教科文组织的国际教育分类标准是在统计世界一百多个国家的教育制度基础上进行归类，它考虑到各个国家的特点，所以较为符合各国的国情，也比较适合中国的情况。这个标准主要按培养人才的职能分类型，兼顾年限长短与学位高低。我们可以把联合国教科文组织的国际教育分类标准简化成一个示意图（见图3－1）。①

在联合国的教育分类里，把高等教育称为“第三级教育”，也叫作“中学后教育”。在分类中，“5”字头的包括大专、本科和硕士研究生，“6”字头专指博士研究生。其中，“5”字头又分为“5A”和“5B”两类。“5A”指着重理论型的大学，“5B”是着重实用性、技术性、适应具体职业教育的大学。“5A”又分为两类，“5A1”是按学科

① 潘懋元：《规模、速度、质量、特色——中国当前高等教育发展中的若干问题》，《河北师范大学学报（教育科学版）》2007年第1期。

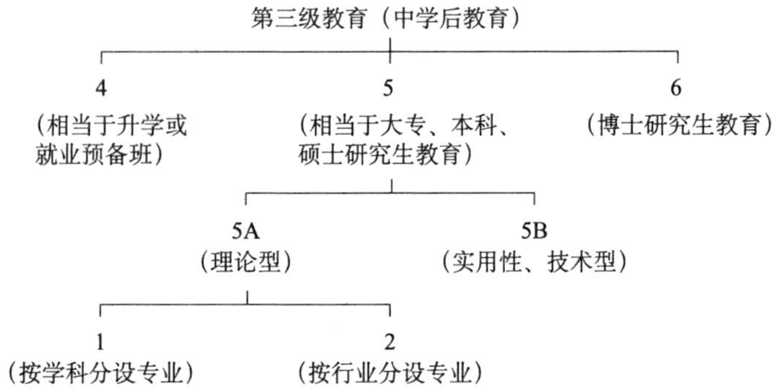

图 3－1　联合国教科文组织第三级教育分类示意图

分类的，学习完后可以进入博士研究生；而“5A2”是主要按行业分类，是从事科技工作。

根据中国实际，参考联合国教科文组织的国际教育标准分类（ISCED），可将我国全日制普通高等学校分为三类：一是研究型综合性大学（5A1），即重点综合大学，这一类的数量很少；二是应用型专业性学院（5A2），即我们所说的“应用型大学”或“应用型学院”，数量很大，培养各行各业各种专业的应用性的高级专门人才，大量的地方高等学校一般应定位于5A2；三是职业性的技术技能型的高职院校（5B）。

2. 不同类型高校发展要各安其位、各展所长

“双一流”建设，不仅要培养一大批国家创新人才，包括一大批科学家、学者、专家，同时也是发挥示范引领作用，带动不同类型的学校都能合理定位，办出自己的特色，为社会培养数以千万计的各条战线的专门人才。要认识到，不同类型和办学层次的高校承担着不同的高等教育任务，在高等教育体系中有着不同的分工，但都可以办出特色、办出水平，发挥出应有的功能和作用，都可以争创一流，都可

以成为国际、国内、省内知名的、有影响的学校。问题在于能不能找准自己的优势、确定自己的发展方向、制定具有校本特色的发展战略。对此，我们必须明确办学层次不等于办学水平，办学水平往往体现在办学特色上。

在这方面，一些发达国家提供了借鉴。在国家或区域性高等教育发展规划的指导和保障下，发达国家通过多种机制促进高校在不同的方面、不同的研究领域形成特色，高校按照自身的发展规划努力提升自身某些方面的竞争力。例如，美国加州于1960年由克拉克·克尔（Clark Kerr）主持"加州高等教育总体规划"（Master Plan for Education in Califorina，1960—1975）。在这个总体规划中，把加州整个高等教育体系建立起来，将加州高等教育分为加州大学、加州州立大学和社区学院三个层次。加州大学设置学士、硕士和博士学位课程，加州州立大学设置学士和硕士学位课程，社区学院设置副学士学位课程。加州大学的分校（10所）非常优秀，是研究型大学，在美国和世界大学的排行榜上经常排名优先，比如伯克利、洛杉矶和圣地亚哥等加州大学。二十几所加州州立大学（校区）是教学型大学，其和100多所加州社区学院主要是适应了大众高等教育发展的要求。这样分层次规划，保证了高校办学的目标定位非常明确，不同层次的高等学校不互相攀比，各安其位，各自办出自己的特色。

在"双一流"建设背景下，进入"双一流"建设的高校多是原来的"211"、"985"大学，按照前述分类，当属第一类型，其定位，要按照"四扶"原则，在特色学科、新学科、国家所需学科方面，从面向现代化的要求出发，进行现代化改造，实现内涵式发展，争取创建世界一流学科，世界一流大学。

第二类型高等学校的定位问题情况复杂，门类繁多，历史或长或短，水平高低不一：既有有着数十年校史的本科院校，又有近年来“专升本”的新建本科院校；既有全国性、行业性高校，更有大量的面向当地办学的地方院校；尚有少数院校保留单科性，多数已改为多科性。这种类型高等学校具有如下共同特点：第一，以培养应用型人才为主；第二，以培养本科生为主，某些学科可培养专业研究生；第三，以教学为主，同时开展应用性、开发性研究。此外，还有以面向地方办学为主，某些专业可面向地区和全国等特点。这类学校长期受第一类型的影响，重理论轻应用；新建校也受到一定的影响，很多学校刚建立不久，就想往学术型方向发展，轻视应用，定位不合理。最近几年来，我们大力推进向应用技术大学转型发展，即是促进此类高校合理定位，培养应用性高级专门人才的重要举措。

第三类型的定位，理论上已较为明确，政策也很清楚。比如建立一支数量充足、专兼结合的“双师型”高职师资队伍；加强精品专业、精品课程建设，着重发展实训基地；推进专业设置、专业课程内容与职业标准相衔接；积极推进学历证书和职业资格证书“双证书”制度，切实增强学生的实践能力和职业技能等。但是实践上尚需解决办学者的认识，使之能更好地面向市场经济。这一类型学校培养人才的标准，就是“适销对路”。要大力推进高职高专教育改革与发展，落实《国务院关于加快发展现代职业教育的决定》（2014 年）的各项要求，建立以服务为宗旨、以就业为导向、走产学研结合道路的高等职业教育体系。

（三）引领优化区域高等教育体系

按照《实施办法》的要求，“省级政府应结合经济社会发展需求和基础条件，统筹推动区域内有特色高水平大学和优势学科建设，积极探索不同类型高校的一流建设之路”。可见，这一要求，正是瞄准建设一流的高等教育体系，推动地方不同类型高校内涵式发展。因此，“双一流”建设的实施，将在促进地方高等教育分类发展、优化区域高等教育体系方面，发挥重要引领作用。

1. “双一流”建设的带动效应已显现

在开展国家层面“双一流”建设的同时，各地纷纷面向地方经济社会发展和产业转型升级的需要，结合当地高等教育现有基础，对高等教育总体发展进行规划设计，积极推进省域范围的一流大学和一流学科建设，发挥“双一流”建设推动科技、知识创新，拉动经济增长的重要作用。

从北京、上海、山东等20多个省市已出台的各自未来5至10年的大学发展和学科建设方案来看，突出优势特色，对接地方需求，加大经费、人才保障力度，动态监测，确保建设实效，建设各级各类学校，成为各地“双一流”建设的突出做法①。目前“双一流”建设对地方高等教育规划和发展的带动效应已初步显现，尤其在调动地方积极性加大经费支持力度上，或明确投入数额、投入重点，或省市、高校共建，积极拓展资金来源，加强对入选高校、学科的支持力度。例如，北京预计投入100亿元推进高校高精尖创新中心建设，目前已认定两批共19个高校高精尖创新中心，每个中心每年投入5000万至1亿元。2015—2017年，广东将专门安排50亿元专项资金用于高水平大学建设，生均拨款提高到每年1.2万元。山东计划筹集50亿元，对立项一流学科，按自然科学类2000万元左右、人文社科类1000万元

---

① 《“双一流”建设，地方如何出招?》，《中国教育报》，http://www.moe.gov.cn/jyb_xwfb/s5147/201703/t20170320_300110.html，2017年3月20日。

左右的标准拨付支持经费。当然，在支持“双一流”建设上，东部和西部地区在资金、人才、投入力度上差距明显。例如，中西部的贵州、宁夏等地投入相对较少。宁夏计划从2017年到2020年，高等教育专项资金规模增加2亿元，其中1亿元用于集中建设一批优势特色学科和重点专业，1亿元用于把宁夏大学建成西部一流大学。在打造自己的高水平学科团队方面，不少省份立足自身优势，有着不同的做法。例如，华东政法大学，为海外人才开出了“最高房贴800万元、最高年薪100万元”的优厚待遇。江苏重点选聘在本领域国际学术界具有较大影响力的海内外人才，计划到2020年选聘600名左右特聘教授。河北省提出集中力量引进“两院”院士、“万人计划”和“千人计划”各类专家、长江学者、“杰青”等高层次人才及其创新团队，完善“燕赵学者”遴选培养计划。加大柔性引才力度，完善高层次人才支持保障政策，提高高层次人才政治生活待遇。安徽除积极引进院士、“千人计划”等高端人才外，在省内积极打造高端教学科研团队，培养100名工程技术领军人才。海南依托区位优势，积极引进高层次“候鸟型”人才及团队。中西部高校在靠感情留人、事业留人，努力打造自己的学术生态的同时，也需要中央财政政策的倾斜、防止对人才的恶性竞争。

2. 对接地方需求突出优势特色

在“双一流”的学科布局中，各地纷纷以国家和区域经济社会重大发展战略为导向，对接地方需求、突出优势学科、发展特色学科。

例如，面向东北老工业基地振兴，辽宁将“双一流”建设与产业升级、技术改造的需求准确对接，将急需、优势突出、特色鲜明作为重要方向，计划到2030年，大连理工大学、东北大学进入世界一流大学行列；两所省属高校达到全国一流水平，同时有5所省属研究型高校、5所研究应用型高校、10所应用型高校达到全国领先水平，从而振兴老工业基地，拉动经济社会发展。海南结合重点产业发展需求，突出区位及生态优势，重点建设热带高效农业、国际旅游、热带海洋、热带医药、岛屿生态等学科领域。计划到21世纪中叶，海南大学进入国内一流大学行列，同时其中2—3个学科进入世界一流，10—15个学科进入国内一流。天津则拟建设南开大学哲学等80个天津市一流学科，天津职业技术师范大学教育学等3个天津市一流（培育）学科，天津科技大学智能轻工装备等81个天津市特色学科（群）①。一流学科建设重点支持哲学、历史学、经济学等一批具有中国特色的哲学社会科学学科，数学、化学、物理、生物等一批理学学科，化学工程、材料、仪器、建筑等一批工学学科，中医中药、基础与临床医学、药学等一批医药类学科，艺术、体育等一批艺体类学科发展；重点支持与信息技术、智能科技、高端装备制造、航空航天等优势主导产业、战略性新兴产业、现代服务业和现代都市型农业紧密对接的特色学科（群）进行建设。按照计划，天津将力争到2020年，实现30个左右学科达到国内一流水平，跻身世界前列；到2030年，更多学科达到国内一流水平，跻身世界一流行列。

3. 分类发展优化区域内高等教育体系

“双一流”建设的实施，将在促进地方高等教育分类发展、优化区域高等教育体系方面，发挥重要引领作用。

例如，山东对接国际、国内和省市需求，分层次、有重点地推进

① 《天津拟建设80个一流学科》，光明网，http：//edu.gmw.cn/2017-12/28/content_27209837.htm，2017年12月28日。

不同类型大学发展。重点将山东大学、中国海洋大学、中国石油大学等驻鲁部属高校作为国家“双一流”建设重点扶持高校，重点支持具有原始创新能力和解决重大问题能力的节能环保、新一代信息技术、新能源等战略性新兴产业学科。河北省提出以京津冀协同发展、雄安新区规划建设、2022年冬奥会为契机，提出“多元一流”建设引领高等学校分类发展，特色发展、错位发展，实施高水平研究型大学、高水平应用型高校、高水平职业技能型高校计划①。一是实施高水平研究型大学建设。直接对标国家“双一流”，举全省之力建设高水平研究型大学。鼓励各高校进行一流学科建设，继续支持河北工业大学先进装备技术与工程学科建设，同时省里将对在教育部学科评估、ESI、QS排名中靠前和获国家科学技术奖的学科重点支持，力争有更多的学科进入国家“一流学科”建设序列。二是推进高水平应用型高校建设。对标全国同类院校领先水平求得突破。继续着力推进10所试点高校转型发展。从全省应用型高校中遴选具有较好基础的专业进行重点建设，选择建设成效明显且重点专业集中的高校，纳入高水平应用型高校建设序列，培养大批高水平应用型人才，产出一批高水平应用技术成果。三是推进高水平职业技能型高校建设。持续推进高等职业教育创新发展行动计划，加快建设高水平高等职业院校和骨干专业。建设一批高水平骨干专业、专业教学资源库和生产性实训基地，大力培养面向产业一线的高素质技术技能人才。

① 李丽钧：《“多元一流”建设引领河北省高校分类发展》，长城网，http://edu.hebei.com.cn/system/2018/02/28/018658658.shtml，2018年2月28日。

四、“双一流”建设带动高等教育布局结构调整

区域布局结构调整是实现高等教育内涵式发展的重要内容。从20世纪50年代高校院系重组及区域布局大调整以培养经济建设需要的适用型人才，至改革开放后高校非均衡布局以适应区域经济发展需要，我国高等教育始终依照国家发展战略及生产力布局特点设置高校、实施布局结构调整，促进了高等教育与经济社会的协调发展。“双一流”建设要紧紧围绕国家发展战略重点及国民经济布局要求，与国家改革发展尤其是管理体制改革进程保持同步，紧密结合产业部门需求与行业特色、区域定位，推动我国高等教育布局结构优化调整。

（一）新中国高等教育布局结构的形成

在计划经济时期，受中央集权与计划经济的影响，很长一段时间内高等院校的设置是在高等教育国有机制和高等教育高度分工的原则下进行的。例如，所设置的高等院校大部分分布在各大中心城市，服务于“全国一盘棋”的计划经济。高等学校招生、分配均在国家统一计划管理下面向全国进行。

为适应中华人民共和国成立初期国家实现工业化的战略目标以及保障国家安全的需要，解决工业化发展计划对专门人才的迫切需要问题，从1951年起，根据“以培养工业建设人才和师资为重点，发展专门学院，整顿和加强综合性大学”的方针，全国工学院进行了全面的

院系调整。1952 年根据《全国高等院校调整计划草案》按大学、专门学院及专科学校三类分别调整，重点从原有大学中调整、归类、合并出新的工业院校和师范院校，还分离出农林、医学医药、财经、政法、艺术、体育等专门院校。1952—1956 年的院系调整，将所有私立大学改为公办，明确了综合大学和专门学院的性质任务，尤其是加强了工科院校，满足了新中国经济建设和工业化发展中各部门、各行业特别是重工业对专门人才的迫切需求。

20 世纪 50 年代后期至 60 年代初，根据毛泽东提出的“新的工业大部分应该摆在内地，使工业布局逐步平衡”战略要求，我国实行沿海与内地平衡工业布局的均衡经济发展战略，一些大型重工业部署倾向于中西部地区。为适应国民经济及生产力布局调整的需要，教育主管部门将沿海地区的一些高等学校同类专业迁入内地建校，扩大内地建校的规模，增设新专业，提高内地大学的办学能力。如由江苏、浙江、上海、天津、广东等地的一些高校调出有关专业前往内地，在武汉、兰州、西安、成都等城市兴办测绘、石油、建筑、交通、电讯、化工、动力等工业学院和专业，为大西北、大西南的开发和建设提供了人力保证，有力支撑了国家经济均衡发展。实践证明，紧紧围绕国家战略及国民经济生产力布局实施高校布局结构调整，不仅有利实现国家战略，有效发挥高等教育功能，还推动了高等教育与经济社会协调发展。

（二）市场经济条件下高等教育布局变化及调整

改革开放以来，我国开始推行优先发展沿海地区战略，东部沿海地区持续快速发展，对高等教育的人才、学校类型有了更大、更多样化的需求，我国高校的设置与布局明显向东部地区倾斜。我国高等学校布局结构的调整，主要是在国家宏观政策指导下，以省级政府统筹协调为主进行的，其原则是，要有利于地方政府根据地方经济建设对新型人才的需要和各地区人力资源能力建设的需要，来合理安排高等学校的布局。但在市场经济体制建设的过程中，由于经济发展的不平衡，待遇、科研经费、环境等差异，中西部和东北高校的人才纷纷流向东南部沿海高校。这种人才向东南发达地区高校流动的现象，被形象地比作“孔雀东南飞”。因此区域高等教育发展差距不断拉大已成不争事实。

“九五”以后，国家实施“西部大开发”战略，适应西部开发对高层次人才需求的快速增长，高校设置和布局则开始向西部倾斜。比如，2010 年以来，共增设 260 所（专科学校 167 所，本科学校 93 所）普通高等学校，其中中西部地区 180 所（专科学校 123 所，本科学校 57 所），占增设学校总数的 69. 2%。尤其近年来，随着国家各项政策的推进实施，特别是对中西部教育发展的投资和政策扶持，中西部地区高等教育的进步程度及总体水平得到明显提升。通过《中西部高等教育振兴计划（2012—2020 年）》（见图 3 - 2），中央财政拨款 100 亿元，重点支持 24 个中西部省区市（包括新疆生产建设兵团）的 100 所地方本科高校加强基础能力建设，拨款约 60 亿元用于推进“中西部高校提升综合实力工作”，在 13 个没有教育部直属高校的中西部省区和新疆生产建设兵团中，各支持 1 所本区域内办学实力最强、办学水平最高、区域优势明显的地方高水平大学建设。14 所高校绝大部分都属于“211 工程”院校，受地方政府重视，各省重点进行了建设。

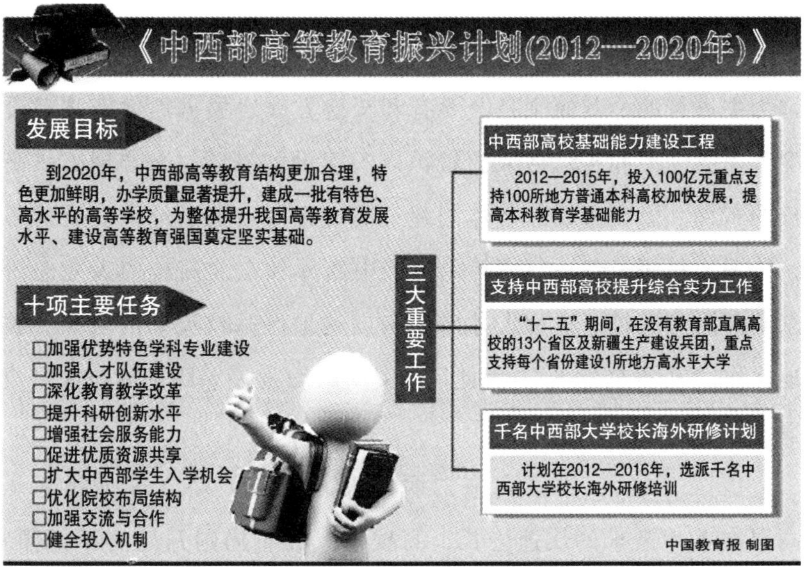

图 3－2 《中西部高等教育振兴计划（2012—2020 年）》[①]

（三）“双一流”建设对高等教育布局结构的优化

区域空间布局结构调整的重点，主要是促进省际高等教育布局优化，加大对中西部欠发达地区高等教育的支持力度，提高中西部高等教育发展能力。经过近年来的努力，我国高校区域空间布局结构特征发生了显著变化，在不少方面取得了明显进展与成效。但中西部高等教育发展不足的问题没有得到根本解决，尤其高水平大学仍很缺乏，优化区域空间布局仍任务艰巨。

以人口第一大省河南为例，优质高等教育资源严重不足，如果按

① 《中西部高等教育振兴计划公布投 100 亿元支持百所地方高校建设　重点支持 14 所地方高水平大学》，《中国教育报》，http://www.moe.gov.cn/jyb_xwfb/s5147/201305/t20130523_152242.html，2013 年 5 月 23 日。

人口比例看，全国平均而言，每 3500 万人有一所“985 工程”大学，按此比例，河南省至少应有 3 所。“211 工程”大学，全国平均每 1200 万人口有一所，按此比例，河南省应有 8 所。但河南仅有一所“211 工程”大学，没有“985 工程”大学，与全国相比差距显著。要决胜全面小康、实现中原崛起，迫切需要创新驱动发展与一流人才，特别需要一流大学支撑。

进入新时代，在我国社会主要矛盾已经转化为人民日益增长的美好生活需要和不平衡不充分的发展之间的矛盾的历史背景下，要继续加大和支持中西部地区高等教育的发展步伐，加强教育资源的整合，进一步促进省际高等教育布局优化，缩小发达地区与欠发达地区之间的差距，努力改变高等院校在各省的分布不均，难以与当地经济建设的需求相适应的状况，使各省的高等教育布局得到较为均衡的发展。

与以往的“985 工程”、“211 工程”相比，“双一流”建设无疑将为进一步促进省际高等教育布局优化发挥重要引领作用，奠定未来几十年中国高等教育的基本格局；将更加重视对中西部地区和人口大省高等教育重点建设的扶持，使高等教育机构、层次、科类、形式、学校类型等在地区分布上的构成合理化。

在所公布的“双一流”建设名单里，郑州大学、云南大学、新疆大学 3 所非“985”高校成为这一次新晋“黑马”，与东北大学、湖南大学、西北农林科技大学 3 所“985”高校一起进入“双一流”建设 B 类高校序列，必将促进欠发达地区高等教育的发展，缩小发达地区与欠发达地区之间的差距，提高中西部高校的教学、科研和社会服务水平。

从云南大学、郑州大学、新疆大学已公布的各自的一流大学建设方案看，都是把服务区域社会发展、努力做出一流贡献作为自己的追求，并以三步走的方式设定了近期、中期以及远期建设目标①。例如，云南大学提出立足西南边疆，面向南亚、东南亚，建设在人才培养、科学研究和国际影响力等领域享有卓越声誉的世界一流大学；在学科建设方面，重点建设民族学一级学科、高原山地生态与地球环境学科群、边疆治理与地缘政治学科群、生命与分子科学学科群和天文学一级学科等学科（群）。郑州大学提出立足河南，面向全国，放眼世界，建世界一流大学，重点建设肿瘤防治与转化医学、绿色催化、资源材料、中原历史文化、工程安全与防灾和绿色高效农业6个一流学科。新疆大学提出要成为中亚地区最具影响力的一流大学，重点建设丝路经济文化与西北边疆治理、新疆优势特色资源与科学、新疆信息化与可再生能源技术等学科群。

① 《云南大学、郑州大学、新疆大学公布一流大学三步走建设方案》，《澎湃新闻》，http：//news.163.com/18/0102/10/D74U0GFD000187VE.html，2018年1月2日。

第四章

推动构建人类命运共同体

——国际视野

回顾近代世界高等教育发展历史：中世纪大学的诞生确立了知识传授的地位；19 世纪初叶，以柏林大学为代表的高等教育确立了科学研究的功能；20 世纪初期，威斯康星理念引导高等教育的职能从教学、科研扩展到社会服务。其后，随着时代的发展，高等教育的文化传承与创新、国际交流与合作的功能日渐凸显。

展望未来，各国相互联系、相互依存的程度将进一步加深，人类同住地球村，生活在历史和现实交汇的同一个时空里。在这样的时代，更多地需要“共同体思维”。人类命运共同体思维倡导整体地而非局部地、开放地而非狭隘地思考人类面临的共同机遇和挑战。高等教育不仅要基于本国、本民族的立场和利益，而且要基于全球或全人类的利益，做出更大贡献。尤其对“双一流”建设高校来说，更要发挥积极作用，承担起更多责任，有所作为，为构建人类命运共同体、推动人类文明进步做出新贡献。

一、构建人类命运共同体呼唤高等教育要有新作为

党的十八大以来，习近平总书记在许多重要场合郑重提出并不断深入阐发构建人类命运共同体的理念和实施路径，强调推动构建人类命运共同体，需要坚持各国相互尊重各自选择的社会制度和发展道路，尊重彼此核心利益和重大关切，求同存异、聚同化异，积极发展合作共赢的新型国际关系。这一系列重要观点得到国际社会的广泛认同。我国以高度负责的姿态深度参与到全球治理、应对气候变化、维护国际和平等全球化议程中，并在“一带一路”国际合作倡议中，以加大对发展中国家的无私援助、支持多边贸易体制、推动开放型经济发展

等重大战略实施中发挥引领作用，赢得了国际国内的普遍赞誉。

在“双一流”建设中，要深刻把握新时代、新使命，加深国际交流合作对推动我国政治、经济、文化等方面发展所具有重要战略意义的认识。首先，党的十九大报告指出，我们迎来了从“站起来、富起来到强起来”的伟大转折，“强起来”成为我国新时代发展的主题，高等教育也进入了从“大起来”向“强起来”转变的历史进程。在此进程中，高等教育国际交流合作对于助推教育“四梁八柱”改革不断深化，不断增强教育的核心竞争力将发挥更大的作用。其次，“强起来”的高等教育必能培养一流人才，产出一流成果，从而为人类进步事业做出更大贡献。为此，要健全国际交流合作协调与沟通机制，提升教育对外开放质量和水平，在落实推动构建人类命运共同体的基本方略中，加强国际人文交流，主动服务国家“文化走出去”和“一带一路”建设，积极推动人类命运共同体建设，为创造人类美好未来添砖加瓦。

（一）“构建人类命运共同体”的提出

2013 年 3 月，习近平总书记在莫斯科国际关系学院发表演讲，第一次向世界提出“命运共同体”理念。2017 年初，习近平总书记在瑞士达沃斯和日内瓦发表两场重要演讲，围绕“世界怎么了、我们怎么办”，进一步深入阐述了构建人类命运共同体重要思想。一年之后，美国《纽约时报》文章认为“达沃斯真正的明星是中国”。联合国日内瓦办事处总干事穆勒说，人类命运共同体理念“正在世界上落地生根”。理念能凝聚引领人类变革的强大力量，在于科学把握了世界进步大势，顺应了时代发展潮流。“人类命运共同体”切中问题根源，被外界视为“人类在这个星球上的唯一未来”。人类命运共同体理念被写入联合国决议、安理会决议、联合国人权理事会决议……构建人类命运共同体思想正日益凸显其时代价值，显示出强大的国际影响力、感召力、塑造力。

纵观全球，人类正处在大发展、大变革、大调整时期，和平、发展、合作、共赢的时代潮流更加强劲；同时，人类也正处于一个挑战层出不穷、风险日益增多的时代。人类生活的关联前所未有，人类面临的全球性问题数量之多、规模之大、程度之深前所未有，各种社会思潮交锋激荡，国际社会迫切呼唤新的全球治理理念，破解“人类何去何从”的时代之问。正是在新的历史航程中，习近平总书记把准世界跳动脉搏，深入思考“建设一个什么样的世界、如何建设这个世界”等重大课题，提出构建人类命运共同体的理念，形成科学完整、内涵丰富、意义深远的思想体系。这也成为习近平新时代中国特色社会主义思想的重要组成部分，具有重大的理论价值和实践意义。2018年10月党的十九大，把推动构建人类命运共同体列入新时代坚持和发展中国特色社会主义的十四条基本方略之一，并把它写入党章。2018年3月11日，十三届全国人大一次会议表决通过中华人民共和国宪法修正案，“推动构建人类命运共同体”写入宪法序言部分。

“构建人类命运共同体”的理念提出以来，中国不仅是倡导者，也是实践者、贡献者和先行者，把与各国命运休戚与共的决心，转化为扎扎实实的行动。中国坚定不移推动互利合作，维护开放型世界经济，提出“一带一路”倡议，推进亚太自由贸易区建设和区域全面经济伙伴关系协定谈判，构建面向全球的自贸区网络。经过4年多的持续推进，“一带一路”已成为广受欢迎的重要国际合作平台和国际公共产品。“我提出‘一带一路’倡议，就是要实践人类命运共同体理念。”习近平总书记道出合作共赢、共同发展的殷切希望。这一理念提出以来，在波澜壮阔的大国实践中不断升华，散发出宏阔睿智的思想魅力，在世界和平与发展大潮中汇聚起追寻梦想的磅礴力量，迸发出昭示未来的耀眼光芒。中国同 80 多个国家和组织签署“一带一路”合作协议，同 30 多个国家开展了机制化产能合作，与相关国家进出口总额增长 14.8%。塔贝拉电站是目前巴基斯坦最大的水力发电站，中国承建的塔贝拉电站四期扩建工程首台机组成功并网发电，一举解决了当地近 3000 个就业岗位，不久的将来，中国开工建设的十余座电站，将彻底解决巴基斯坦国内缺电、限电的历史困境；中国企业收购陷入困境的塞尔维亚百年钢厂，保住了 5000 多人的就业，让老厂所在城市浴火重生；中国企业接手经营希腊最大港口，使其重新跻身欧洲大港行列；中法联手在英国建设核电站，成为“一带一路”高新技术项目合作的典范……

在全球治理体系变革的重要时刻，中国理念为推动建立更加公正合理的国际秩序提供了新的可能，贡献了解决方案。从“一带一路”倡议到自贸区建设，从金砖国家新开发银行到亚洲基础设施投资银行，中国的世界影响力从未像今天这样大，中国正前所未有地走近世界舞台中央。亚洲基础设施投资银行成立两年来，成员数由最初的 57 个增至 84 个，其在亚非国家参与投资的 24 个基建项目让千千万万民众分享到全球发展的红利。从联合国到二十国集团，从亚太经合组织到金砖国家，从东亚区域合作到上海合作组织，中国积极倡导多边主义，为推动建立更加公正合理的国际秩序不断做出新贡献。中国更加积极主动，越来越多地承担起推动世界经济发展的责任，并发挥更大作用。中国率先签署并坚定支持、落实气候变化《巴黎协定》，启动全国碳排放交易体系，出资 200 亿元建立“中国气候变化南南合作基金”。中国以高度的责任感，守护人类赖以生存的共同家园。

站在新起点，中国把为人类做出新的更大贡献作为奋进新时代的矢志追求！“推动建设持久和平、普遍安全、共同繁荣、开放包容、清洁美丽的世界，让人类命运共同体建设的阳光普照世界！”中国特色社会主义进入新时代，意味着给世界上那些既希望加快发展又希望保持自身独立性的国家和民族提供了全新选择，为解决人类问题提供了中国智慧和中国方案。“构建人类命运共同体”理念的提出，也必将对世界高等教育的发展产生深远影响。“双一流”建设要主动把握这一历史潮流和历史机遇，为推动人类命运共同体建设，共同创造人类的美好未来而努力！

（二）“双一流”建设要推动中国在世界舞台发挥更大作用

人类命运共同体概念的提出与落实，是与中国从区域国家到日益走近世界舞台中央、从全面建成小康社会到建设社会主义现代化强国的历史发展趋势相一致的，反映出当代中国的国际意识和担当精神。无论对构建人类命运共同体的理论阐释，为人类文明发展提供中国方案、贡献中国智慧的实践推进，还是加强各国教育文化合作，促进不同文明的交流互鉴，高等学校尤其是“双一流”建设高校都应责无旁贷，发挥积极的推动作用。

1. 一流大学与人类文明进步

世界先进水平的一流大学是一个国家高等教育发展水平的标志，是综合国力的集中表现，更是经济、科技、社会发展到一定阶段以后的需要，能为人类文明进步做出更大贡献。从现代高等教育的发展规律和世界一流大学成长的历史来看，现代大学不仅是巨大的人才库，也是巨大的知识库和思想库，世界一流大学普遍担负了科学研究的主要职责，是尖端科学研究和技术发展的主要力量，为尖端科技产业的创立和发展起到了主导作用；以其知识的生产和创新为经济社会发展提供动力，日益显示出强大的力量，对人类进步、社会发展、思想文化起引领性作用。所谓世界一流大学，无不在国际学术前沿领域做出突破，创造出一流成果，赢得一流声誉，是创新的源泉、文化的高地、思想的摇篮。

一流大学促进人类社会进步的事实，可以直接从以下事例中观察到①：从 1901 年诺贝尔奖设立到 2011 年这 110 年所有诺贝尔奖得主当中，近 80% 的获奖者都是在大学中完成其获奖研究的。在美国和日本这一比率更是超过了 80%，而这两者正是当今世界公认的科学技术最为先进的两个国家。另一个很有力的证据就是，对人类影响最为巨大的第三次和第四次科技革命都直接源于大学。事实上，就连第二次工业革命都不能排除大学的影响。随着现代科技和社会的快速发展与进步，大学已被逐渐推到了社会活动的中心，与社会融为一体，人们期待大学对社会的文明进步做出卓越贡献。大学对于文明进步的影响形成逐渐增强的良性循环：一批追求真理的优秀学者们建立了大学，他们在大学中相互交流从而产生了前所未有的新鲜思想和成果，这些新思想和新成果在推动文明前进的同时，也促使更多的优秀人物向大学集中，而后就有更多的思想和成果产生，文明因此得到更大的发展……同时，大学还能为经济社会发展提供价值导向。科学技术是经济社会发展的强大动力，这是无可置疑的。但是，科技绝不是万能的。经济导向何方，不取决于科技本身，而取决于应用科技的人的价值理性。在这方面，只能依赖人文文化。大学所具有的人文资源和文化环境，具有不可替代的作用，它是养成社会活动主体所必需的人文价值最根

---

① 蔡剑桥、高晓清：《大学与社会进步关系的缘起》，《武陵学刊》2013 年第 6 期。

本的途径。若没有大学的人文教育和人文研究的正确引导，经济发展就可能迷失方向，这时，知识越多，动力越大，其消极影响也就越大。从这个意义上讲，大学是经济社会发展和进步的灯塔。

从人类文明进程的大视角来考察，我们还发现，世界一流大学也无不成就于所在国家崛起的进程，无不与所在国家的强盛同步。特定的社会环境、历史阶段、发展机遇和办学理念共同决定了这些世界一流大学的走向和命运。名校与强国之间有着不可分割的共生互动，国强催生名校，名校服务强国。一流大学为所在国家的繁荣进步提供了强大智力支撑和力量源泉，而国家民族的强盛为一流大学的发展创造了条件。这对我们的启示是：中国特色的世界一流大学，应当既立足中国，自觉置身于国家发展的大舞台，又面向国际前沿，努力把学术事业的本土使命与国际使命统一起来，做出推动人类文明进步的重大原创性成果，成为知识发现和科技创新的重要力量。

习近平总书记在党的十九大报告中指出："中国特色社会主义进入新时代，意味着近代以来久经磨难的中华民族迎来了从站起来、富起来到强起来的伟大飞跃，迎来了实现中华民族伟大复兴的光明前景；意味着科学社会主义在21世纪的中国焕发出强大生机活力，在世界上高高举起了中国特色社会主义伟大旗帜；意味着中国特色社会主义道路、理论、制度、文化不断发展，拓展了发展中国家走向现代化的途径，给世界上那些既希望加快发展又希望保持自身独立性的国家和民族提供了全新选择，为解决人类问题贡献了中国智慧和中国方案。"这"三个意味着"，从民族复兴的历史维度、人类社会演进的制度维度、发展中国家走向现代化的实践维度，以宽阔的视野和透彻的把握，深刻阐明了坚持和发展中国特色社会主义的世界历史意义，为我们高举伟大旗帜、坚定"四个自信"、沿着正确方向继续前进提供了强大思想引领。从民族复兴的历史维度看，独立自主探索革命、建设和改革的道路，使近代以来久经磨难的中华民族迎来了从站起来、富起来到强起来的伟大飞跃，为各国摆脱贫穷落后、走向繁荣富强提供了最生动借鉴。在国际舞台上中国高校已无疑成为我国参与国家间人文对话交流的主要力量，要通过教育以及科研项目国际合作，越来越多地面向国际社会，提炼中国经验，用好中国资源，推动中华文明创新性发展，提出解决人类问题的中国方案，为人类文明做出更大贡献。

2. “双一流”建设与构建人类命运共同体

人类命运共同体理论是马克思主义时代化的重要成果。一个半世纪以前，马克思和恩格斯在创立马克思主义学说之初，就把人的自由全面发展作为共产主义社会的本质特征，体现出对人类前途命运的高度关注和科学预见。170 年来，世界历史在曲折中发展，人类社会在生产力的显著提高中前进。特别是进入 21 世纪以后，由中国共产党领导的改革开放伟大实践，不仅深刻地改变了中国的面貌和人民的境遇，而且极大地推动了马克思主义的新发展。中国共产党第十九次全国代表大会庄严宣告，经过长期努力，中国特色社会主义进入新时代。这是我国发展新的历史方位。这个新时代既是全体中华儿女奋力实现中华民族伟大复兴中国梦的时代，也是我国日益走近世界舞台中央、不断为人类做出更大贡献的时代。在党的十九大报告中，习近平总书记明确指出，“中国共产党始终把为人类做出新的更大的贡献作为自己的使命”。“我们不能因现实复杂而放弃梦想，不能因理想遥远而放弃追求。没有哪个国家能独自应对人类面临的各种挑战，也没有哪个国家能退回到自我封闭的孤岛。”人类命运共同体理论丰富和发展了马克思的世界历史思想和21世纪科学社会主义理论，是对马克思主义的坚守和发扬。

构建人类命运共同体的理念也体现了中华优秀传统文化之精髓。中华文明绵延数千年，有其独特的魅力和价值。在全球化趋势不可逆转，但逆全球化思潮甚嚣尘上的时代背景下，中华文明的重要使命之一就是同各国人民创造的多彩文明一起，为人类提供正确的精神指引。中华文明历来倡导和衷共济、和而不同，崇尚“己所不欲，勿施于人”。走和平发展的道路一直是中华民族的精神追求，我们在外交实践及国际合作中一贯坚持亲诚惠容，追求和谐共赢。习近平总书记提出，“要尊重世界文明多样性，以文明交流超越文明隔阂、文明互鉴超越文明冲突、文明共存超越文明优越”，展示了我们作为人类文明的传承者和弘扬者的真诚意愿和博大胸怀。构建人类命运共同体的理念对于增强中华文明对国际社会的亲和力具有重要意义。随着我国国际地位的大幅提升，构建人类命运共同体理念已经载入了联合国多项决议，日益成为当今世界的普遍共识。这一具有中国智慧的解决方案，正在成为许多国家应对全球化趋势和挑战的选择。

教育和人文交流传承过去、造就现在、开创未来，是推动人类文明进步的重要力量，在增强各国人民人类命运共同体意识、凝聚全球治理共识、促成全球协调一致应对共同挑战方面具有不可替代的作用。联合国教科文组织提出，“战争起源于人之思想，故务须于人之思想中筑起保卫和平之屏障”。人类思想文化在人文交流中交汇、交融、交锋，在教育中传承、创新，教育和人文交流不仅直接影响政府和公众对本国与他国关系的看法，而且深刻影响下一代对国际关系的认知。从这个意义上说，教育和人文交流是推动建设相互尊重、公平正义、合作共赢的新型国际关系的重要力量，是人类命运共同体的塑造者。

高等教育是理论创新的摇篮，先进文化的传播源。世界高等教育发展史表明，任何国家民族意识的苏醒与崛起、创新文化的产生与发展，以及将本国的优秀文化和先进主张向外推送和传播，都离不开高等教育的关键作用。“双一流”建设高校要认识到，构建人类命运共同体，不是阶段策略而是长远战略，不是权宜之策而是整体方略，不是部门任务而是全局工作，是我们党和国家的崇高追求和郑重承诺。要坚持以中国特色社会主义文化教育引领师生，文化育人，不断增强师生的“四个自信”，充分认识对青年一代进行构建人类命运共同体理念的教育引导的重要意义，全面准确把握构建人类命运共同体的科学内涵，积极开展理论研究，切实地澄清一些模糊认识，进一步凝聚共识，增强行动自觉。要主动研究切实可行的国际传播机制和传播影响因素，引导高校师生参与到人类命运共同体的国家话语体系建设中来，在文化自信和教育自信的基础上，加强人类命运共同体理论研究，强化国际话语权，诠释中国理念，发出中国声音，积极推动人类命运共同体的主张和这一文化向世界传播。

二、教育对外开放新格局为构建人类命运共同体奠定基础

党的十九大报告指出，过去五年是党和国家事业发生历史性变革的五年，中国特色社会主义进入新时代。过去五年也是全面实施深层次教育改革，取得全方位、开创性教育成就的五年，我国教育总体水平已经进入世界中上行列。高等教育国际化进程不断加速，积极主动参与国际教育服务，国际地位和影响力进一步增强，为服务构建人类命运共同体奠定了基础。

（一）多层次宽领域的教育合作与交流格局基本形成

近年来，我国教育国际交流与合作为适应国家发展需要，不断拓展对外开放形式，目标更加清晰，更加积极主动引进国外教育资源，优秀人才培养能力明显提高，对外开放水平和教育质量有新的提升。

1. 建成一批高水平、示范性中外合作办学机构和项目

高质量中外合作办学项目持续增多。2009 年以来，上海纽约大学、昆山杜克大学、深圳香港中文大学、温州肯恩大学等独立设置的中外合作大学批准设立。截至 2016 年 11 月，我国共有中外合作办学机构（项目）2469 个，其中本科及以上的机构（项目）有 1216 个，涵盖了除青海、宁夏和西藏以外的所有省区市①。中外合作办学形成和保持了高水平、快速发展的势头，社会关注度、信誉度、品牌度明显提升。高质量中外合作办学项目持续增多，国内外知名高校办学积极性不断上升，国外高水平教育机构对国内教育改革的窗口作用开始显现，国内学生在家门口接受具有国际一流品质教育的机会不断增加。

2. 政府间学位学历互认进一步扩大

目前，我国与 180 多个国家和地区建立了教育合作关系，与 47 个国家和地区签订了学历学位互认协议，为教师互派、学生互换、学分互认和学位互授联授创设了更加有利的条件，已有部分国外院校认可我国申请者的高考成绩。

---

① 《中国顶尖高校探索“国际校区”模式，中外合作办学机构（项目）已达 2469 个》，中国教育新闻，https：//www. eol. cn/shandong/shandongnews/201611/t20161128_ 1471205. shtml，2016 年 11 月 28 日。

3. 中外人文交流机制成为教育开放新渠道

自2001年中俄人文合作委员会机制设立以来，2010年中美人文交流高层磋商机制、2012年中英高级别人文交流机制和中欧高级别人文交流对话机制、2014年中法高级别人文交流机制相继建立，标志着基本覆盖全球教育发达地区、直通联合国其他4个常任理事国的高级别人文交流磋商机制业已形成，这些高级别人文交流机制的建立，既与政治互信、经贸合作一道成为对外关系健康发展的第三大支柱，也为教育开放开辟了更多有效渠道。2015年建立中国印度尼西亚副总理级人文交流机制。此外，我国还积极推动建立中英教育部长峰会、中法教育混委会和中国—东盟、中国—阿拉伯、中非、中日韩等教育合作平台，构建中国与欧盟、德国、美国、泰国、爱尔兰、芬兰、荷兰等国教育政策对话平台，开辟中国—拉美教育交流大平台，建立中乌（乌克兰）、中白（白俄罗斯）教育合作分委会机制等，教育合作及政策对话平台更加丰富。

（二）留学工作更加适应国家和平发展大局需要

随着我国在世界格局中的影响逐步加大，尤其是2013年“一带一路”倡议至今，40多个国家和国际组织同中国签署合作协议，中国企业对沿线国家投资达到500多亿美元；2017年“一带一路”国际合作高峰论坛达成270多项合作成果，标志着我国在国际社会的影响力日渐加大，我国高等教育国际化也将从留学生输出为主的模式，转变为学生输出与吸纳留学生并重的多元化格局，双向留学规模明显扩大，成为世界最大留学生输出国和世界第三、亚洲最大的留学目的地国。

1. 出国留学工作服务国家建设大局

留学工作综合运用国际国内两种资源，坚持人才培养和发挥作用并重，公费留学和自费留学并重，扩大规模和提高质量并重，依法管理和完善服务并重，留学人员服务与管理政策体系更加完善。完善出国留学的选拔机制和自费出国留学的资助制度，先后推出了优秀本科生国际交流项目、国家公派硕士生项目、高校合作项目、国际区域问题研究及外语高层次人才培养项目、艺术类人才特别培养项目等国家公派出国留学项目，专门支持教育、文化、艺术、体育、新闻、国际问题等领域国际化人才的培养。完善留学回国服务政策和平台，“千人计划”“春晖计划”“长江学者奖励计划”等项目得到广大留学人员的积极响应和参与。“春晖计划”每年以多种形式资助近千名在外留学人员回国开展学术交流、科研项目合作洽谈等活动。留学回国人员科研启动基金共资助8000余名（注：2009—2014年合计数量）留学回国人员开展科研活动。持续开展“春晖杯”中国留学人员创新创业大赛，自2013年起陆续设立旧金山、纽约、法国等海外赛区，越来越多的海外留学人员和国内企业投身于创新创业活动。

专栏

我国出国留学人员规模持续增加

2016年度我国出国留学人员总数为54.45万人，与2015年度的统计数据相比较，出国留学人数增加2.08万人，增长了3.97%。2016年度各类留学回国人员总数为43.25万人，与2015年度相比，留学回国人员增加2.34万人，增长了5.72%。从1978年到2016年底，各类出国留学人员累计达458.66万人。其中136.25万人正在国外进行相关阶段的学习和研究；322.41万人已完成学业。265.11万人在完成学业后选择回国发展，占已完成学业群体的82.23%。

资料来源：教育部：“2016年度我国出国留学人员情况统计”，http：//www.moe.gov.cn/jyb_xwfb/xw_fbh/moe_2069/xwfbh_2017n/xwfb_170301/170301_sjtj/201703/t20170301_297676.html，2017年3月1日。

2. “留学中国计划”扩大了来华留学规模

近年来，我国推出的留学中国计划、加大政府奖学金额度等措施，成效显著。目前，来华留学的外国学生总数、生源国家和地区数、我国接收留学生单位数及中国政府奖学金生数等四项均创新高，来华留学生中的学历生比例稳步增加，中国正在成为一个新兴的留学目的国。2014年，来自203个国家和地区的来华留学生人数37.7万人，相比2009年，增幅达58.30%，超过36万人次的规划目标。随着“一带一路”倡议的推进，中国高校国际交流与合作日趋频繁和深入；来华留学人数持续增加，2017年来华留学生达到48.9万人，其中“一带一咱”相关国家留学生约31.7万人。① 为配合国家全球发展战略和周边外交布局，教育部以中国政府奖学金为抓手，积极为发展中国家培养优秀人才。仅2013—2014年，共对外提供约7万个中国政府奖学金名额，其中约3.8万个名额提供给“一带一路”沿线国家学生，亚洲和非洲地区国家学生成为来华留学生的主体，约占来华留学生70%。

---

① 马超：《中国成为“一带一路”沿线国家留学生心中的“远方”》，中国网，http：//news.china.com.cn/2018－10/11/content_65716212.htm，2018年10月11日。

（三）我国教育的国际地位和影响力明显增强

1. 高水平教育机构海外办学迈出实质性步伐

2013 年 9 月，厦门大学马来西亚分校开始筹建。这是我国“985”高校首次赴境外独立开办分校，高水平教育机构海外办学迈出实质性步伐。分校招收外籍学生，实施本科和研究生教育。优先开设中医学、汉语言文字、电子信息工程等专业。目前，我国高校在海外办学共计有 4 个机构、98 个项目。这些项目包括：上海交通大学与新加坡南洋理工大学在新加坡继续合作举办工商管理硕士（MBA）学位项目，浙江师范大学与新加坡智源教育学院在新加坡合作举办学前教育专业教育硕士学位项目，中国传媒大学与马来西亚韩新新闻广播学院在马来西亚合作举办广播电视与新媒体硕士项目，云南师范大学在缅甸及泰国开展华文教师函授高等学历教育项目，北京语言大学与日本株式会社 ISI 合作举办东京学院本科教育项目等，为进一步扩大海外办学规模、提高办学水平积累了重要经验。“一带一路”倡议实施以来，巴基斯坦、哈萨克斯坦、埃及、葡萄牙等 10 多个国家向我国发出境外办学邀请。我国教育质量日益获得国际社会尤其是发展中国家的认可。

2. 孔子学院综合文化传播功能进一步拓展

2012 年发布的《孔子学院发展规划（2012—2020 年）》明确以孔子学院院长学院、示范孔子学院、网络孔子学院“三院”建设为抓手，办学质量和水平有所提升。目前，各级各类学校和教育机构与 150 多个国家和地区的数千个教育机构建立了友好关系。在 140 多个国家（地区）建立了525所孔子学院，1000多个中小学孔子课堂。近十年，全球孔子学院和课堂累计举办文化活动22万场，受众达1亿人。国际汉语教育推广成绩显著，每年举办汉语桥世界大学生、中学生中文比赛，共组织100多国40多万名青少年参加预决赛。邀请13.5万名汉语桥各国教育官员、大中小学校长及师生访华，亲身体验中华文化。2010年以来，《国际汉语教师标准》《国际汉语教学通用课程大纲》《国际汉语学习标准》《汉语水平考试分级大纲》《国际汉语教材编写指南》等完成制定或修订，本、硕、博汉语国际教育专业在国内高校建立，67个国家通过颁布法令政令等方式，将汉语教学纳入国民教育体系。170多个国家开设汉语课程或汉语专业，全球学习使用汉语的人数达到1个亿。

3. 教育对外援助向世界展现了中国责任

中国对阿拉伯、东盟、拉美、南太、南亚及中亚地区国家提供的奖学金名额均有所增加，并开展教师培训和援外工作。2012年，设立首批共42家国别和区域研究培育基地，启动“中国—教科文组织援非信托基金”和“海航女童和妇女教育信托基金”项目，涉及两批共14个项目国。我国与联合国教科文组织共同设立的孔子教育奖影响不断扩大，与该组织合作实施的长城奖学金数量增至75个。2014年，30余所教育部部属及地方院校与商务部共同面向发展中国家高端人才和青年精英举办“发展中国家公共管理硕士项目”，已培养来自近百个国家的847名硕士人才，受到发展中国家普遍欢迎。教育部先后设立了10个教育援外基地，并委托这些基地为发展中国家举办了近100期研修班。2012年和2014年，教育部联合外交部先后分两批成立了30个面向东盟的教育培训中心，帮助东盟国家培养经济社会发展所需人才。

4. 参与教育全球治理并发挥重要作用

近年来，我国在国际教育组织中发挥更加重要作用，牵头制定了《亚太经合组织教育战略》、《中国落实联合国2030年可持续发展议程国别方案》，推动落实联合国教科文组织《亚太地区承认高等教育资历公约》，承办了国际职业技术教育大会、世界学前教育组织国际学术研讨会、首届国际学习型城市大会、首届世界语言大会、首届国际教育信息化大会、第四届亚欧大学校长会议等国际高端教育会议，凸显我国和我国教育发展的影响力。筹组金砖国家大学联盟、成立APEC高等教育研究中心、参与上海合作组织大学建设，提升了我国在教育领域国际话语权和影响力。2014年3月，习近平总书记访问教科文组织总部并发表以文明交流互鉴为主题的重要演讲，我国与联合国教科文组织合作进入历史最好时期，中国在教科文组织的地位和影响显著提升，我国教育的国际地位和影响力明显增强。中国教育正以更加自信、更加矫健的步伐走向世界教育舞台中央。

三、“双一流”建设推动构建人类命运共同体的实践路径

进入新时代，我国日益走进世界舞台中央，在此进程中，高等教育将发挥无可替代的作用。加快高等教育国际化进程，对于我国政治、经济、文化等方面的发展都具有重要的推动作用和战略意义，也是世界高等教育发展的时代潮流。

构建人类命运共同体为教育国际交流合作提供了前所未有的广阔空间和发展机遇，同时也将促进全人类和世界各国人民的共同福祉。

“双一流”建设应当大力弘扬并积极践行人类命运共同体理念，在深入领会其精神实质的基础上，以构建人类命运共同体的理念深化教育改革，进一步发挥大学功能与作用，为中国特色社会主义事业发展和人类社会进步做出不负时代的贡献。

（一）着力提升高等教育国际影响力

越来越多的国家意识到必须在全球的视角下审视教育改革与发展，开放包容、合作互补已经成为各国大学共同的选择。为提升国际影响力，做出中国贡献，“双一流”建设高校必须面向国际学术前沿，站在科学技术的前端，在人类共同面对重大挑战的基础研究和应用研究领域，大力开展国际项目研究，促进国际学术交流合作；主动对接国家战略，不断增强实力，提升国际交流与合作的深度和层次，积极推动中外合作办学，打造中国教育品牌。

1. 开创国际交流合作新局面

对近现代高等教育的发展历史进行考察可见，世界高等教育中心经历过几次转移，并存在一定规律。从总的发展趋势来看，世界高等教育中心、世界经济中心与世界科学活动中心在不同国家间的转移顺序是一致的，即都经过了意大利—英国—法国—德国—美国这样一个演变路径。且世界高等教育中心的形成和转移在先，世界科学活动中心的形成和转移居中，世界经济中心的形成和转移殿后。世界高等教育中心的形成无疑对全球科技、经济、文化等各个方面产生巨大影响。

要提高我国高等教育的国际影响力，为人类做出更大的贡献，说到底就是要提升本国高等教育的自身实力。党的十九大宣示，进入新时代。“新时代”是中华民族从站起来、富起来到强起来，中华民族面貌发生前所未有变化的伟大时代。这是中国教育实现从大到强、建设教育强国的新时代，是中国教育适应更高层次开放型经济、促进人的全面发展的新时代，是中国人民享受世界水平现代化教育的新时代，是中国教育更加自信地走向世界舞台中心的新时代。在世界政治多极化、经济全球化、文化多元化不断发展的趋势下，要坚持博采众长，吸收和借鉴世界各国在先进科学技术、发展和管理教育事业以及培养人才等方面的成功经验，以开放的姿态加强国际合作，推进高等教育不断提高国际影响力。

“双一流”建设要稳步推进中外合作办学，大力引进优质教育资源，增强我国高校吸收、消化、利用、创新的能力，提升办学水平和质量；积极推动“双一流”建设高校与世界知名大学和科研院所机构“强强合作”，设立联合实验室，共同开展高水平和自主创新的科学研究，选派更多优秀教师、学术带头人到国外一流大学学习培训；建立和完善聘请外籍教师和专家学者的管理体制和服务体系，创新引进国外智力工作机制，提高引进国外智力的层次和水平，吸引更多世界一流专家学者来华从事教学和科研工作。

2. 打造“留学中国”质量品牌

具有全球影响力，吸引世界各地优秀学子来校求学是高水平大学的重要标志。以建设世界一流大学和一流学科为目标的中国高水平大学，理应创造更好条件，吸纳更多欧美、亚非拉，特别是“一带一路”国家和地区的优秀生源，也包括吸收港澳台地区的优秀学子。随着越来越多的国际学生进入高水平大学就读，对相应的教学课程安排、教育教学方法都提出新的要求，亟须转变教育观念、提升教育内涵。对于国际学生的教育，不仅要提供高水平的知识传授和专业教育，还要加深其对中国的发展历程和制度选择的了解，使之成为知华友华力量。围绕构建人类命运共同体设置相关课程，能够在价值理念上找到最大公约数，让国际学生更好地体认和接受中国主张，更多地关注和支持全人类共同利益的实现。

要面向国家发展战略需求，建设全球教育高地，全力打造“留学中国”质量品牌，创新优质国际教育资源方式，努力建设一批高水平、示范性中外办学机构和项目。加大留学生招生，吸收发展中国家特别是“一带一路”国家的人才来华学习。“一带一路”倡议影响范围涉及全球60%的人口和30%的GDP，得到国际社会的广泛参与和认同。国家目前对于各领域参与“一带一路”建设给予了较大的支持。2016年7月，教育部印发《推进共建“一带一路”教育行动》，强调培养大批共建“一带一路”急需人才，实施“丝绸之路”留学、合作办学、师资培训、人才联合培养等系列推进计划。高校加大国际化步伐，加大“一带一路”留学生招生是服务国家战略所需，刻不容缓。同时，国家高端产能对外输出，需要加大对当地留学生的技术培训，提供人力支持。

（二）加强国际化人才队伍建设

随着全球化进程持续加快，国际化高端人才对提升我国综合实力与国际影响力发挥着不可替代的作用，是构建人类命运共同体进程中不可缺少的一支力量。一方面需要自主培养高端的国际化人才队伍，加大培养国际化高端人才，为国家参与国际事务、提升国际竞争力提供人才基础；另一方面，也需要吸收出国留学人才的回归，要继续加大政策优惠，吸引出国留学到西方欧美国家的高端人才回流。因此，既要完善出国留学服务，发挥留学人员作用，努力吸引国外优秀教师、高水平专家学者来华开展教学、科研工作；又要完善优秀自费留学生奖学金资助政策，健全优秀留学生归国就业、创业优惠政策，吸引更多优秀留学人才回国工作。

具体到“双一流”建设高校的人才培养，从长远来讲，更要重视以习近平新时代中国特色社会主义思想对广大学生进行全面系统的价值引领，大力培育青年学生人类命运共同体意识，使青年学生在不同文化之间相互理解和尊重的前提下，通过文化对话相互学习和借鉴，推动人类文明进步。应当按照“价值引领、知识探究、能力建设、人格养成”的培养理念，培养学生具有全球视野和人类命运共同体意识。应当说，为培养更多具有全球视野和国际竞争力的创新人才，国内不少大学都已经进行了一些改革和探索。但是目前国内大学的人才培养，往往还是更多地去关注现在、关注就业，而对世界、对人类、对未来的关注度还不够，这样培养出来的学生，参与、影响和引领未来全球事务的能力和胆识就不强，未来的国际竞争力和领导力就更不会强。如何让他们具有跨文化理解、交流与合作能力，从容自信地适应国外环境，积极有效地传播中国声音，不断改善国际形象，是高水平大学人才培养的重要内容。要看到，所谓具有全球视野和国际竞争力的人才，不能简单地理解为外语好、专业能力强、素质过硬，更要有智慧、有担当、有胸怀，要关注世界、关心全人类；不仅要参与、融入国际事务，更要影响、引领国际事务。用构建人类命运共同体的思想理念武装新时代的青年十分必要，将之有机地融入相关课程，乃至探索设置与国际学生共同修读的课程，有助于提升价值引领的说服力、感染力和针对性。

要学习和借鉴国外先进教学理念、教学制度、教学模式、教学内容和方法，充分利用国际优质教育资源，提高我国高等学校人才培养水平。推进与国际知名大学联合培养本科生、研究生的工作，积极鼓励和支持我国学生到境外学习或实习，让更多的学生获得境外学习经历。完善研究生派出和培养方式，适当提高研究生中外联合培养的比例，保证公派留学研究生计划发挥应有的效果。继续实施“国家建设高水平大学公派研究生项目”、“优秀本科生国际交流项目”，着力培养高层次业拔尖创新人，让更多更优秀的学生进入世界顶尖大学一流学科学习深造。加大对来华留学生的资助力度，设立面向境外的国家奖学金，吸引境外优质生源，优化生源国别结构，扩大来华留学生规模，并不断提高攻读学位留学生的比例。加大学生互换力度，培养知华、友华、爱华的国际学生，促进民心相通。

通过更加密切的互动交流，促进各国学生增进相互了解、树立世界眼光、激发创新灵感、确立为人类和平与发展贡献智慧和力量的远大志向，是教育对外开放和中外人文交流的重要任务。要看到，我们留给后代什么样的世界，关键取决于我们留给世界什么样的后代。构建人类命运共同体，民心是根本，人才是基础。要积极培养热爱世界和平，自信、开放、包容，具有全球视野和跨文化沟通能力以及善于分析解决人类面临的共同难题的新一代。跨国别、跨文化的交流是培养具有国际视野、人文情怀、创新精神人才的重要途径。通过设立“丝绸之路”中国政府奖学金和建设“一带一路”高校联盟等举措，要为沿线各国培养行业领军人才和优秀技能人才，积极服务中国文化、中国企业“走出去”战略。

（三）全方位开展中外人文交流

在新时代构建“人类命运共同体”过程中，根据十九大报告精神，需要“五线推进”：政治上，要相互尊重；安全上，要协商对话；经济上，要互利多赢；文化上，要包容互鉴；生态上，要环境友好。其中文化上“尊重世界文明多样性”涉及“构建人类命运共同体”共同的根基、共同的话语问题，有助于消弭人类之间的“文明隔阂”，战胜人类之间的“文明冲突”，也能够克服某些人群的“文明优越”

问题，从而有助于我们同各国人民一道，推动人类命运共同体建设，共同创造人类的美好未来。

教育对外开放和中外人文交流在教育强国和人类命运共同体构建中大有可为，也应当有更大作为。“双一流”建设高校要增强机不可失、时不我待的紧迫感，以高度的政治责任感和历史使命感拥抱新时代，担当新使命，贯彻落实《关于做好新时期教育对外开放工作的若干意见》、《关于加强和改进中外人文交流工作的若干意见》等重要文件，针对自身发展不平衡不充分的方面，抓重点，补短板，强弱项，努力开创新时代教育对外开放和中外人文交流事业的新篇章，为全面建成社会主义现代化强国做出新的贡献。

1. 夯实教育基础

国之交在于民相亲，民相亲在于心相通。教育对外开放和中外人文交流要为人类命运共同体建设强基固本、铺路架桥。人类命运共同体倡导的各国互联互通，关键在民心相通。只有民心相通，才能一通百通。教育对外开放和中外人文交流是民心工程、未来工程，是促进民心相通的“播种机”。教育对外开放和中外人文交流，要抓住中国人民和世界人民最关心、最直接、最现实的利益问题和兴趣点，用心用情去深耕细作，久久为功，不断释放正能量、暖力量，不断增进不同国家人民之间的了解和友谊，不断夯实构建人类命运共同体的国际社会民意基础，建好“民间友谊之桥”、“文明共荣之桥”，推动实现“各美其美，美人之美，美美与共，天下大同”。

“双一流”建设在推进教育对外开放和中外人文交流中，要坚持社会主义核心价值观，加强核心价值观、理想信念和中华优秀传统文化教育，牢固树立“四个自信”，既不妄自菲薄，也不妄自尊大，坚持借鉴与弘扬并重，不忘本来、吸收外来、面向未来，不断增强教育的凝聚力。要用外国人更容易听得到、听得懂、听得进的话语方式，积极传播中华文化，讲好中国教育故事，阐释好中国教育特色，打造“中国教育名片”。

2. 加强中外人文交流

在国家层面，要完善中外人文交流全球布局，深化中外高级别人文交流机制建设，协同推进战略互信、经贸合作、人文交流，形成与各层次、各领域对外开放深度融合、相互促进的中外人文交流新格局。积极向世界贡献中国智慧、中国经验和中国方案，扎实推进“一带一路”教育行动，推动全球人文治理变革。在高校层面，要积极开展人文交流，促进中外民心相通和文明交流互鉴，吸收借鉴人类一切优秀文明成果，向世界展示当代中国的良好形象。拓展人文交流领域，丰富人文交流内容，创新人文交流形式，加快人文交流品牌建设。

3. 以多种形式开展国际汉语教育和文化传播

从国家战略高度，要办好孔子学院和孔子课堂，开展国际汉语教育教学，形成世界范围内学习汉语、使用汉语的热潮。推动中国优秀文化走出去，全面提升中华文化软实力。“双一流”建设的相关高校要以多种形式深化与各国语言文字交流，促进中外语言互通。加强国际理解教育，推动跨文化交流，参与丰富多彩的中外文化交流年活动，增进学生对不同国家、不同文化的认识和理解。促进学校人文交流能力建设，发挥广大师生在人文交流中的生力军作用，在交流互鉴中展示当代中国良好形象。

（四）为参与全球教育治理做出积极贡献

中国特色社会主义进入新时代，意味着科学社会主义在21世纪的中国焕发出强大生机活力，在世界上高高举起了中国特色社会主义伟大旗帜。中国特色社会主义道路、理论、制度、文化不断发展，拓展了发展中国家走向现代化的途径，给世界上那些既希望加快发展又希望保持自身独立性的国家和民族提供了全新选择，为解决人类问题贡献了中国智慧和中国方案。

过去几年间，中国积极参与全球治理体系建设，推动国际秩序和全球治理体系向更为公正合理的方向发展；提出创新、协调、绿色、开放、共享的新发展理念，为其他国家和人民谋求发展提供了可以借鉴的思想资源；“一带一路”、“构建人类命运共同体”和“共商、共建、共享”等先后被写入联合国决议。这些努力，使中国在全世界范围内受到越来越多的尊重。随着中国特色社会主义的不断发展和不断取得的各种举世瞩目的成就，人们发现，社会主义仍然具有强大的生命力，一些国家也发现中国特色社会主义的道路、理论、制度和文化中存在着可资借鉴的东西，这无疑是中国对世界的一个重大贡献。

教育为解决人类问题贡献中国智慧和中国方案，可以发挥重大作用。从国家层面，要秉持共商、共建、共享的全球治理观，全面参与全球教育活动，积极参与全球教育治理，显著增强参与全球教育治理能力。要深度参与国际教育政策、规则、标准、评价体系研究和制定，努力推动和引领全球教育治理变革，密切与联合国教科文组织等国际组织的合作关系，积极参与全球教育重大行动，推动实现联合国全球可持续发展议程。支持创设新的国际组织，建成一批具有全球影响力的国际教育组织和多边教育机构，吸引国际组织及其区域中心、附属机构落户中国。

“双一流”建设高校要拓展多边教育友好合作空间，加强国际组织研究和国际教育智库建设，结合全球教育热点，主动发起教育议题，不断创新多边教育合作方式，发出中国声音、提供中国经验、贡献中国智慧，引领世界教育发展潮流。要加快国际组织人才培养，鼓励优秀青年参加国际志愿服务、到国际组织实习，支持教育领域优秀人才积极参与国际合作项目、到国际组织借调任职、竞聘高级职务。

第五章

“中国特色、世界一流”的路径选择

——推进策略

习近平总书记指出：办好中国的世界一流大学，必须有中国特色。综观世界各国高等教育的发展，都不能脱离其所依存的社会制度和特定的生产关系，大学的办学理念和发展路径也不可避免地与不同国家的国情、制度和特定历史文化背景等密切相关。我国有独特的历史、独特的文化、独特的国情，从本国实际出发，探索具有中国特色的世界一流大学发展道路，是“双一流”建设的必然选择。

一、发挥制度优势推进重点建设

《统筹推进世界一流大学和一流学科建设总体方案》（以下简称《总体方案》）以及《统筹推进世界一流大学和一流学科建设实施办法（暂行）》（以下简称《实施办法》）的颁布，标志着“双一流”建设成为国家战略。一个国家如果没有能够代表国家利益的世界一流大学，是难以立于世界之林的。从国家、民族的利益出发，我们必须坚定不移地加快创建世界一流大学的步伐。为缩小与世界一流大学在诸多方面存在的差距，我们必然要在政策上有所选择。

实践证明，近年来我国高水平大学建设之所以取得显著效果，除中国经济的增长提供了前提保证，还主要缘于政府的高度重视，特别是在经费上的重点投入和保证。从政策选择来说，在国家资源有限的情况下，就要突出重点，使资源利用成果最大化。在党的集中统一领导下，发扬中国当年“两弹一星”集中力量办大事的传统，保证对重点大学建设的投资力度，对中国来说应该是行之有效，也是能够得到广泛理解与支持的。“双一流”建设，正是体现了国家统筹推进、自上而下的行政主导、学校积极跟进的特点，可以最大限度地发挥集中力量办大学的优势。

（一）集中力量办大学的独特优势

对于中国来说，“独特的历史、独特的文化、独特的国情”决定了我国高等教育发展道路的独特性，也决定了“双一流”建设独特的推进策略。探讨“双一流”建设的中国道路，首先应当了解的就是中国最大的国情是什么。习近平总书记指出：“中国最大的国情就是中国共产党的领导。什么是中国特色？这就是中国特色。中国共产党领导的制度是我们自己的，不是从哪里克隆来的，也不是亦步亦趋效仿别人的。”

“党政军民学，东西南北中，党是领导一切的。”党的领导是中国特色社会主义制度的最大优势。坚持党的集中统一领导，才能确保社会主义事业各个方面在复杂的国内、国际环境中持续健康发展。中国共产党有巨大的思想、政治和组织优势，拥有高素质的干部队伍，具有强大的组织、动员能力。我们党创建的多党合作和政治协商制度，有利于形成社会发展合力。党把民主集中制运用到国家政治生活中，统筹兼顾各方利益诉求，有利于快速形成统一意志，集中力量办大事。在作风上，我们党在长期实践中形成了理论联系实际、密切联系群众、批评和自我批评的优良作风，保持谦虚谨慎、艰苦奋斗，具有自我革命的政治勇气和自我净化、自我完善、自我革新、自我提高的能力。在推进经济社会发展方面的有力作为，在应对各种挑战和危机方面的突出表现，都展现了党的领导的巨大制度优势。因而，毫不动摇坚持和加强党的领导是中国特色社会主义成功的决定因素和根本保证。党的十八大以来，面对国内外形势变化和我国各项事业大发展，以习近平同志为核心的党中央紧密结合新的时代条件和实践要求，以全新的视野深化对“三大规律”的认识，从理论和实践结合上系统回答了新时代坚持和发展什么样的中国特色社会主义、怎样坚持和发展中国特色社会主义这一重大时代课题，使中国在风云激荡、竞争激烈的全球化浪潮中勇立潮头，日益走近世界舞台中央。中华民族不但迎来了从站起来、富起来到强起来的伟大飞跃，在世界上高高举起了中国特色社会主义伟大旗帜，而且使中国特色社会主义道路、理论、制度、文化不断发展，为全世界发展中国家走向现代化提供了借鉴，为解决人类问题贡献了中国智慧和中国方案。中国特色社会主义的伟大实践及成功经验，中国共产党的执政方式和治国方略，中国政府的合作共赢主张、全球治理思维和共同发展理念，引起世界各国的极大关注。国外不少学者认真研究我们党治国理政的独特内涵和全球示范效应，力求破解中国共产党长期执政的“迷思”，探究中国成功的“秘密”，思考“中国崛起对西方和世界的影响”。

总结近年来的经验，中国高等教育的发展，与党和政府的关心、全国人民的支持是分不开的。党的集中统一领导，在高教领域保证了高等教育事业持续健康发展，为我国建设人力资源强国奠定了坚实基础。如果说我国高等教育发展包括“普及”与“提高”两个目标维度的话，20 世纪 90 年代以来推进高等教育大众化和加强高等教育重点建设，都是具体体现了党和政府实施科教兴国战略的坚决意志。从“普及”看，1999 年党中央和国务院做出了大幅度扩大高校招生规模的决定，中国高等教育进入大众化发展的快车道，走出了一条穷国办大教育的道路。据《2017 年全国教育事业发展统计公报》①，2017 年

① 教育部：《2017 年全国教育事业发展统计公报》，http://www.moe.gov.cn/jyb_sjzl/sjzl_fztjgb/201807/t20180719_343508.html，2018 年 7 月 19 日。

全国各类高等教育在学总规模达到3779万人，占世界高等教育总规模的五分之一，规模稳居世界第一；普通本专科招生761.49万人，毕业生735.83万人，高等教育毛入学率达到45.7%。从“提高”看，政府实施了一系列旨在提高质量的“工程”和“计划”，通过重点建设，重点投入和发展少数大学和学科。先是1993年的“211工程”，之后是1998年的“985工程”，再后来是“2011计划”，与此同时，还确立了一些重点学科、重点实验室、重点研究基地以及各种人才计划予以优先扶持。这些工程推动一批重点高校和重点学科建设取得重大进展，带动了我国高等教育整体水平的提升，为经济社会持续健康发展做出了重要贡献。为了进一步推动一批高水平大学和学科进入世界一流行列或前列，为实现“两个一百年”奋斗目标、实现中华民族伟大复兴的中国梦提供有力支撑，2015年10月24日，国务院印发《总体方案》，开启了重点建设的新征程。建设世界一流大学既需要高教战线的艰苦努力，更离不开国家和社会的大力支持，国家持续、稳定的投入，是一流大学建设的基本保障。扎根中国大地建设世界一流大学和一流学科，就是要在党的领导下，根据我们的历史经验与现实条件，走出自己的高等教育发展道路，探讨“双一流”建设的成功之道。

（二）自上而下推进“双一流”建设

在党的集中统一领导下，高等教育发展体现出以下特征：政策的推行开始是自上而下的，之后形成了国家政策与大学发展的内在需要相结合的模式。“双一流”建设，也充分体现了这一特点。“双一流”建设作为一项系统工程，离不开国家以及地方各级政府的政策发力，强力的行政推动意味着高校在“双一流”建设中应充分对接政府的战略谋划。《总体方案》和“双一流”建设高校及建设学科名单发布后，各省（市、区）为了对接与策应国家“双一流”战略，主动服务国家创新发展战略与区域经济社会发展，竞相启动高水平大学建设计划，纷纷出台专项支持政策，加大投入，深化改革，创新机制。“双一流”建设高校也纷纷发布了自己建设方案，掀起了新一轮高水平大学建设热潮。

1. 加大财政重点支持力度

《总体方案》提出：“中央财政将中央高校开展世界一流大学和一流学科建设纳入中央高校预算拨款制度中统筹考虑，并通过相关专项资金给予引导支持；鼓励相关地方政府通过多种方式，对中央高校给予资金、政策、资源支持。地方高校开展世界一流大学和一流学科建设，由各地结合实际推进，所需资金由地方财政统筹安排，中央财政通过支持地方高校发展的相关资金给予引导支持。中央基本建设投资对世界一流大学和一流学科建设相关基础设施给予支持。”

资料显示，“双一流”实施以来，从“统筹建设经费”到“引导专项资金”，“双一流”建设的资金部署日益清晰，中央财政资金陆续到位。例如，教育部2016年度一般公共预算财政拨款支出年初预算为1056亿元，支出决算为1239亿元。决算数大于预算数主要原因是中央财政根据教育事业发展需要，追加“中央高校建设世界一流大学（学科）和特色发展引导专项资金”“中央高校管理改革等绩效拨款”等方面的财政拨款。这些均属于教育部支出中的“高等教育”项，年初预算812亿元，支出决算987亿元，完成年初预算的121.59%，追加资金约 175 亿元①。可见，“高等教育”支出获得资金追加，“统筹推进一流大学和一流学科建设经费”是重要原因。

在国家方案发布后，各地区表示积极争取国家财政资金的支持，对本省入选国家“双一流”的高校省级财政也配套资金支持，并且积极引导地市级政府加强对“双一流”建设的投入。另外，各地区均强调充分利用教育发展基金会、校友会等途径吸引社会捐赠，拓宽经费来源渠道。从各省的“双一流”建设政策文本看，大致分为以下三种类型：

第一种类型是“基础优，投入高”的省份。这一类型的省份往往具有较为优质的高等教育资源，如进入一流大学建设名单的高校数目多，拥有教育部学科评估中优势学科数量多，以北京、上海、江苏等东部沿海省份为典型代表，其中仅北京、上海两地就有 13 所一流大学建设 A 类高校，占建设高校数的三分之一。这些省市地方政府财力雄厚，在“双一流”建设中往往有意向也有能力实施高投入，如北京市以 5 年为周期，每年给予每个高精尖中心 5000 万元至 1 亿元的经费投入。

第二种类型是“基础良，投入高”的省份，这些省份的高校数量虽也不少，但高水平大学和优势学科偏少，属于典型的“高等教育大省”，而非“高等教育强省”。因此，地方政府进行高水平大学建设的投入意向也相对较为强烈，如山东、安徽、湖北、福建、辽宁等省份都在其高等教育发展战略中提出“建设高等教育强省”的战略愿景。

此外，还有一种类型是“基础差，投入低”的省份，以西部偏远省份为主，这些省份在政策上也同样高度响应“双一流”战略，出台

① 《教育部公布 2016 年决算报告：追加 175 亿元建设“双一流”高校！》，http://www.edu.cn/zhong_guo_jiao_yu/gao_deng/zhuan_ti/syl/201707/t20170725_1543071.shtml，2017 年 7 月 25 日。

了对接国家战略的地方政策执行文本，但主要受制于地方政府财力等客观因素的影响，大都投入偏低。特别是跟财力雄厚的东部省份相比，这一类型的省份普遍呈现出“强意愿、低投入”的特点。如宁夏提出：“2017 年到 2020 年，高等教育专项资金规模增加 2 亿元。其中，用于一流大学建设经费 1 亿元，一流学科建设经费 1 亿元。”贵州提出：“2016—2020 年安排不低于 5 亿元，每年不低于 1 亿元，扶持区域内一流大学和学科专业建设。”

另外，各地也强调相关系列配套政策的制定，与前期政策相衔接，颁布出台有关实施方案、奖补办法、绩效管理办法等。但东部与中西部相比，与前期政策衔接方面体现较大差异，东部地区主要与高教强省理念下实施的系列政策相衔接，而中西部地区主要强调与国家前期实施的省部共建、对口支援、中西部综合实力提升工程等重大中西部支持政策相衔接。

不可否认，同为一流大学和一流学科建设，各建设高校之间存在显著差异，如经费投入的差异、建设目标的差异、考核评价的差异以及人才（团队）引进政策的校际政策之间的衔接出现落差，导致政策过度博弈，耗散建设绩效。虽然从国家层面而言，“双一流”战略能够破除以往重点建设中存在的“身份固化、竞争缺失、重复交叉”等问题，但是由于“双一流”战略无论是国家的政策导向层面，或是各省的政策文件都体现出浓重的竞争遴选色彩。各省以竞争遴选的方式确定重点建设大学和重点发展学科，本无可厚非，但不能不清醒地认识到“扶强不扶弱”所带来的“富者恒有，贫者弥贫”的马太效应——一些高校在实施中具有绝对性优势和主动权，有些高校不仅无法获得政策竞争优势，反而会被优势高校“挖墙脚”，导致一流建设中人才资源的流失。

因此，“双一流”建设要注重从国家层面、省级层面和高校自身三个层面做好多元政策的协同，强调各相关主体的稳妥政策安排，避免规划建设中政策壁垒的出现。一是要从国家层面做好政策统筹，在政策的规范性层面严格把关，避免高校间一流建设的政策失序，依靠国家政策与省际政策、省际政策之间的协同和促进，为“双一流”建设提供良性的政策生态。二是注重省际政策协同，避免地方间、高校间过度的政策博弈。中西部省份在人才引进、平台建设等方面应更加重视柔性政策，只有这样中西部高校方能在竞争上获得更多的主动权，取得更好的政策收效。同时，地方政府还要防范政策的落败者效应。如有些注定无法进入“双一流”建设的高校，需要进行转型发展，这些转型发展政策制度如何进行衔接；甚至有的高校和学科极有可能在动态调整中出局，被调整出来的高校和学科如何在“双一流”之外找到合理的发展定位，这也是“双一流”政策需要进行协同的。

2. 以“工程化”推进建设

在地方和高校的建设方案文本中大量出现了诸如“项目”“工程”“计划”等建设性指标，展现出极其鲜明的工程化思维，有着较为清晰的阶段化建设时间安排，并基于建设目标进行了项目化细分。

一是在政府政策的规范性影响下，推进一流大学建设具有明显的项目化特征。例如，上海、北京将“双一流”建设战略进一步聚焦并具体化为“高峰高原学科建设计划”、“高精尖创新中心建设计划”来实施；江苏将“两大工程”（高校优势学科建设工程、品牌专业建设工程）、“两大计划”（协同创新计划、特聘教授计划）作为本省“双一流”建设的重点项目；福建紧密依托“人才集聚计划”等4项计划集中开展“双一流”建设；广西在其政策文本中提出“强基创优计划”，并依托“8大工程、26个项目”推进该区的“双一流”建设；山西明确提出实施“1331工程”，统筹推进“双一流”建设；云南则通过实施两大工程专项（“高校高原学科建设计划”、“高校高峰学科建设计划”）进行建设；黑龙江围绕“高等教育内涵发展工程”、“高等教育创新服务工程”两大工程九大计划来推进。

二是有明确的建设时间规划安排。例如，北京大学提出到2020年整体建成世界一流大学，到2030年学校整体水平处于世界一流大学前列，到2048年学校成为顶尖的世界一流大学和世界著名的学术殿堂。清华大学提出“三步走”建设：2020年达到世界一流大学水平，2030年迈入世界一流大学前列，2050年前后成为世界顶尖大学。复旦大学提出到2020年初步建成世界一流大学，到2030年整体水平跻身世界一流大学行列，到2050年左右整体水平达到顶尖世界一流大学行列。南开大学提出到2019年（建校100周年）时建成世界知名高水平大学，到2030年跻身世界一流大学行列，到21世纪中叶整体实力进入世界一流大学前列。山东大学的规划目标是到2020年进入世界200强，到2030年进入世界100强，到2050年力争进入世界50强，跻身世界一流大学前列。

三是高校建设目标进一步细分。受国家层面的“双一流”战略部署以及地方政府的政策影响，高校的建设方案呈现出项目化细分的特征。如四川大学在《一流大学建设高校建设方案》中将一流大学建设明确为十项重点建设内容。南开大学仅在一流人才队伍建设方面就提出了“百名高端人才支持计划”等三个专项计划。山东大学以学科建设为一流大学建设的重要基础，分别实施了“学科高峰计划”“学科激励计划”“学科整合调整计划”三个方面的学科建设专项计划，具体内容见表5-1。

表 5－1　　北京大学等“一流大学”建设的工程与项目①

序号	高校	具体工程项目（部分）
1	北京大学	学科建设方面实施“人文社会科学基础研究振兴计划”、“‘30＋6＋2’学科建设项目”；一流人才战略方面实施“博雅人才计划”等。
2	清华大学	明确提出实施重点项目制度，如“国际组织实习推动计划”、“重大文化建设工程”等。
3	复旦大学	2020 一流本科教育提升行动计划、服务上海行动计划、复旦学者交流计划、教育现代化推进工程、“双带头人”培育工程。
4	四川大学	“一流师资队伍建设”项目：师德师风建设工程、人才人物工程、优秀青年培引工程等 10 项任务。 “一流科研创新体系”项目：高水平科研队伍建设工程、先进科研平台建设工程、重大科研项目培育工程等 6 项任务。
5	南开大学	人才队伍建设：百名高端人才支持计划、百名青年学科带头人培养计划、百名后备师资培养计划。 国际化建设：全球南开计划（2016—2020 年）、留学南开计划、海外学习计划。
6	山东大学	学科建设方面：学科高峰计划、学科激励计划、学科整合调整计划。

3. 推进资源优化整合

《总体方案》提出：“建设世界一流大学和一流学科是一项长期任务，需要各方共同努力，完善政府、社会、学校相结合的共建机制，形成多元化投入、合力支持的格局。鼓励有关部门和行业企业积极参

① 张伟、张茂聪：《我国高校一流大学建设的校际经验——基于 6 所高校一流大学建设方案的文本分析》，《中国高教研究》2018 年第 5 期 。

与一流大学和一流学科建设。围绕培养所需人才、解决重大瓶颈等问题，加强与有关高校合作，通过共建、联合培养、科技合作攻关等方式支持一流大学和一流学科建设。”因此，在各地及各高校的“双一流”建设方案中，特别强调多渠道资源优化整合，引导多方参与共享共建。

一是强调积极推进部属高校与其他高校，以及各级政府资源的共享共建。例如，北京市实施“北京高等学校高精尖创新中心建设计划”，整合中央在京高校、市属高校和国际创新资源多方力量，依托有关高校搭建高水平国际化创新平台，计划建设20个左右的高精尖创新中心。这些高精尖创新中心将建成高校科技特区、人才特区，密切跟踪世界科技前沿动态及国家重大关键技术需求，充分反映国家创新驱动战略要求，力争在重点领域的关键核心技术上取得较大突破，形成一批有影响力的成果，培养一批杰出人才，成为在国内外具有重大影响的科技创新基地和人才培养基地。在事前绩效评估、专家评议的基础上，并经北京市教委主任办公会审议，分两批共认定了16所依托高校的19个高精尖创新中心，其中，自然科学类14个，人文社科类5个。北京市财政将持续稳定地对这些高精尖中心进行滚动支持，5年为一周期，向人文社科类中心每年投入5000万元，自然科学类中心每年投入1亿元。照此推算，第一个建设周期北京市将投入80多亿元的建设资金。广东省大力推动建设的高水平理工科大学，积极探索省市共建模式，突破传统路径依赖，超常规发展，省市两级财政投入超过80亿元。湖北省提出优化教育资源配置，探索省属高校合并重组，突破省属高校研究生教育发展“瓶颈”，并提出加强部省共建、省地共建、校地共建等，促进资源共享，形成有效的协调合作机制。

二是强调高校与科研院所、行业、企业等多主体合作，创新科研成果转化机制与资源开放流动机制。围绕国家和区域重大问题，依托研究基地与区域优势，搭建高水平研究平台、资源库、战略联盟等开展协同攻关研究。海南、山西、贵州等多地直接在建设任务中单列建设高端科研平台，并均表示有冲击国家级科研平台的愿景，甚至直接明确资金奖励。例如，宁夏提出对高校获批国家级重点实验室，在建设期内每年给予1000万元支持。

三是强调整合区域优质学科资源，打造特色学科群、交叉学科、新兴学科，培育新的学科增长点。青海省提出重点将生态学、生物学、作物学、畜牧学、草学、环境科学与工程等相关学科，整合组建为三江源生态交叉学科，科学整合高原医学、基础医学、临床医学、藏医药学、预防医学、地方病防治学、药学等学科，组建成覆盖范围更广的高原医学交叉学科。

四是组织措施明确参与主体的职责分工，多方协同推进“双一流”建设。各地区的“双一流”建设统筹协调工作主要由地方政府与教育厅负责且省级主要职能部门全部参与，其中浙江、山西、安徽、湖北、辽宁等地在文本中每个建设与改革任务部分直接标记牵头与协同单位。

二、建立动态调整推进机制

《总体方案》提出坚持“以一流为目标、以学科为基础、以绩效为杠杆、以改革为动力”的基本原则，鼓励和支持不同类型的高水平大学和学科差别化发展，总体规划、分级支持，加快建成一批世界一流大学和一流学科。《总体方案》提出：“建立健全绩效评价机制，积极采用第三方评价，提高科学性和公信度。在相对稳定支持的基础上，根据相关评估评价结果、资金使用管理等情况，动态调整支持力度，增强建设的有效性。对实施有力、进展良好、成效明显的，适当加大支持力度；对实施不力、进展缓慢、缺乏实效的，适当减少支持力度。”该方案就是要在分析以前的“211 工程”、“985 工程”存在重点大学选拔方式不规范、大学身份层级固化、缺乏公平有效竞争、资源重复交叉投入、中央/地方配套经费不合理等问题基础上，强化绩效激励机制，促进动态建设、滚动发展。

（一）对国外动态调整机制的借鉴

综观世界各国和地区的“世界一流大学”计划，如德国的“卓越计划”、法国的“索邦大学联盟”、俄罗斯的“5－100 计划”、日本的“超级全球大学”计划（2014 年）、韩国“BK21 工程”（21 世纪智慧韩国工程）、我国台湾“迈向顶尖大学”计划，采取动态机制加以推进已成为国际高等教育的主流趋势。其中，以德国“卓越计划”的实施最具代表性。

德国的“卓越计划”是德国联邦政府面临 21 世纪高等教育国际竞争日益加剧，针对德国高等教育竞争力下降的现状，于 2005 年推出的一项旨在促进大学尖端科研和学术创新、增强大学国际竞争力的重要改革举措。从 2005—2015 年已进行了两阶段三轮的评选，不仅促进了德国高校的改革，成功改善了德国科研体系的研究质量和竞争力，而且在大学的绩效评估、计划评审、动态建设、地方政府资助等方面已形成一套成熟完整的运作体系。

1. “卓越计划”的提出与内容

自18世纪洪堡模式建立并迅猛发展，德国的高等教育和科学研究成为当之无愧的世界一流，也成为当时各国学习的典范，大量有志于科研的学者漂洋过海、负笈德国。然而，“二战”以来纳粹主义的法西斯政策和“二战”战败以后的国家分裂，导致德国国家实力遭受重创、人才大幅外流，其在世界高等教育的领导地位也逐渐丧失并被美国所取代。

进入21世纪，全球各国争相创建世界一流大学的风潮惊醒了德国，它开始努力重塑其精英主义的传统。德国联邦政府与各州在历经长时间的博弈、谈判与妥协之后，于2005年6月23日最终达成一致，根据《基本法》第91b款通过了“联邦与各州促进德国高校科学与研究的卓越计划”，简称“卓越计划”（Exaellenzinitiative）①。与2004年提出的“精英大学”计划相比，“卓越计划”进一步扩大了资助范围。资助项目包括研究生培养、尖端学科集群、高校未来发展规划三类，在三类评选中全部入选的大学才可被冠以“精英大学”称号。“卓越计划”的核心就是“让一部分大学先强起来”，政府资金开始向精英大学、研究院和尖端科研项目倾斜，期望通过实施动态竞争机制，引领德国大学重归世界一流水平。

在提出“卓越计划”之前，德国政府对大学的投入较为均衡，原因在于历史上德国长期邦国林立、高等教育权力分散，使各州大学的发展也较为平均。该计划力图通过严格的评审程序，在全国范围内评选出少数的优秀研究生院、尖端学科集群和具有卓越未来构想的优秀

---

① 张帆：《德国大学“卓越计划”述评》，《比较教育研究》2007年第12期，第60—70页。

大学，由联邦政府和各州政府联合进行大幅资助，以培养德国未来的科研人才，提升德国大学的科研实力。其终极目的在于：通过提高精英大学和研究领域的国际竞争力，巩固和加强德国作为一个优秀的科学和人文大国的国际地位。

“卓越计划”对入选的大学、研究院和学科集群都投以重金，由联邦政府出资75%，州政府出资25%。在第一轮5年资助周期（2006—2011年），联邦与州政府对入选“卓越计划”的研究生院、研究项目及大学给予19亿欧元的资助；第二期“卓越计划”周期为2012—2017年，5年内总经费提高为27亿欧元，增长了约三分之一。①

该计划最引人瞩目的莫过于整体入选“精英大学”计划的大学名单（见表5-2）。2006—2007年进行第一轮竞选的结果显示，慕尼黑大学、亚琛工业大学等9所大学获此殊荣；2012年6月15日，德国联邦教育研究部宣布了第二期“卓越计划”（2012—2017年）的评选结果，11所大学、45个研究生院和43个研究集群入选。与第一轮相比，有3所大学、5个研究院、6个卓越学科集群在第二轮建设中失去了资助资格。②

表5-2　入选过“精英大学”计划的大学一览③

大学名称	入选时间及批次	大学名称	入选时间及批次
慕尼黑大学	2006年入选（首轮第一批），2012年第二轮继续	海德堡大学	2007年入选（首轮第二批），2012年第二轮继续

① WR.，“Excellence Initiative：Start”，http：//www.wissenschaftsrat.de/en/fields-of-activity/excellence-initiative/start.html，2016-01-25.

② 李威：《“双一流”动态建设机制研究——德国“卓越倡议”计划的启示》，《现代教育管理》2016年第6期。

③ 数据来源：WR. 德国科学联合会，www.wissens caftsrat.de/home.html。

续表

大学名称	入选时间及批次	大学名称	入选时间及批次
慕尼黑工业大学	2006 年入选（首轮第一批），2012 年第二轮继续	康斯坦茨大学	2007 年入选（首轮第二批），2012 年第二轮继续
卡尔斯鲁厄理工学院	2006 年入选（首轮第一批），2012 年第二轮淘汰	柏林洪堡大学	2012 年第二轮新入选
亚琛工业大学	2007 年入选（首轮第二批），2012 年第二轮继续	图宾根大学	2012 年第二轮新入选
柏林自由大学	2007 年入选（首轮第二批），2012 年第二轮继续	德累斯顿工业大学	2012 年第二轮新入选
弗莱堡大学	2007 年入选（首轮第二批），2012 年第二轮淘汰	不莱梅大学	2012 年第二轮新入选
哥廷根大学	2007 年入选（首轮第二批），2012 年第二轮淘汰	科隆大学	2012 年第二轮新入选

由表 5-2 可见，2012—2017 年第二轮"精英大学"计划名单中新增柏林洪堡大学、图宾根大学、德累斯顿工业大学、不莱梅大学、科隆大学 5 所大学，而 2006—2011 年第一轮"精英大学"计划中的哥廷根大学、弗莱堡大学和卡尔斯鲁厄理工学院均未入选，反映出了德国"卓越计划"注重绩效评估、实施动态建设的特征。

2. 评审机制与效果

（1）评审委员会。"卓越计划"的评审工作主要由"德国科研联合会"和"德国科学和人文委员会"完成，评委队伍主要是专家学者，具有第三方、学术化和国际化的特征，有利于评审的独立性、专业性和公正性。以"精英大学"计划的评选为例，专家组成员中有

84%是来自19个国家的非德国籍学者（见图5-1），体现出评审的客观公正性。评审一般分为专家评审和政府评审两个阶段，间隔一年左右。第一阶段的评审人员均为独立于政府的科学家和人文社会学者，其中约85%来自其他国家，德国学者只占约15%。评价标准主要涉及申请的大学、研究院或学科集群是否已具有较高的学术水平，是否拥有跨学科的优秀研究团队，研究人员和研究领域是否国际化，是否能够整合和领导本地区的研究力量。在第二轮竞选过程中，政府作为资金资助方对第一阶段评选出来的大学、研究院和学科集群进行再次评审，结合国家发展战略和地方科研资源配置，综合考虑、优中选强，最终确定入选名单。

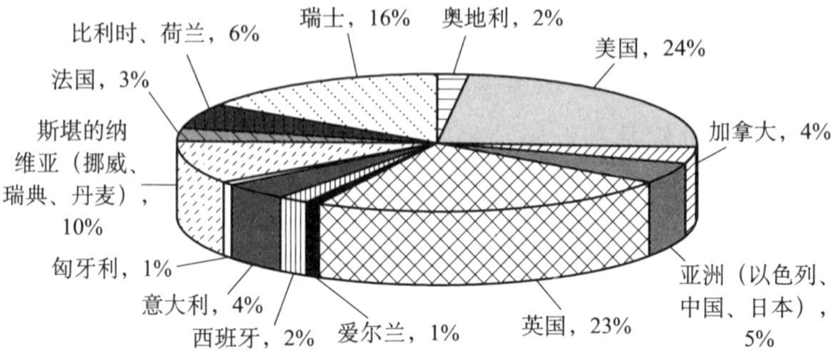

图5-1 “精英大学”现场评估专家委员会成员的国籍分布[①]

（2）评审内容。评审的主要内容为各大学自主制定并提交的《“卓越计划”的未来构想》。在内容上，大学既要分析自身现状的优劣势、制定长期发展战略规划，还要提出扬长避短、特色创新的战略措施。规划的内容主要包括三方面：

---

① WR.，“Excellence Initiative：Chart ‘Expert groups for Institutional Strategies’ (only in german)”，http：//www. wissenschaftsrat. de/download/archiv/exinigutachtergruppen. pdf，2016-01-25.

一是学校现状描述。学校定位、学校的科研机构及改革举措、科研的基础设施和平台、吸引优秀研究人员的聘用程序、年轻后备研究人员的激励措施、与大学外部伙伴合作的形式和效率、研究型教学的实践与构想以及基于 SWOT 分析的行动能力。

二是未来发展战略。发展尖端科研的规划、研究型教学的目标与实施、科研项目的组织与管理、项目资金预算与可持续发展计划等。

三是长期发展规划。研究生院和卓越集群的作用、发展战略对扩大校内外尖端科研的正向作用（包括对教学的影响）、发展战略增强学校国际竞争力的可能性。

第一轮已获批的“卓越大学”若继续申请，除同样需要提交“未来构想”外，更重要的是需要提交前一轮的建设总结报告。总结报告主要内容为前一轮“未来构想”建设的实施程度和目标的实现程度，具体包括研究机构基础设施及程序的改善、引聘优秀研究人员的结果、与大学外部伙伴合作的成果提升、研究型教学的实践与下一步构想、对大学治理水平的影响以及对教学质量的促进等。此外，继续申请的大学的战略规划书还要阐明两轮建设之间的继承与创新关系。

（3）评审效果。德国“卓越计划”目前已实施 10 年，它是一场动态的竞争，鼓励能者优先，只有具有竞争力的大学和真正有质量的项目才能得到应有的资助。改变均衡发展格局、实施绩效评估、增强科研资源的良性竞争和动态分配，成为“卓越计划”最主要的特征，这打破了原有的大学均衡发展格局，加强了大学发展的公平竞争，有力地推动了德国“精英大学”的重新崛起，提高了德国大学和科研的国际竞争力。如前面所介绍德国“精英大学”的头衔不是终身制，“卓越计划”采取分期建设、动态支持方式，这些做法对于推进我国的“双一流”建设，尤其是如何对大学和学科进行绩效评估、分级支持、动态投入，具有重要的启示意义。

（二）建立开放竞争的动态推进机制

《实施办法》提出，“打破身份固化，建立建设高校及建设学科有进有出动态调整机制”，即对“双一流”建设以学科为基础，对建设过程实施动态监测，实行动态管理。这与德国等国家对一流大学建设采取动态机制加以推进的国际高等教育的主流做法是一致的。在建设过程中，将根据建设高校的建设方案和自评报告，参考有影响力的第三方评价，对建设成效进行评价。根据评价结果等情况，对实施有力、进展良好、成效明显的，加大支持力度；对实施不力、进展缓慢、缺乏实效的，提出警示并减小支持力度。对于建设过程中出现重大问题、不再具备建设条件且经警示整改仍无改善的高校及学科，及时调整出建设范围。建设期末，将根据建设高校的建设方案及整体自评报告，参考有影响力的第三方评价，对建设成效进行期末评价。根据期末评价结果等情况，重新确定下一轮建设范围，有进有出，打破身份固化，不搞终身制。

1. 改革创新“认定遴选”机制

本次“双一流”建设高校及建设学科名单，在总结以往重点建设经验的基础上，通过竞争优选、专家评选、政府比选等一系列程序产生。拟建设高校编制论证建设方案，经所属省级人民政府或主管部门审核后，报三部委（教育部、财政部、国家发展和改革委员会）。专家委员会对拟建设高校的建设方案进行审议咨询。首先把牢政治关，其次坚持综合评价和内涵式发展导向，逐校对建设方案提出具体咨询意见。专家委员会还根据国家需求、布局、区域发展以及政策连续性等因素，建议部分高校自主确定一批建设学科。根据《总体方案》、《实施办法》，努力推进认定遴选机制改革创新。

一是充分发挥专家作用。根据《总体方案》、《实施办法》，组建“双一流”建设专家委员会，充分发挥高层次战略专家作用，具体承担遴选认定和审核建设方案的有关工作。成立专家委员会、建立战略专家咨询组织是“双一流”建设的重要创新，也是实施推进的重要保证。专家委员会由来自有关部委、高校、科研机构、学会协会和咨询机构的代表组成，特别兼顾了马克思主义理论、中国传统文化、思想政治教育方面的代表，具有很高的代表性、权威性。

二是依托第三方评价。认定遴选标准的依据、数据，充分依托第三方评价，根据已公开发布、可公开获取、高校普遍认可的国内、国外第三方权威评价结果确定，以中国特色学科评价为主要依据，体现内涵发展要求，注重既有成效的客观评价、整体评价、质量评价，不与各类头衔的人才数量、各类基地平台条件等挂钩，坚决纠正高校数人头、拼硬件、铺摊子等恶性竞争、短期行为。

三是改革认定工作流程。采用认定方式遴选，不组织高校申报，不需主管部门推荐，在确定一流学科建设范围时，专家委员会不对具体高校或学科进行评审，而是根据国家战略、水平标准、特殊需求等原则，论证确定认定标准，再根据认定标准遴选产生拟建设高校，即认定标准对所有高校一视同仁，不区分中央高校、地方高校，最大限度保证遴选的公平公正、开放竞争。工作流程具体分为三个环节：首先，综合考虑有关第三方评价的权威性、影响力及高校认可度，论证确定采用的第三方评价结果；然后，以中国特色学科评价为主，特别是反映人才培养和学科水平的评价，酌情参考国际评价，统筹考虑国家战略、行业区域急需、不可替代性等因素，论证形成一流学科建设高校认定标准；最后，根据认定标准，遴选产生137所一流学科建设高校建议名单，随之对应产生拟建设学科。在一流学科建设高校建议名单基础上，综合评价论证提出42所一流大学建设高校建议。一流大学建设高校重在一流学科基础上的学校整体建设、重点建设，全面提升人才培养水平和创新能力；一流学科建设高校重在优势学科建设，促进特色发展。此后，根据专家委员会的建议，三部委审议确定“双一流”拟建设高校及拟建设学科名单。

需要说明的是，此次遴选认定所产生的是“建设”高校及“建设”学科，重点在“建设”，这是迈向世界一流的起点，而不是认定这些学校和学科就是世界一流大学和一流学科，能否成为世界一流大学和一流学科还要看最终的建设成效。

2. 重在完善“推进建设”机制

《实施办法》指出：“每五年一个建设周期，2016年开始新一轮建设。建设高校实行总量控制、开放竞争、动态调整。”以实力正声誉，以贡献求地位，建设一流大学、一流学科，不再有一成不变的“铁帽子王”。一个周期后“双一流建设高校”会有退出和进入机制，评估达到标准则继续支持，达不到就只能退出。

在“双一流”建设名单公布后，“双一流”建设进入新阶段，工作思路和工作任务将进一步深化。工作重心将从遴选建设高校和建设学科转换到有效推进实施上来，建设高校将从凝练学科方向、编制建设方案转化到全面落实上来。要充分借鉴国际的经验做法，加大改革力度，加强系统谋划，完善绩效评估，健全过程管理和动态监测制度，建立“双一流”建设的动态推进机制。

一是进一步组建一支国际化、学术化的评委队伍。模仿德国“卓越计划”，建立客观、公正、权威、透明的评审委员会，评委大部分应由独立于政府和高校的第三方专家学者组成，其中国际一流学者应占主体，涉及高等教育、公共管理、财政金融、社会学、理工农医、人文艺术等多个学科。积极引入第三方评价，对建设过程实施动态监测，强化跟踪指导，对实施有力、成效显著的高校，加大支持力度；对实施不力、进展缓慢、缺乏实效的高校，减少支持力度。

二是建立共识度高、参与度高的大学绩效评估标准。我国的“双一流”计划目的在于创建中国特色的世界一流大学，既要注重如SCI、SSCI论文排名，ESI学科质量，国际教师与学生比例，诺贝尔、菲尔兹奖项等国际公认的指标，也要注重如教育部学科评估、国家科技三大奖、高校国家发明专利、对于本地区或国家支柱行业的贡献度、国家经费投入产出比等国内特色指标。具体的绩效评估标准细则应由评审委员会制定并经过高校代表听证，提交教育部审核发布，从而获得法律权威地位。

三是对“双一流”建设学校实施动态、分级的资助投入。大学绩效评估标准建立之后，应根据绩效评估结果建立公平的“双一流”选拔机制。具体可模仿德国“卓越计划”，分期竞争评选，分级动态支持。按照《总体方案》，“双一流”建设每五年作为一个周期，选拔过程中要考虑国家战略发展需要，以及欠发达地区高校的经费投入不足问题和未来发展需要进行一定的平衡；五年过后，评审委员会对首批重点投入的高校和学科进行绩效考核，绩效考核优秀的在第二期继续保持重点投入，而绩效考核较差的则由首批之外绩效考核优秀者取代。以此类推，对“双一流”成员实施动态、分级的资助投入，形成我国世界一流大学和世界一流学科建设的良性循环。

四是建立国家投入与地方政府资助的合理配套机制。我国“985工程”“211工程”“省部共建过程”中的国家与地方政府的投入配套因地而异，具有一定的随意性，因我国东、中、西部区域发展的不平衡，各省地方财政收入差距很大，导致沿海地区与中西部地区的院校资助差异很大。以“985工程”三期建设为例，位于首都的清华大学、北京大学两校各获得教育部40亿元拨款，位于东部地区的浙江大学、上海交通大学、复旦大学、南京大学等地方政府资助与教育部投资为1∶1配套，中部地区的武汉大学、华中科技大学也达到1∶1，而位于西部地区的西安交通大学、西北工业大学的地方、国家投入比分别为1∶4和1∶3.3，这就进一步拉开了东西部的高等教育差距，对于我国的西部大开发战略和“一带一路”倡议的实施都极为不利。与之相比，德国对于入选“卓越计划”的大学与项目的资助比例统一为国家75%、州政府25%，即3∶1的比例。尽管国情不同，但如何弥补高等教育投入的地区差异，建立“双一流”建设过程中国家投入与地方政府资助的合理配套与补偿机制，还需要进一步探讨。

三、探索“后发外生型”高等教育的“追赶超越”策略

如果说“集中管理”是我国高等教育的一个典型特征，那么“后发外生”则是另一典型特征。从历史角度看，中国近代意义的高等教育只有一百多年的历史，具有典型的“后发外生型”的特点。与“先

发内生型”国家相比，“后发外生型”国家在发展路径上容易表现为以西方发达国家为参照系，采取“追赶”乃至“跨越”这些业已进入现代化之列的国家的策略和做法。我国近现代高等教育的发展就经历了一个不断学习、借鉴发达国家高等教育的成功经验，融入中国传统教育并逐步建立新的高等教育模式的过程。进入新时代，“双一流”建设为高等教育“追赶”世界先进水平，并在某些领域实现“超越”，提供了契机。要按照《总体方案》要求，不断凝聚共识、制定目标、讲究策略、狠抓落实，在学科建设上不仅要追踪世界前沿，还要力争有所突破。

（一）从追赶到努力超越

1. “后发外生型”国家对发达国家的追赶

近代以来，“闭关锁国”导致落后与挨打。历史上的有志之士清楚认识到，为救亡图存、扭转内弱外辱的局面，必须将自己与这个世界紧密联系沟通，了解这个社会未来的发展趋势，吸收世界上先进的思想和技术，追上世界的潮流。由此而产生了我们作为“后发外生型”国家追赶西方国家的心态和行为。例如，毛泽东在中共八大预备会议上的讲话就曾指出：“完全改变过去一百多年落后的、被人看不起的、倒霉的那种情况，而且会赶上世界上最强大的资本主义国家，就是美国。这是一种责任。否则，我们中华民族就对不起全世界各民族，就要从地球上开除你的球籍。”① 在20世纪五六十年代，国家曾绘制“赶英超美”的激进发展蓝图。当然，冒进的发展策略最终带来

① 《毛泽东文集》，人民出版社，1996，第89页。

的结果适得其反，经济不进反退。“文化大革命”更是让中国的经济走到了近乎崩溃的边缘。1978 年实行改革开放政策以来，我国将经济发展作为首要目标，先后将国民生产总值“翻两番”和全面实现小康作为发展目标，通过培育和发展市场，调动生产者的积极性，逐渐摆脱贫困，走向富裕。经过近 40 年的发展，中国目前已经成为世界第二大经济体。在这样的背景下，政府制定了“两个一百年”的宏伟蓝图，力争早日实现中华民族的伟大复兴。从上面的简单历史回顾中，不难看出，我们国家的发展虽然在意识形态领域始终保持着独立性，但是在经济基础领域则是不断追赶西方国家。不论是改革开放之初社会的普遍自卑心态还是当下日益表现出的自负心态，都是与追赶西方国家目标的实现程度密切相关的。追赶不仅是一种有意识的政策制定取向，也在无意之中变成了一种国民心态和社会合法性，辐射到包括教育、学术在内的多个领域。

就教育来说，中国自古就有自己独立而完整的学术体系，经史子集是其核心内容，科举制度是维系学术体系与社会系统之间联系的桥梁。随着延续千余年的科举制度的废除，中国教育系统进行了根本性的变革，废书院，兴学堂，中学式微，西学勃兴，中国逐渐采纳了西方的学术制度，包括学校制度、学位制度、学科分类制度、学校组织形式等。在西学东渐过程中，我们学习的对象先后是欧洲国家、日本和美国。1949 年中华人民共和国成立后，与欧美国家分道扬镳，而与苏联形成社会主义统一联盟。1952 年院系调整，中国更是近乎完全照搬苏联高等教育体制，将高校纳入计划经济体制加以管理。通过新的高等教育改造旧中国的社会阶级结构，让更多的工人、农民子弟有机会上大学。在这一特定历史背景下，我国在发展高等教育过程中也出现过“大跃进”时期。1957 年全国有高等学校 227 所，1960 年高校数激增到1289所。从“1971—1975年北京大学规划”可以看出大学的追赶心态，“要在5年内把北京大学建设成为一个世界上最先进、最革命的以文科为特点的社会主义综合大学”①。1978年的改革开放，翻开了高等教育发展的新篇章。党中央、国务院高度重视高等教育事业，做出了一系列高等教育改革发展的重大决策，全面推动了我国高等教育发展。近些年来高等学校以学术论文发表作为衡量指标的学术产出也有了很大提高，缩小了与西方发达国家之间的差距，甚至某些研究方向已经跃居世界前列，一些研究成果发表在《自然》和《科学》这样权威的学术期刊上。中国高等教育的发展，在某种意义上就是不断追赶西方发达国家的过程。

2. 植根本土实现超越

首先我们要明确，“双一流”建设是由政府主导的，具有后发外生的特点，讲究策略、选择路径，很重要。要想迎头赶上，就必须跨越式发展。强调跨越式发展，这对我国这样的后发国家追赶世界先进国家是非常必要的。但同时不能违背高等教育规律，要避免使我国高等教育走上急功近利、浮夸、“大跃进”的道路。

建设“双一流”，就是要达到国际公认的先进水平。我们必须认识到：“双一流”建设的重要标志，就是要在学术上取得话语权，而不是老跟踪别人；亦步亦趋，只能跟在别人后面跑，不可能进入世界前列。高校只有根据自身实际，明确办学定位，借鉴超越，或另辟蹊径，确定若干突破方向，明确选择建设路径，才能突出学科优势，不

---

① 阎凤桥：《我国高等教育“双一流”建设的制度逻辑分析》，《中国高教研究》2006年11月，第46—50页。

断提升水平，扩大国际影响力。为此，一方面，需要借鉴美、英、德、日等发达国家的教育制度与学术成就，把握国际学术发展的趋势；另一方面，也要尽量客观和充分地认识自身在学术科研上的优势和不足之处，努力在某些领域取得突破。

2014 年 12 月 31 日，习近平总书记在发表“坚定不移走好走稳自己的路”为题的重要讲话时着重指出：“我们的事业是全新的事业，在前进的道路上，我们既不能因循守旧、墨守成规，也不能罔顾国情、东施效颦。我们要坚定不移走好走稳自己的路。”办世界一流教育，一方面要对世界文明成果与办学治校经验取其精华去其糟粕，不以舶来之物马首是瞻、奉若神明、唯命是从；另一方面要始终立足于本土国情、立足于民族传统的“根”、立足于中国梦，本着既不妄自菲薄，也不妄自尊大的态度，矢志坚守对自身文化的自信、耐力、定力。

以中医药学为例，随着国家对中医药行业的高度重视、中医养生热潮的来临，社会对中医药人才的需求不断增加，中医药专业前景火热。从“扶优扶需扶特扶新”的要求出发，2017 年 9 月，教育部公布的“双一流”建设学科和高校名单（见表 5－3），共有 7 所中医药院校入选，包含有中医学、中药学和中西医结合类专业，给中医药院校的发展带来了新的机会。从公布信息来看，北京中医药大学上榜“双一流”学科最多，共有 3 个；其次是上海中医药大学，上榜 2 个。7 所院校中，共有 2 所教育部直属高校，1 所省部共建高校，3 所省（直辖市）重点高校和天津中医药这所“卓越医生培养计划改革试点高校”。不管是师资力量还是学科建设，以上 7 所高校的实力在同类院校中都处于领先地位。

表 5－3　　中医药学上榜“双一流”高校简况①

学校	创办时间	上榜专业	学校层次	师资力量	学科建设	所在地区
北京中医药大学	1956年	中医学、中药学、中西医结合	教育部直属，全国重点，“985工程优势学科创新平台”，“111计划”，国务院批准建立的我国最早的四所中医药高等院校之一	“国医大师”5人，“首都国医名师”9人，“长江学者”特聘教授3人，“973”项目科学家4人	国家一级重点学科2个，国家二级重点学科15个，博士后科研流动站3个，一级学科博士、硕士学位授予点3个	北京
成都中医药大学	1956年	中药学	四川省与国家中医药管理局共建高校，国务院批准建立的我国最早的四所中医药高等院校之一	“国医大师”1人，“973”项目科学家1人	国家级重点学科4个，博士后科研流动站3个，一级学科博士点3个，一级学科硕士点7个	成都
广州中医药大学	1956年	中医学	广东省“211工程”，省重点，国务院批准成立的新中国首批4所高等中医药院校之一	国医大师2人、有双聘院士5名、国家“千人计划”专家1名、长江学者讲座教授1名、国家973计划项目首席科学家2名	国家一级重点学科2个，博士后科研流动站3个，一级学科博士学位授予点3个，一级学科硕士学位授权点6个	广州
南京中医药大学	1954年	中药学	省重点，江苏省与国家中医药管理局共建	国医大师3个，国家“973”计划项目首席科学家1名	国家级重点学科3个，一级学科博士学位点3个，一级学科硕士学位点5个	南京

① 《七所“双一流”引关注》，新浪教育，http：//edu. sina. com. cn/gaokao/2017－10－20/doc－ifymzzpv6682987－p2. shtml，2017年10月19日。

续表

学校	创办时间	上榜专业	学校层次	师资力量	学科建设	所在地区
上海中医药大学	1956年	中医学、中药学	上海市属高校中唯一的一所医科类重点特色院校	中国科学院、中国工程院院士3名，国家“千人计划”2名，国家“973”首席科学家5名，长江学者2名	国家重点学科4个，一级学科博士学位授权点3个，一级学科硕士学位授权点5个，博士后流动站3个	上海
天津中医药大学	1958年	中药学	卓越医生教育培养计划改革试点高校	中国工程院院士3名、国医大师2名，2人获批为享受政府特殊津贴专家	国家级特色专业3个，博士后科研流动站3个，博士一级学科学位授权点3个，硕士一级学科学位授权点8个	天津
中国药科大学	1936年	中药学	教育部直属，全国重点大学，“211工程”，“985工程优势创新平台”	德国科学院院士1人、中国工程院院士2人，“长江学者”6人	国家级特色专业3个，博士后流动站2个，博士一级学科学位授权点3个，硕士一级学科学位授权点6个	南京

作为中国人民几千年来的智慧凝聚，中医药带有深厚的中国文化特色。在青蒿素问世和推广之前，全世界每年感染疟疾的人数高达4亿人次，致至少100万人死亡。青蒿素联合疗法是目前治疗疟疾最有效的手段。自2000年起，撒哈拉以南的非洲地区约2.4亿人口受益于青蒿素联合疗法，这种疗法拯救150万人于死亡边缘。青蒿素的发现，源于中医，源于屠呦呦对2000多本中医古籍大海捞针般地寻珍探宝。屠呦呦教授荣获诺贝尔医学奖，获得国际社会对中国传统医药与现代科学相结合的认可，是多学科协同创新、基础研究和应用转化紧密衔

接的成功范例，也是将科学研究植根于本土、渊源于传统所取得的成果，给我们建设“双一流”以启迪。鉴于人类历史演进的多向度，只有走中国人民自己选择的道路，走适合中国国情的道路，中国教育和学术才能具有无比深厚的历史底蕴，具有无比广阔的发展舞台。从中华优秀传统文化的源头活水中涓涓流淌出来的一条教育理念、一种教学方法、一款办学模式、一套课标、一门课程、一本教材，以其中国特色、中国风格、中国气派，亦可迈向世界、改变世界、造福世界。

3. 在颠覆性技术领域“弯道超车”（Corner Overtaking）

党的十九大提出，到21世纪中叶，将我国建成富强民主文明和谐美丽的社会主义现代化强国，使我国成为综合国力和国际影响力领先的国家。2018年李克强总理在《政府工作报告》中说，加快建设创新型国家，把握世界新一轮科技革命和产业变革大势，深入实施创新驱动发展战略，不断增强经济创新力和竞争力。这是继十九大以来国家对加快建设创新型国家的又一次掷地有声的宣誓，也是中国政府高度重视创新对国家发展和民族进步的体现。

实施创新驱动发展战略，实现伟大复兴，必须锻造颠覆性原始创新能力的“撒手锏”。历史经验表明，后发国家只有抓住科技革命带来的颠覆性技术集中涌现之机遇，实现“弯道超车”，才能后来居上。19世纪之后，德国先后创立细胞学说、相对论、量子力学等具有颠覆性的科学理论，建立电气工业、化学工业等战略性新兴产业，因此逐步取代英法登上了世界科学中心宝座。20世纪之后，美国大规模资助基础研究，组建了一大批专注于引领性创新的实验室，成功开创原子能、计算机、空间技术、因特网等颠覆性技术，由此取代德国稳坐世界科学领袖地位。

近年来，我国引领性创新成果不断出现：量子通信、GiPS 干细胞等取得重大成果，世界最大单口径球面射电望远镜“天眼”领先世界 20 年；在战略高技术方面，使用纯国产芯片的“神威·太湖之光”超级计算机位列世界第一，“蛟龙”号载人深潜器创造世界纪录，高铁运营里程占世界总里程 66%。这些数据，显示了我国引领型创新的势头开始出现。但对标世界科技强国，原始创新能力差距偏大仍是我国突出短板，体现原始创新能力的优质科学论文差距仍大。从过去 10 年累计数据看，我国被引高质科技论文 20131 篇，三大顶级科技期刊论文 298 篇，分别为美国的 29% 和 12%。因此，实现原始创新能力的历史性跨越，前瞻性布局原始创新能力建设十分紧迫。

世界一流大学是重大科学发现的诞生地，总是走在科学研究的前列，站在技术发展的前沿，引领技术发展，其重要标志就是有世界一流的科学研究成果，许多世界一流大学正是凭借重大的科学发现或尖端技术的发明而一举成名的。如美国斯坦福大学由于发现了核磁共振现象使该校学者获得诺贝尔奖并使该校步入名校行列，伯克利大学由于发明了加速器 17 人获得诺贝尔奖并声名大振。

目前，第四次工业革命已经来临，人工智能、清洁能源、机器人技术、量子信息技术、虚拟现实以及生物技术等新技术革命为“双一流”建设提供了新机遇。“双一流”建设，要契合新兴产业与新经济的当下需求，以孕育未来科学精英和高质量原始创新为目标，着眼于颠覆性原始创新能力的提高，乘势而上，抓住新技术和新产业发展机遇，调整优化传统学科布局，用新技术改革传统学科中不适应时代发展的内容，使传统学科更好地适应经济社会发展需求，并努力在各自不同的轨道上实现“弯道超车”，引领新兴产业与新经济的未来发展。

环顾当今科技强国，创新教育与人才培养体制机制是孕育重大科技创新的土壤和必备条件，世界一流大学的核心目标是“培养下一个世纪科学、学术、政治等方面富于创造性的领袖”，其主要特征是以基础科学为核心设计课程和考核制度，鼓励学生自由探索和创造发现。因此“双一流”建设还要下力气改革办学目标、课程体系、学位设置、教学主体、学习主体、评价体系等，充分采用通识教育、文理渗透、教育与研究结合、学科融合等研究型大学的教育理念和方法。

（二）以“新工科”建设为例

当前，世界范围内新一轮的科技和产业革命正在驱动着新经济的形成与发展。从国际看，近年来主要发达国家都在推动发展新经济，抢占产业和科技革命的制高点，工业 4.0、分享经济、虚拟现实和人工智能技术的发展掀起新高潮。在这一背景下，国际工程教育改革风起云涌，美、德、英、法、日等国为借助新一轮技术革命带来的发展机遇，积极出台“工程回归”教育措施，旨在通过工程教育创新提升工业实力、巩固综合国力。从国内看，我国经济发展正在进入结构调整、转型升级的攻坚期，新旧增长动能正在转换，以互联网为核心的新一轮科技和产业革命蓄势待发，新技术、新产品、新业态和新模式蓬勃兴起。2016 年中国成功加入华盛顿协议，工程教育质量得到发达国家承认，标志着工程教育的新起点。

为主动应对新一轮科技革命与产业变革，支撑服务创新驱动发展、“中国制造 2025”等一系列国家战略，2017 年 2 月以来，教育部积极推进“新工科”建设，希望各地高校开展“新工科”的研究实践活动，从而深化工程教育改革。2017 年 4 月，教育部在天津大学举行工科优势高校“新工科”建设研讨会，60余所高校共商“新工科”建设的愿景与行动，发布了《“新工科”建设行动路线》（也称“新工科”建设“天大行动”）。

专栏

“新工科”建设行动路线（“天大行动”）（摘要）

工程改变世界，行动创造未来，改革呼唤创新，“新工科”建设在行动。当前世界范围内新一轮科技革命和产业变革加速进行，我国经济发展进入新常态、高等教育步入新阶段。2017年4月8日，教育部在天津大学召开“新工科”建设研讨会，60余所高校共商“新工科”建设的愿景与行动。与会代表一致认为，培养造就一大批多样化、创新型卓越工程科技人才，为我国产业发展和国际竞争提供智力和人才支撑，既是当务之急，也是长远之策。

我们的目标是：到2020年，探索形成“新工科”建设模式，主动适应新技术、新产业、新经济发展；到2030年，形成中国特色、世界一流工程教育体系，有力支撑国家创新发展；到2050年，形成领跑全球工程教育的中国模式，建成工程教育强国，成为世界工程创新中心和人才高地，为实现中华民族伟大复兴的中国梦奠定坚实基础。为此目标，我们致力于以下行动：

1. 探索建立工科发展新范式。
2. 问产业需求建专业，构建工科专业新结构。
3. 问技术发展改内容，更新工程人才知识体系。
4. 问学生志趣变方法，创新工程教育方式与手段。
5. 问学校主体推改革，探索新工科自主发展、自我激励机制。
6. 问内外资源创条件，打造工程教育开放融合新生态。

7. 问国际前沿立标准，增强工程教育国际竞争力。

资料来源：教育部网站，http：//www.moe.edu.cn/s78/A08/moe_745/201704/t20170412_302427.html，2017年4月12日。

所谓“新工科”，是相对“老工科”而言的，首先针对新兴产业的专业，如人工智能、智能制造、机器人、云计算等，也包括传统工科专业的升级改造。从时间上来看，“老工科”处于工业1.0、工业2.0和工业3.0阶段，改变了传统的制造业和工业的生产和管理模式，即实现了从人工操作向半自动化再向自动化的转变，实现了机械制造业全部生产系统和内部管理业务的综合自动化和高效化，加快了第二产业经济效益的持续稳步增长。而“新工科”则是新一轮科技革命和产业革命的产物，处于工业4.0阶段，即新工业革命阶段，强调移动互联网、人工智能、大数据等新兴技术与传统工业、制造业的深度融合发展，主要应对的是新经济的现实急需和未来发展，主要强调运用新兴技术与第二产业、服务业等领域实现融合发展，强调跨行业性和跨领域性。“新工科”与“老工科”的区别对比，见表5-4。

我国拥有世界上最大规模的工科教育，2016年，工科本科在校生525万人，专业布点17037个，工科在校生约占高等教育在校生总数的三分之一①。工科教育的质量很大程度上决定了我国高等教育的整体质量，一流高等工程教育的构筑是占领教育领域国际话语权的重要体现。“新工科”的兴起对于促进我国产业升级和经济结构调整，有着不容低估的积极意义，也有可能使高等教育实现对发达国家的“弯道超越”。

---

① 吴爱华等：《加快发展和建设新工科，主动适应和引领新经济》，《高等工程教育研究》2017年第1期。

表 5－4　　“新工科”与“老工科”的对比①

类别	老工科	新工科
时代背景	传统科技和产业革命	新一轮科技和产业革命
知识生产模式	强调学科原理知识	强调知识的转化能力、应用能力和实践能力
应用性程度	弱	强
创新驱动	二次创新和集成创新	原始创新
技术手段	传统技术手段，如自动化、机械化	新兴技术手段，如“互联网＋”“大数据”
服务面向	传统工业和制造业	现实急需和未来发展的新经济形态
人才培养理念	传统工程教育理念（小工程观）	新型工程教育理念（大工程观）
人才培养方式	专业工程教育	通识教育＋专业教育
人才培养目标	单一型工程科技人才	综合性、复合型工程科技人才
教育质量判断	以促进经济社会发展为中心	促进人的全面发展和引领社会发展

1. “新工科”建设面临的新形势

未来 10 年是全球新一轮科技革命和产业变革从蓄势待发到群体迸发的关键时期。根据教育部高教司 2016 年上半年的调查分析，我国新经济的发展趋势为：一是互联网深刻改变各行各业。互联网对实体经济的革新不仅是技术层面，更重要的是思维和模式的变革。以 BAT（百度、阿里巴巴、腾讯）为代表的一批企业创新思维活跃，技术和

① 参考张海生：《“新工科”的内涵、主要特征与发展思路》，《山东高等教育》，2018 年第 1 期。

模式不断变革创新，“互联网+”新商业模式对传统行业产生了颠覆性的影响。二是创新型企业正在异军突起。华为、大疆、华大基因等企业已在创新上迈入世界“第一梯队”，这些企业的共同特点是专注于产品和技术创新，创新与市场高度结合，现有的产业基础和人才力量已不输于人，也到了有能力、有条件创新驱动发展的阶段。三是新技术催生壮大新产业。在世界范围内，以新能源、新材料、生物技术为代表的新技术的涌现和不断升级，造就了一批新产业，如光伏、锂离子电池、新制药等。四是制造业智能化的趋势方兴未艾。装备的智能化升级、智能工厂的兴起已经成为制造业升级的重要趋势。智能装备、高档数控机床、机器人产业等，不仅节约了人工成本，更重要的是提升了生产效率和产品质量。五是“双创”厚植新经济的发展沃土。“大众创业，万众创新”，培育了新的创新生态，使人才、技术、资金、市场加快融合，草根创业更加有效。① 可见，战略性新兴产业是培育发展新动能、获取未来竞争新优势的关键领域，也是新经济的重点发展方向。

2016 年 11 月，国务院印发的《“十三五”国家战略性新兴产业发展规划》提出，要“以全球视野前瞻布局前沿技术研发，不断催生新产业，重点在空天海洋、信息网络、生命科学、核技术等核心领域取得突破，高度关注颠覆性技术和商业模式创新，在若干战略必争领域形成独特优势，掌握未来产业发展主动权，为经济社会持续发展提供战略储备、拓展战略空间”。预计到 2020 年，战略性新兴产业增加值占国内生产总值比重将达到 15%，形成新一代信息技术、高端制造、生物、绿色低碳、数字创意 5 个产值规模 10 万亿元级的新支柱，并在

---

① 吴爱华等:《加快发展和建设新工科，主动适应和引领新经济》,《高等工程教育研究》2017 年第 1 期。

更广领域形成大批跨界融合的新增长点，平均每年带动新增就业 100 万人以上，产业规模持续壮大，成为经济社会发展的新动力，实现向创新经济的跨越①。在国家正在实施创新驱动发展、“中国制造 2025”、“互联网 +”、“网络强国”等重大战略和“一带一路”倡议的新形势下，在新兴科学技术和产业革命的背景下，以新技术、新业态、新产业、新模式为特点的新经济发展迫切需要更多具有跨界整合能力的高素质复合型人才。可以预见，在未来的世界里，谁能掌握并突破关键核心技术，谁就能在激烈的国际竞争中立于不败之地。

工程教育与产业发展紧密联系、相互支撑，新产业的发展要靠工程教育提供人才支撑，特别是应对未来新技术和新产业国际竞争的挑战，必须主动布局工程科技人才培养，加快发展和建设新兴工科专业，改造升级传统工程专业，提升工程教育支撑服务产业发展的能力。反观我国的工科教育，尽管在世界规模上最大，但限于传统工程教育存在的各种问题和弊端，所培养的大量工程技术人才往往创新驱动能力和应用实践能力差，不能很好地适应新经济形态的快速发展。我国高等工程教育改革迫在眉睫，急需用新理念、新结构、新模式、新质量构筑新型高等工程教育体系，大力建设和发展新型工科。

2. “新工科”建设的新机遇

2017 年 9 月下旬，教育部正式公布“双一流”建设高校及建设学科名单（见表 5 - 5），全国共 137 所高校的 465 个学科入选，其中“双一流”建设专家委员会认定学科 421 个，高校自主确定学科 44 个。统计发现，国家“双一流”建设学科分布在除军事学外的 12 大学科

① 《国务院关于印发“十三五”国家战略性新兴产业发展规划的通知》（国发〔2016〕67 号），http://www.gov.cn/zhengce/content/2016-12/19/content_5150090.htm。

门类的108个学科。其中，工学门类有188个学科入选“双一流”建设学科，雄居各学科门类首位，占总数的40.43%；理学104个，列第2位；医学42个，居第3位；法学和农学各24个，并列第4位；管理学21个，居第6位；文学19个，居第7位；艺术学13个，列第8位；经济学10个，居第9位；历史学9个，列第10位；教育学6个，居第11位；哲学5个，列第12位。从建设108个世界一流学科的分布来看，工学学科入选的高校频次最高，其中材料科学与工程有30所高校入选。其次为理学，其中化学有25所高校入选，这些学科门类下学科的入选高校频次远远高于4.3所的平均数。出现这种现象的原因，既与学科自身特性有关，也与“双一流”建设的遴选机制有关。在新一轮科技和产业革命以及知识生产模式转型背景下，要面向当前急需和未来发展需要，运用新兴技术建设和发展一批新兴工科形态，或者改造和升级一批传统工科，构筑具有跨界整合能力、创新创业能力、应用实践能力等特征的中国本土化的新型工科。

表5-5　2017年中国大学“双一流”建设学科门类分布①

名次	学科门类	“双一流”建设学科数	入选高校数	“双一流”建设高校最多的学科
1	工学	188	75	材料科学与工程、计算机科学与技术、机械工程、化学工程与技术、环境科学与工程
2	理学	104	50	化学、生物学、数学、生态学、统计学
3	医学	42	21	基础医学、临床医学、药学、中药学、口腔医学
4	法学	24	15	法学、马克思主义理论、政治学、民族学、社会学

① 《2018中国双一流学科排名出炉北京大学第一》，http://www.sohu.com/a/197483428_356902，2018年11月5日。

续表

名次	学科门类	“双一流”建设学科数	入选高校数	“双一流”建设高校最多的学科
5	农学	24	14	作物学、畜牧学、植物保护、草学、林学
6	管理学	21	13	管理科学与工程、工商管理、农林经济管理、图书情报与档案管理、公共管理
7	文学	19	13	外国语言文学、中国语言文学、现代语言学、新闻传播学、语言学
8	艺术学	13	12	戏剧与影视学、音乐与舞蹈学、美术学、设计学、艺术学理论
9	经济学	10	8	应用经济学、理论经济学、经济学和计量经济学
10	历史学	9	7	中国史、世界史、考古学
11	教育学	6	5	教育学、体育学、心理学
12	哲学	5	5	哲学

《教育部办公厅关于公布首批“新工科”研究与实践项目的通知》(教高厅函〔2018〕17号)指出,“新工科”建设是主动应对新一轮科技革命与产业变革的战略行动,以新技术、新产业、新业态和新模式为特征的新经济呼唤“新工科”,国家一系列重大战略深入实施呼唤“新工科”,产业转型升级和新旧动能转换呼唤“新工科”,提升国家硬实力和国际竞争力呼唤“新工科”。要把握好“新工科”建设的内涵,统筹考虑“新的工科专业、工科的新要求”,加快培养新兴领域工程科技人才,改造升级传统工科专业,主动布局未来战略必争领域人才培养。要探索建立“新工科”建设的新理念、新标准、新模式、新方法、新技术、新文化,实现从学科导向

转向产业需求导向、从专业分割转向跨界交叉融合、从适应服务转向支撑引领。该《通知》指出，鼓励“双一流”建设高校将“新工科”研究与实践项目纳入“双一流”建设总体方案。在新公布的首批“新工科”研究与实践项目名单中，包括了202个“新工科”综合改革类项目和410个“新工科”专业改革类项目。其中，“新工科”专业改革类涵盖了19个项目群（见表5－6）。因此，“双一流”建设无疑为“新工科”带来了新的发展机遇。

表5－6　“新工科”专业改革类项目①

1	人工智能类	11	土木、建筑、水利、海洋类
2	大数据类	12	能源、电气、核工程类
3	智能制造类	13	食品、农林类
4	计算机和软件工程类	14	环境、纺织、轻工类
5	电子信息、仪器类	15	生物、医药类
6	机械类	16	数学、物理、化学、力学类
7	自动化类	17	安全、公安、兵器类
8	航空航天、交通运输类	18	医工结合类
9	矿业、地质、测绘类	19	工科与人文社科交叉类
10	材料、化工与制药类		

3. “新工科”建设的路径选择

针对当前在大数据、物联网、人工智能、网络安全、大健康等新领域出现人才奇缺的状况，高校必须主动布局面向未来技术和产业的新专业，面向新经济设置一批新兴工科专业，加快培养急需紧缺人才，

①《教育部推进“新工科”建设，重视“人工智能＋X”复合专业》，http：//wemedia.ifeng.com/56069922/wemedia.shtml，2018年4月12日。

特别是工程科技人才。未来新兴工科可能产生的路径，一方面是现有工科的交叉复合、工科与其他学科的交叉复合，产生新的学科专业；另一方面是理科特别是应用理科向工科延伸，产生新的技术、新的工科领域。

以人工智能为例，经过60多年的演进，在移动互联网、大数据、超级计算、传感网、脑科学等新理论、新技术以及经济社会发展强烈需求的共同驱动下，它开始进入一个崭新的阶段，未来有可能带动我国实现对西方发达国家的“弯道超车”，引发全方位的社会变革，近年来互联网、信息技术等在我国的广泛应用就是明证。作为新一轮产业变革的核心驱动力，人工智能正在成为经济发展的新引擎，将重构生产、分配、交换、消费等经济活动各环节，引发经济结构重大变革，实现社会生产力的整体跃升。就人工智能领域而言，“双一流”建设需要紧紧把握科技发展的新趋势，完善人工智能领域学科布局，鼓励高校在原有基础上拓宽人工智能专业教育内容，形成“人工智能 + X”复合专业培养新模式，重视人工智能与数学、计算机科学、物理学、生物学、心理学、社会学、法学等学科专业教育的交叉融合。加强产学研合作，鼓励高校、科研院所与企业等机构合作开展人工智能学科建设。

要推广示范性软件学院体制机制和人才培养模式改革的有益经验，突破传统学科导向的组织模式，建立以需求为导向的产业化学院，如机器人学院、微电子学院、智能制造学院、物联网学院等，深化机制体制改革，推进人才培养模式创新，进一步强化产学合作协同育人，促进人才培养与产业需求紧密结合，有效支撑我国经济结构深度调整、新旧动能接续转换。新成立的中国科学院大学未来技术学院，从材料、信息、能源和生命科学领域的核心问题出发，考虑领域之间的交叉融合，设立了脑科学与智能技术、光子与量子芯片技术、光物质科学与能源技术、仿生智能材料科学与技术、生物芯片技术、液态金属物质科学与技术、基因组健康技术等学科专业。这些做法值得借鉴，特别对于理科传统优势较强的高校发展“新工科”提供了参考。因此，除传统工科院校外，我国的综合性大学也应发挥理科传统优势，加快培育和发展新兴工科。

四、社会评价助推“双一流”建设

美国高等教育专家伯顿·克拉克（Burton R. Clark）曾把国家权力、学术权力和社会力量作为三种影响高等教育的重要力量。大学排名、学科评估等社会评价是教育管理的重要内容，对于促进世界水平大学和学科的建设，具有特别的重要性。同时，这些排名评估也有某些局限性，也在不断完善当中。我们需要正确认识它们的作用，将其用于“双一流”战略规划和质量改进目标，不断提高大学的国际地位和学术品质。

（一）发挥大学排名的积极导向作用①

在一流大学和一流学科建设中，世界一流大学排名是个绕不过去的话题。近 20 年来，我国政府相继实施了“211 工程”和“985 工程”，中国研究型大学与国外研究型大学的差距迅速缩小。中国大学追求世界一流的努力，也一直令世人瞩目。在近年来的“泰晤士高等

① 参见刘承波：《世界一流大学的学术品质评估对“双一流”建设的启示》，《中国高教研究》2017 年第 9 期。此部分根据原文修改整理。

教育（THE）世界大学排名”中，北京大学、清华大学都进入了全球50强；在英国QS教育集团近年来的“QS世界大学学科排名”上，中国大陆有几十所大学入选全球顶尖学科前400名，在数量上仅次于美国。“双一流”战略的实施无疑将加速推进我国若干所大学、一批学科步入或者接近世界一流大学和一流学科的行列，而一些著名的世界一流大学排行榜自然成为一个重要的参照。在未来的若干年内能在世界顶尖大学排名中占有一席之地，是我们进入“双一流”重点建设的大学的奋斗目标。对此，我们既要看到世界大学排名及其指标体系合理性的一面，发挥其重要的导向作用，同时，又要清醒地认识到，社会对一所大学是否是世界一流大学的判断，更多的是对其学术声望与社会地位的整体评估，而不是对被排行榜所肢解的若干指标的评价。我们要理性使用排名这一工具，使其有助于推动大学整体或学科建设迈向更高台阶。

1. 世界一流大学排名对大学的影响

世界一流大学排名是典型的第三方评价，主要是社会中介机构、商业机构的排名，目前有关世界大学排名的机构多达40多个，最为有名的有泰晤士高等教育（THE）世界大学排名、上海交通大学世界大学学术排名、USNews世界大学排名和QS世界大学排名等。大学排名是一种审计文化，也是一种国际高等教育的问责运动。合理利用机构的这些排名，大学可以塑造自己拥有高质量或者拥有国际标准的形象，鉴别自己是否属于世界一流大学或者全球顶尖研究型大学，或者是否拥有国际一流的学科专业。2013年4月，日本教育大臣下村博文在新闻发布会上宣告，未来10年日本至少有10所大学要进入世界一流大学排行前100名。为提升大学的国际竞争力，日本政府随后宣布未来10年每年给予20所研究型大学20亿—40亿日元的资金支持，很大程度上是为了支持大学提升泰晤士高等教育世界大学排名中暴露出的国际化和引用率两个弱项指标①。

大学排名体制无疑已经影响到了大学的公信力和管理。一个明显的证据是马来西亚最古老的名校马来亚大学，在没有任何真正绩效质量下降的情况下，在2005年泰晤士高等教育世界大学排名里下降了80个位次，结果导致了校长的替换和大学的尴尬，以至于他们对外界宣布力争在2020年实现进入世界最好大学前50名②。很多优秀的大学并没有出现在世界500强的大学排名榜里，他们在继续应对放之四海皆准的排名方法论，如斯洛文尼亚的马里博尔大学、埃及开罗大学、冰岛大学。“世界一流”也变成了“西方化”的同义词，就是向西方看齐，结果是发展中国家或发达国家都模仿西方而不是发展自己的特色③。排名也影响到政府对资金的分配，在英国和新西兰，基于绩效的资金分配与奖励已经实施。此外，排名还影响了学生的入学选择，大学因此也极力采用排名机构的政策和策略优化自己在排名榜中的位置，他们现在通常在大学使命中宣称自己是21世纪世界最好的大学之一或者真正伟大的大学之一或者世界排名位次高的大学。

世界大学排名体制把大学引向了一个国际竞争的市场，促进了大学知识生产的个人主义、标准化、商品化和同质化的价值观渗透。第一，就个人主义而言，排名促使个人之间或者大学之间相互竞争，很多国家的大学学术生活里开始充斥着市场本位的价值观，教师们为了

---

① Mayumi Ishikawa, “Ranking Regime and the Future of Vernacular Scholarship”, *Education Policy Analysis Archives*, http://dx.doi.org/10.14507/epaa.v22n30.2014, p2—3.

② Marian Thakur, “The Impact of Ranking Systems on Higher Education and its Stakeholders”, *Journal of Institutional Research* 13 (1), 83—96, p90.

③ Tony Sheil, “Moving beyond university rankings: developing a world class university system in Australia”, *Australian Universities' Review*, 2010, vol. 52, no. 1, p71—76.

争取更高职位而专注于自己的研究，不再花费大量时间去一起研讨，集体空间几乎消失。第二，标准化是高等教育问责运动的标志，通过单一化的大学卓越的质量定义，不同使命与背景条件的大学能够在评估中进行相互比较。欧洲大学协会对全球大学领导者和政策制定者提醒说，全球大学排行不再是少数精英大学而应该是更广泛的大学，现在的大学排行仅仅覆盖了全球 17500 所大学的很少比例。为了可以比较，现在的大学排行都过于依赖文献计量学数据，这种排名机构界定的质量也主要是依靠教师们的出版数量和声誉以及机构识别的顶尖刊物，这是典型的研究导向，因此大学要提升位次也主要靠这种研究和出版。即使排名考虑到教学，但为了比较或者绩效政策也主要采用总结性评估而不会考虑形成性评估，更不会考虑环境条件。第三，商品化与市场竞争有关，标准化有助于商品化，商品化使得知识产品失去内在价值而获得市场价值，教室里的各种教学虽然有内在价值但排名机构没有市场手段来评估，所以评估教师工作就主要是看研究生产力。第四，标准化和商品化有助于同质化的价值观渗透，目前绝大多数大学排行榜都强调教师的研究生产力，出版影响和引用率，特别是用英语发表的作品更重要，原因是用英语发表的作品国际同行引用率会更高，从而有助于提升排名。比如 2017 年的泰晤士高等教育世界大学前 100 名排名中，美国占 41 所，英国占 12 所，德国占 9 所，中国占 2 所，日本占 2 所，法国占 1 所，一大半的大学都属于英语国家或者曾经被英国殖民过的国家。由此，大学必须前瞻性地考虑大学的社会责任究竟是什么、应有什么样的价值观，以及对卓越（包括公共利益）的追求①。

---

① Leslie D. Gonzales&Anne-Marie Núñez：“The Ranking Regime and the Production of Knowledge：Implications for Academia”，*Education Policy Analysis Archives*，22（31）：1—14.

2. 克服世界一流大学排名的方法论缺陷

当前的各种学科或者学校整体的学术评估结果，尽管一定程度上反映了高校的学科实力乃至办学水平，但由于排名方法论的缺陷，同一所高校在各类排名中的结果并不具有一致性，甚至出现排名结果存在很大矛盾①。大多数全球大学排名都受到了方法论不可靠的批评，这些排名缺乏他们声称的要服务于客户挑选大学的全面信息，他们过于注重英语语言出版物并依靠定量指标来对机构进行综合评估，他们认为学术同行能没有偏见地通过特定学科知识领域的研究和出版来判断出大学整体的声誉和绩效②。大学排名的合法性的确值得反思，一个广泛认同的批评是大学排名顺序会产生斯坦福大学校长 Gerhard Casper 所说的“虚假的精确度”，因此大学排名应该更多被看作“噪声”而不是质量的变化，因为任何排名标准的调整都会导致位次的变化，任何一个排名都是一个对高等教育质量的主观价值判断，排名中选择的测量手段暗含了对质量的武断界定。即使是判断大学声誉的标准也存在严重的缺陷，因为声誉主要来自于资源，就算学术声誉反映质量特征，评价者也没有足够权威知识来判断那么多大学的质量，他们真正熟悉和了解的大学数量十分有限，更别说判断质量了③。

因此，正如世界著名比较教育学家阿特巴赫所做的分析，大学排

---

① （摩洛哥）杰米尔·萨尔米、（加拿大）阿勒诺什·萨拉杨：《作为政策工具的大学排行榜》，《教育研究》2010 年第 1 期，第 64 页。

② Barbara M. Kehm, “Global University Rankings-Impacts and Unintended Side Effects”, *European Journal of Education*, 2014, Vol. 49, No. 1, p102.

③ Luke Myers and Jonathan Robe, “College Rankings: History, Criticism and Reform”, *A Report from the Center for College Affordability and Productivity*, 2009, p22—39.

行评估方法论存在明显缺陷①。这些缺陷包括：第一，世界大学排名指标体系缺失教学，因为即使国内比较也还缺乏可以比较的测量手段。泰晤士高等教育世界大学排名认识到了教学的重要性，也设置了几个测量质量的指标，如声誉、师生比、教师博士学位数等，问题是这些指标并不测量质量。经济合作和发展组织正在做一些测量学生学习结果的努力，比如在13个国家的工程和经济学科测量学生的学习结果。第二，研究支配了排名，现在的排名基本上是用各种方式来测量研究生产力。这也是最容易测量的可以比较的大学产品，如各种研究基金、出版、诺贝尔奖等。上海交通大学的世界大学排行指标变量设计，也许是目前相对准确的一个科研测量方法，不过权重上依然过于重视理工科而相对忽略社会科学特别是人文学科。第三，声誉评估的效度有疑问，比如英国QS声誉调查40%来自学界，10%来自雇主。泰晤士高等教育世界大学排名，64%的调查来自北美和欧洲。不过，谁真正有这样的能力和学科知识基础能对数量众多的世界大学的研究声誉进行排名呢？至于教学和服务的声誉排名，那就更没办法了。这些都存在明显的方法论问题。第四，排名创设了中心与边缘，大学和学术体系中排名靠前的都是英语语言国家如美国、英国、加拿大、澳大利亚等，他们基于历史原因有更好的能力和更多的资金吸引世界各地的老师和学生，他们有更悠久的学术自由历史和更深厚的竞争文化，他们有更多的英文信息数据库和非正式联系网络。在全球化背景下，如果有足够多的资源和更周密的规划，大学相对容易冲入世界一流行列，比如中国的大学就在慢慢从边缘走向中心。

① Philip G. Altbach: “The Globelization of College and University Rankings”, *Change*, 2012, p27—31.

3. 回归世界一流大学排名的学术品质导向

从大学排行的功能看，目标导向至关重要。世界大学评估排行应对大学实现其应有的社会责任、价值观及对卓越的追求，起到引领作用。这就必须要考虑大学社会责任、价值观及如何追求卓越。在评估中，我们要思考的是评估排行的共同基石而不是去压制大学使命和培养目标的多样性以及个性特色发展，从而不至于使得大学在学科和专业发展方面左右折腾而浪费有限的人、财、物等资源，影响大学自身和社会的可持续发展。

但要重新思考、清晰界定大学的战略目标比较困难。伯顿·克拉克认为，由于高等教育的任务是知识密集型又是知识广博型的，因此很难陈述综合大学和学院的目的，更不必说一个国家的高等教育系统的目的了。很久以来，庞大的学术机构至多也只有宣而不明的目标。这种目标的含糊性在 20 世纪是有过之而无不及，以至想澄清目标的人不由得望而生畏。他还举例说，在英国，敏锐的观察家们尽管想忠于现实，但却不得不使用“消除无知”这类含糊的表达来解释高等教育系统的任务；在美国，几十年来，实用主义观察家只能说“教学、研究和服务”目的三位一体，而给教学内容、研究内容和应用服务内容留有无限的余地；在瑞典，“U68”全国委员会提出了诸如“民主”“个性发展”“社会变革”之类的目标；日本、加拿大、法国和德国似乎无一国确定了更为清晰的目标①。对此，伯顿·克拉克从观察到的事实出发认为：知识是学术系统中人们赖以开展工作的基本材料；教学和研究是制作和操作这种材料的基本活动；这些任务分成许多相互

---

① （美）伯顿·R. 克拉克：《高等教育系统——学术组织的跨国研究》，王承绪等译，杭州大学出版社，1994，第 18—19 页。

紧密联系但却独立自主的专业；这种任务的划分促使形成一种坡度平坦、联系松散的工作单位结构；这种结构促使控制权分散；最后，目的必然是模糊的，广义概括的目标可以起到使基层操作部门具体目标合法化的作用①。这里，我们看到的“教学、研究和服务”目的三位一体仅仅是各研究型大学的共性目标，但伯顿·克拉克所言的大学职能任务分成许多相互紧密联系但却独立自主的学科专业却并非各大学的共性。

目前的世界大学综合排行的方法论，正是依据大学的教学、科研及社会服务三大职能目标这个共性而对研究型大学有了比较的一个方面的基础。对其他大学类型而言则不具备这个共性基础。比如美国阿默斯特和斯沃斯莫尔文理学院，他们的本科生教育声誉和质量超过了很多常春藤大学，但由于机构类型不同，这些大学往往不在世界一流大学之列②。另外，现实中各大学的实际学科专业在数量和规模等方面的差异太大，进而各大学的科研任务和社会服务目标差异也相差悬殊，大学排行依然会出现难以比较的方法论缺陷。因为这个差异，偏文科类、偏文理综合类、偏理工类的大学，按照现行的评估排行方法论，即使仅仅依据相对客观的文献计量学去统计各大学的科研，无论总数还是平均数抑或高引用率都难以客观反映各大学的真正办学水平。这个难以比较的大学评估综合排行导向的结果是，很多大学为了提升自己的排名位次，应用了“学科优质率”概念。学科优质率是指：“优质部分的数量（分子）与总量（分母）的比率。大学学科优质率

---

① （美）伯顿·R. 克拉克：《高等教育系统——学术组织的跨国研究》，王承绪等译，杭州大学出版社，1994，第 25 页。

② Daniel W. Lang: “‘World Class’ or The Curse of Comparison?”, *The Canadian Journal of Higher Education*, 2005, Volume XXXV, No. 3, p27—55.

就是一所大学的优质学科（高水平学科）数量与学校学科总量的比率，一所大学的学科优质率越高，证明学校学科整体水平越强。提高学科优质率，就需要在增加优质学科数量的同时减少总学科数，或者是优质学科数量增加速度高于学科总量增长速度。”① 应该说，用这个概念来审视大学的整体学科优秀程度很有价值，问题是提高学科优质率的策略逻辑有待商榷，增加优质学科数量是大学追求的目标，但减少总学科数似乎就有仅仅为了排名，而置某些已办的符合社会需求的新兴学科不顾进而砍掉的消极后果。与此同时，国内的现实是，由于现行大学排行偏重文理学科齐全的综合性大学，很多偏理工的大学在努力发展文科类专业学院，而偏文科类的大学在努力发展理工类专业学院，而偏文理综合性的大学则在努力发展医学院。这一减一增现象，使排名需求和社会需求之间出现了明显的伦理逻辑悖论。

从教育目的而言，全球大学之间可以真正进行比较的评估排名方法论是大学的学术品质，即大学学术品质是世界一流大学评估排行的共同基石。理解大学的学术品质含义，可以依据以下几个维度：第一，大学的学术品质，意味着大学的教学、科研及社会服务活动围绕学术而展开。诚如伯顿·克拉克所言，知识是学术系统中人们赖以开展工作的基本材料。教学、科研和服务是三位一体的，尽管历经了不同发展阶段，比如中世纪大学主要是教学职能，近代德国柏林大学创立了“教学与研究相结合”的原则以后大学才逐步确立研究职能，现代大学社会服务职能的确立则是美国威斯康辛思想的产物，但不可否认的是科学研究是学术研究，教学也是一种师生之间的学术文化互动，至于社会服务更是学术研究和教学学术的社会实践应用。第二，大学的

① 唐景莉：《从学科评估看学科建设：比名次更重要的是内涵》，《中国教育报》，2013 年 3 月 18 日。

学术品质，是大学学术活动中体现出来的综合性素质要求。大学是全体师生的组织集合体，只有大学组织集体具有一定的综合性素质要求，才能履行好大学的三种职能活动。换言之，大学的学术品质要从三大职能实践活动中得到彰显和证明。这种素质彰显和证明，一方面表现为目前大学评估排行中并未全面体现出的绩效指标，另一方面也表现为目前大学评估排行中基本未全面体现出的核心竞争力指标，另外还表现为目前大学评估排行中基本未体现出来的质量保障指标。无论如何，我们固然可以依据大学职能把大学的学术品质分为教学学术品质、科研学术品质和社会服务学术品质，但这种分类属于依据活动任务与目的差异的分类，因为教学活动、科研活动或者社会服务活动中可能体现了大学组织很多相同的学术品质（素质）。第三，依据中外大学促进人德智体全面发展的共性教育目的，以及世界一流大学是全校师生包括管理者共同努力的结果，可以发现大学的学术品质主要包含三个方面的素质要求，它们分别是：①大学的学术伦理道德品质，根据教育历史与现实，主要表现为师生在三大职能活动中积极践行示范学术伦理道德、遵守学术伦理道德、违背学术伦理道德甚至法律底线三种不同层次的素质，真正的世界一流大学应当是学术伦理道德的积极践行示范者。2016 年 2 月 25 日，宁波市教育局和财政局联合发布了《宁波市高校办学绩效评价办法（试行)》，其中在一级指标里对于“严重影响高校发展和声誉事件”设置了 10 分扣分项目，就是包含着这方面的学术伦理道德品质评价。②大学的学术智能品质，根据大学核心竞争力和教师绩效理论，学术智能品质主要是师生在三大职能活动中体现出的竞争性教学能力素养、科研能力素养和社会服务能力素养。教学能力素养主要体现为教师来源和教学考核的竞争性、学生入学标准的竞争性以及就业竞争能力等方面，主要有国际竞争、国内高竞争、国内中度竞争、国内弱竞争四个基本能力层级；关于科研能力素养，主要有教师获取各种科研项目的竞争能力和科研成果的先进性，借鉴英国高等教育拨款委员会对其国内高校科研成果评估标准，科研成果的创新性、重要性和精确性有国际领先、国际较高、国际认可、国内认可、国内不认可五个能力层次；关于社会服务能力素养，主要有教师的学术兼职与社会服务效果、学生的社会服务项目及能力等，主要有国际认可、国内认可、不认可三个基本能力层级。③大学的学术健康保障品质，分为大学外部质量保障品质和内部质量保障品质。借鉴企业价值链管理理论，按照大学教学、科研、社会服务活动等教育基本价值链和管理活动辅助价值链的分类，大学的学术健康保障品质直接表现国家与大学为师生提供的政策制度、信息、收入、物质条件等服务的辅助价值链管理能力，最终表现为师生满意度，评估标准上可以分为非常满意、满意、一般、不太满意、不满意五个基本层次。

4. 引导大学追求学术品质的提升

任何反映大学或个人学术品质的绩效工作，一定是数量与质量的混合体。问题在于依赖数理统计的定量化学术质量评估机制和依赖专家智慧或者学术同行判断的定性化学术质量评估机制，各有其作用和适用范围，前者更适用于基本办学条件和工作任务量评估，后者更适用于提升学术品质评估，这是学术界批评过于依赖定量化评估但始终无法摒弃的原因。事实上，美国的顶尖大学都很重视教学质量的定性评估。其评估方式是由利益相关者进行的全覆盖面的评价，同行之间的评估、高级职员对低级职员的评估、学生对老师的评估，等等，几乎无处不在，并且这种评估结果会对教师的岗位、职称和收入产生直接甚至是严重的影响。评估通常采取无记名问卷调查方式，有时也采取记名但绝对保密（有法律保障，泄密要承担法律责任）的调查方式①。他们关于教学质量的评估，不光看教学大纲、学生作业、学生评价，还要看同事和系主任对课堂教学的观察和评论等②。

以创建于1861年的公立伯克利大学和1869年的私立麻省理工学院为例，两校在声誉和产出方面都是国际公认的世界一流大学。它们的领导体制都是董事会制，伯克利有14个学院130个系和80个研究机构，学科领域涉及了医学以外的所有学科；麻省理工有5个学院30个系和近300个研究中心，虽然覆盖学科领域广泛，但在法学、医学、教育以及公共健康方面并不活跃。在资金方面，麻省理工比伯克利更富裕，尽管伯克利从州政府那里获得了学校总收入12%的经费，但2012年伯克利只获得了30亿美元的捐款，而麻省理工获得了上百亿美元捐款。同年，伯克利有教师1736人，31%来自国外，麻省理工1806个教师中仅有7%来自国外。从学生数量看，伯克利有32910个学生，本科生占60%，国外留学生占13%；而麻省理工10220个学生中外国留学生占30%，研究生占60%。从学术质量的评估机制来看，不管是研究中心还是系部或者学院，两校每6—7年就要自我评估一次，教学、科研和社会服务上的成就必须详细列出，评估是一件严肃的事情，也是学术生活的一部分。学校评估花费的时间，一般是从9月持续到来年的5月，全体教授至少要花3个月时间阅读各种报告并撰写评估报告，这些报告要交由各级学术委员会修正并最终由校长做出对奖惩决策。定量指标除了出版物，还包括研究应用率和教学方面

① 秦春华：《美国顶尖大学如何保证教育质量》，http：//www. eduthought. net/index. php？ a = news_ x&m = News&id = 2289，2017年4月10日。

② 王希：《从制度和技术层面改进教学评价》，《社会科学论坛》2009年第4期，第88页。

的学生满意度调查问卷报告。不过在评估教师的质量标准上，定量标准通常不会起主要作用。基于期刊标准的定量评估指标，一般在硬科学上考虑得较多，即使这样，堆积如山的出版物也不意味着会获得学术质量的声誉。学术品质主要以大学的定性评估机制为主导，而起主导作用的定性指标，通常包括在学术界的位置、在学术团体中的知名度、奖励和荣誉、研究题目包含的前沿领域以及采用的方法论等，这些指标对人文社科而言，意味着要经过教师们的多次讨论和学术交流，以判断你在该领域是否做了开创性工作①。实践是检验真理的标准，不论什么性质的学科，其影响力一定是体现在教学、科研与社会服务中，体现在实践中对社会可持续发展的贡献。正是高质量的学术品质，确立了美国高等教育全球领先的地位。国际留学生的增长就是最有说服力的例子。2011—2012 学年，在美国大学学习的学生超过了 75 万。1989—2009 年，有 22.3 万名国际留学生取得了博士学位。2000—2009 年，每年取得科学和工程博士学位的国际留学生从 8000 人增长到了 1.35 万人②。

哈佛大学原校长陆登庭（Neil Rudenstine）曾指出③：建设世界一流大学要有高水平的原创性研究、高水平的教师，培养高水平的人才，以及充足的办学经费等，这是其共性的一面。同时，每个一流大学也都有自己的特色。建设一流大学是为了适应本国社会和经济发展的需

---

① Jean-Claude Thoenig, Catherine Paradeise, “Organizational Governance and the Production of Academic Quality: Lessons from Two Top U. S. Research Universities”, *Minerva*, 2014, 52: 386 - 394.

② Barrett J. Taylor, Brendan Cantwell, “Global Competition, US Research Universities and International Doctoral Education: Growth and Consolidation of an Organizational Field”, *Res High Educ*, 2015, 56: 411 - 441.

③ 《中外大学校长谈一流大学建设》,《大学校长论坛“建设世界一流大学”专辑》, http: //202. 112. 92. 179/testwangye/luntan/FZHLT22. htm, 2003 年 3 月 21 日。

要，而且现在世界公认的一流大学，都为各自国家的发展做出了重要贡献。实际上，正是这些社会需求，促使这些大学成了世界一流大学。在国家提出“双一流”建设的大好机遇面前，一流大学建设首先应当为国家的发展做出直接的贡献，包括基础研究、应用研究和技术开发。否则，我们建设一流大学就失去了社会基础，会受到更大的社会压力。一流学科的建设，则既要瞄准世界前沿的学科，争取有所突破，又要从国家建设需要出发，加强对能源、环境、水资源等传统学科的研究，因为这些都是我们国家在快速发展过程中，在工业化过程当中所急需的。因此，一流大学建设，不能完全按照在《自然》、《科学》上发表多少文章，作为其是否达到世界一流的主要衡量标准。如果能坚持主要以大学的定性评估机制为主导来推进学术品质建设，而不是淹没在对“学术 GDP”（论文数）的盲目追求中，大学就会在推进学校整体或学科建设中清楚地看到自身的质量进展和在世界一流大学丛林中的位置。

（二）以学科评估促进学科内涵建设

世界一流大学绝大多数学科具有国际领先地位，若干学科具有国际一流声誉，如哈佛大学的政治学、生物学，斯坦福大学的数学、计算机科学，麻省理工的工程学、物理学，剑桥大学的数学、物理，等等。这些大学都因为拥有世界一流的学科而著称。

2015 年 10 月，国务院印发《关于统筹推进世界一流大学和一流学科建设总体方案的通知》指出，坚持以学科为基础，建设高水平大学。引导和支持高等学校优化学科结构，凝练学科发展方向，突出学科建设重点，创新学科组织模式，打造更多学科高峰，带动学校发挥优势、办出特色。2017 年 1 月，教育部、财政部、国家发展和改革委员会印发《关于统筹推进世界一流大学和一流学科建设实施办法的通知（暂行）》指出，坚持以学科为基础，着力打造学科领域高峰。支持一批接近或达到世界先进水平的学科，加强建设关系国家安全和重大利益的学科，鼓励新兴学科、交叉学科，布局一批国家急需、支撑产业转型升级和区域发展的学科，积极建设具有中国特色、中国风格、中国气派的哲学社会科学体系，着力解决经济社会中的重大战略问题，提升国家自主创新能力和核心竞争力。以学科建设为基础，已成为国家“双一流”建设的重要原则，而学科评估结果则是“双一流”建设的重要参考，对学校来说，学科评估的主要目的就是以评助建、以评促建，促进高校自我诊断和审视，把脉学科发展状态。

1. 国内有影响的学科评估

当前，国内外各类评估排名种类繁多，如何努力构建有中国特色、有国际影响的学科评估制度，积极促进高等教育内涵式发展，是我国高等教育改革发展面临的重大历史使命。要牢牢把握中国特色社会主义高校发展的时代特征，坚持服务国家和地区重大战略需求的学科建设根本导向，立足中国大地，突出中国特色和优势，积极借鉴世界先进经验，紧紧围绕国家重大需求和高等教育重大要求，开展学科评估。要以促进学科内涵建设为主线，从评估理念和指导思想、体系构建、评价办法、发布模式等方面进行系统总结，更广泛听取意见，不断完善评估策略，构建我国学科建设评价理论体系和实践的“中国标准”，为有效开展学科建设，合理布局、优化资源、突出特色、强化优势，形成良好学科生态，推动学科更好更快发展，打造更多学科高原高峰，引领高校提高办学水平和综合实力做出更大的贡献。

在国内的各种评估活动中，影响比较大、持续时间比较长的当数教育部学位与研究生教育发展中心（简称“学位中心”）的学科评估。1994 年 7 月，受国务院学位委员会和国家教育委员会的委托，经中国兵器工业总公司批准，“高等学校与科研院所学位与研究生教育评估所”在北京理工大学成立。此为“教育部学位与研究生教育发展中心”的前身。该所成立后，先后挂靠北京理工大学、清华大学的学位与研究生教育评估所和全国学位与研究生教育发展中心，开展学位与研究生教育评估及有关咨询服务，是事业性质的非营利性机构。该所成立后，组织了对已试办研究生院及申请试办研究生院的高等学校的评估，对现有和申请博士、硕士学位授权的高等学校、科研院所进行整体条件的评估，对现有博士、硕士学位授权学科、专业点进行评估，对一级学科（排名）进行评估，对全国优秀博士学位论文进行评选。

学科评估是学位中心按照国务院学位委员会和教育部颁布的《学位授予和人才培养学科目录》，对具有博士硕士学位授予权的一级学科进行整体水平的评估，是以第三方方式开展的非行政性、服务性评估项目，2002 年首次开展，截至 2017 年完成了四轮。按照自愿申请参评的原则，采用客观评价与主观评价相结合的方式，所需数据由相关政府部门、社会组织公布的公共数据和参评单位报送的材料构成，通过对相关数据的公示、核查，同时邀请学科专家、政府部门及企业界人士进行主观评价，在此基础上形成最终评价结果。

第四轮学科评估于 2016 年 4 月启动，按照“自愿申请、免费参评”原则，采用“客观评价与主观评价相结合”的方式进行。评估体系在前三轮的基础上进行诸多创新；评估数据以“公共数据和单位填报相结合”的方式获取；评估结果按“分档”方式呈现，具体方法是按“学科整体水平得分”的位次百分位，将前 70% 的学科分 9 档公布：前2%（或前2名）为A+，2%—5%为A（不含2%，下同），5%—10%为A-，10%—20%为B+，20%—30%为B，30%—40%为B-，40%—50%为C+，50%—60%为C，60%—70%为C-。评估结果为参评单位了解学科优势与不足、促进学科内涵建设、提高研究生培养质量提供客观信息；为学生选报学科、专业提供参考；同时也为社会各界了解中国高校和科研单位学科内涵建设的状况和成效发挥了重要作用。

2. 学科评估促进高校加强学科内涵建设

学科评估的主要目的不是要排出名次，而是通过评估发现学科建设的优势和不足，揭示学科发展规律，促进学科内涵发展。通过公布学科分数，的确可以评出高校水平的高低，但其实很多院校的实力差别不是一两分能够表现和区别的。过度关注分数，会导致评估的“指挥棒”导向出现方向性失误。学位中心经过权衡和比较，第四轮学科评估进一步创新评估理念，摒弃以往结果发布方式，首次采用百分位“分档”方式，评估结果不再公布分数，也不公布名次；而是采用按百分位进行分档的方式公布结果，不强调单位间精细分数差异和名次前后①，即按照原始得分的排名百分位分档，仅公布前70%的学科，并分为9档，其中，前2%（或前两名）为A+。这样既保证较强的区分度，体现学科建设水平的实际变化，满足社会对教育质量的知情需求，又淡化了分数和名次，有利于引导高校将注意力转移到学科内涵建设中去。

---

① 黄宝印等：《努力构建中国特色国际影响的学科评估体系》，《中国高等教育》2018年第1期。

3. 学科评估助力高校建设良好学科生态

改革开放以来，我国学位与研究生教育取得重大成就，学科内涵建设不断取得重大进展。但也要看到，学科发展地区间差异较大，高校内部学科发展不协调，有些高校部分学科“一头独大”，有些高校学科建设“贪大求全”，学科发展不平衡不充分的态势比较凸显。第四轮学科评估首次向参评高校提供“学科优秀率”，即优秀学科数（A类学科数）占全校博士、硕士授权学科数的比例。学位中心的分析表明，很多高校存在此类“不平衡不充分”的问题。“学科优秀率”是分析大学学科优势布局的重要参考，有利于帮助高校发现学科布局不足，发现学科内涵建设不平衡不充分的情况，谋划调整适合本学校发展的合理布局。特别是对于着力建立中国特色世界一流的大学，不仅要关注某些强势学科的发展，也要关注学校整体学科发展态势，构筑更加有利于高水平大学建设的良好学科生态。

第六章

推进治理体系和治理能力现代化

——制度保障

2013 年 11 月 12 日中国共产党第十八届中央委员会第三次全体会议通过《中共中央关于全面深化改革若干重大问题的决定》，全面深化改革的总目标是完善和发展中国特色社会主义制度，推进国家治理体系和治理能力现代化。随着“推进国家治理体系和治理能力现代化”改革总目标的提出，建立“少一点统治，多一点治理”的高等教育治理体系，成为中国高等教育管理体制改革的自觉目标。国家现代化与高等教育现代化是同一个过程，在推进国家治理体系和治理能力现代化的大背景下，改变传统的高校管理理念，完善高校治理体系、提高治理能力已经成为教育领域亟须解决的课题。尤其是为了实现党的十九大提出的“加快一流大学和一流学科建设，实现高等教育内涵式发展”，必须要有制度保障。要在总结近年来已取得的改革成效的基础上，借鉴发达国家高等教育治理的成功经验，继续坚持体制机制创新，扎根中国大地，大力推进高等教育治理体系和治理能力现代化。

一、从管理到治理

20 世纪 90 年代以来，治理理念逐渐成为西方学界的热点，这一浪潮在席卷世界各国的同时，也渗透到各行各业，在高等教育领域，也引起了一股全球性的教育改革，无论是西方市场经济国家的大学，还是新兴工业国家或者转轨国家的大学，都在这股浪潮的漫卷之下。治理弥补了管理模式的不足，提倡通过协商、合作等方式实现高校各利益相关者的需求，平衡高校内部的权力配置，协调高校外部的关系互动，因此开辟了高校多元主体共同参与、共享治理的新局面。

（一）“治理”的提出

在英语中，以前“governance”与“government”两词交叉使用，并无多大的区别，意味着引导、控制、操纵等。20 世纪 90 年代以后，人们开始赋予“governance”新的含义，即“治理”，它不仅与“government”（统治）在意义上相去甚远，而且超出了政治学领域。

1989 年世界银行在概括当时非洲的情形时，首次使用了“治理危机”（Crisis in governance）一词，此后，“治理”便广泛地被用于政治发展研究中，特别是被用来描述后殖民地和发展中国家的政治状况。1992 年，世界银行发表了一份题为《治理与发展》的年度报告。1995 年，联合国全球治理委员会在《我们的全球伙伴关系》报告中对“治理”进行了如下界定：治理是各种公共的或私人的个人和机构管理其共同事务的诸多方式的总和。它是使相互冲突的或不同的利益得以调和并且采取联合行动的持续的过程。它既包括有权迫使人们服从的正式制度和规则，也包括各种人们同意或认为符合其利益的非正式的制度安排。它有四个特征：治理不是一整套规则，也不是一种活动，而是一个过程；治理过程的基础不是控制，而是协调；治理既涉及公共部门，也包括私人部门；治理不是一种正式的制度，而是持续的互动。①

1996 年，经济合作与发展组织（OECD）发布了一份名为“促进参与式发展和善治的项目评估”，积极倡导治理理论。“治理”主要强调政府传统管理方式的变化。“从政治学的角度看，治理是指政府管理的过程，它包括政治权威的规范基础、处理政治事务的方式和对公

---

① 俞可平：《权利政治与公益政治》，社会科学文献出版社，2000，第 113 页。

共资源的管理。它特别关注在一个限定的领域内维持社会秩序所需要的政治权威的作用和对行政权力的运用。”① 所谓“治理变革”，是指“政府如何适应市场经济有效运行的需要来界定自己的角色，进行市场化变革，并把市场制度的基本观念引进公共领域，建立开放而有效的公共领域”。② 在改革理念上，OECD 认为“在各个层级之间，在监督机构与执行机构之间、在公共或私人的各生产单位之间应当引进一种更为契约化，更具参与性，选择更为自由的关系”。③ 在实践中，在公共部门中大量引进和移植工商管理的理论和方法，使公共选择理论、委托—代理理论、交易成本理论等主流理论与市场机制相结合，强调质量、公平、效益和绩效评估等。

（二）高等教育面临治理变革

高等教育治理的基本问题，是用什么样的制度才能保护大学的目标和理念的实现，其核心是大学决策权力的分配。从这一角度出发，“治理”就是大学内外利益相关者参与大学重大决策的结构和过程。

1998 年，OECD 在《重整高等教育》（*Redefining Tertiary Education*）报告中指出当前高等教育应进行管治模式（Governance model）的变革，大力倡导“还政于高等院校”，鼓吹“下放权力”并赋予院校“自主性”（Autonomy），期望国家（政府）对高等院校的管理要由

① 俞可平：《权利政治与公益政治》，社会科学文献出版社，2000，第 114 页。

② 刘英杰主编：《中国教育大事典（1949—1990）》，浙江教育出版社，1993，第 1189 页。

③ （澳）欧文·E. 休斯：《公共管理导论（第二版）》，彭和平、周明德、金竹青等译，中国人民大学出版社，2001，第 70 页。

以往微观调控（Micro-governance）转为宏观调控（Macro-governance）①。在世界范围内，各国高等教育呼唤一场深远的改革，要求以一种协调的方式同时处理好政府、大学、市场、社会等多方面的问题。

在传统高等教育管理中，权力主体是单一的，即政府及其教育行政部门。高等教育管理主要依靠教育行政机构所赋予的正式权力和自上而下的层级权力结构，以政府制订的各种规章、制度和行政指令的方式来实施管理，强调垂直的隶属关系。大学的管理者则通过实施计划、组织、人员配备、指导与领导、控制等职能来协调大学的教育教学活动，实现大学人才培养、服务社会、创造知识的目标的活动过程。

公共治理理论则强调，政府并不是全能者，不能完全垄断一切合法的权力，强调对高等教育领域管理的多元化主体参与，克服政府管理主体单一的局面，对社会组织力量给予重视和关切；认为承担高等教育管理职能的，既有政府组织，也有非政府组织等其他主体，注重平行的互动关系。这些多元主体，相互依存，以共同的价值观为指导，进行协商、谈判，通过合作的形式，来解决高等教育中所遇到的各种问题与矛盾。各种公共的和私人的机构只要行使的权力得到了公众的认可，就都可成为高等教育各个不同层次上的权力中心。而这里所说的权力属于非正式权力，所以它不可能以指令式，由上而下纵向逐级实施，只能通过横向平行的协商式、谈判式、服务式方式实现，高校中的学术权力由此得到了提升。

由于在知识和技术方面拥有较大的权威性，大学不但可以增强自主权，甚至会越来越多地参与到政策制定当中，其社会地位也相应地日益凸显。政府更倾向于把大学看成促进国家强盛的“合作伙伴”，

① 戴晓霞、莫家豪、谢安邦主编：《高等教育市场化》，北京大学出版社，2004，第 56 页。

更倾向于在两者之间建立一种“供需合作、平等协商、服务式、契约式”新型关系，大学的主体地位进一步上升，面向社会、自主办学的意识进一步增强。

二、高等教育治理初见成效

改革开放以来，我国教育体制改革不断深化，政府、学校、社会之间关系逐步理顺，但政府管理教育还存在越位、缺位、错位的现象，学校自主发展、自我约束机制尚不健全，社会参与教育治理和评价还不充分。为进一步健全中国特色教育管理制度、现代学校制度和教育评价制度，加快推进教育治理体系和治理能力现代化，激发教育活力，《国家中长期教育改革和发展规划纲要（2010—2020年）》提出建设“中国特色现代大学制度”，“完善治理结构”。“推进政校分开、管办分离。适应中国国情和时代要求，建设依法办学、自主管理、民主监督、社会参与的现代学校制度，构建政府、学校、社会之间新型关系。”2015年5月，教育部印发《关于深入推进教育管办评分离促进政府职能转变的若干意见》，进一步提出“推进管办评分离，构建政府、学校、社会之间新型关系”，“推进政校分开，建设依法办学、自主管理、民主监督、社会参与的现代学校制度”。经过近年来的努力，教育管理体制改革取得成效：以推进“管办评分离”为导向，以进一步简政放权、改进管理方式为前提，以落实学校办学主体地位、激发学校办学活力为核心任务，以推进科学、规范的教育评价为突破口，努力构建政府、学校、社会新型关系。

（一）简政放权扩大高校办学自主权

近年来，深入推进"管办评分离"，简政放权改革初见成效，行政审批制度改革力度不断加大，中央和地方各级政府责任进一步明确，学校办学自主权得到进一步扩大和落实，社会参与作用逐步得到发挥，政事分开、权责明确、统筹协调、规范有序的教育管理体制框架正在逐步形成。

1. 加大行政审批改革力度

我们看到，自《国家中长期教育改革和发展规划纲要（2010—2020 年）》实施以来，国务院先后取消下放了一批教育行政审批事项，重点是扩大省级政府的教育统筹权和学校办学自主权。2012 年 9 月，《国务院关于第六批取消和调整行政审批项目的决定》涉及教育的行政审批 8 项中，取消了 4 项，下放了 3 项，减少审批部门的 1 项。2013 年以来，国务院已经宣布取消和下放了 11 项教育行政审批（包括 2 个子项），已取消下放或确定取消下放的项目达到 40%。2014 年 5 月，教育部印发《教育部职能转变方案》和《落实〈教育部职能转变方案〉任务分工》通知，取消 22 项职责，下放省级教育行政部门、高校和直属单位 13 项职责，转移、委托直属事业单位和社团组织承担 50 项职责，精简规范 23 项评审项目，理顺基础教育管理等 9 个方面职责关系，加强和改善教育督导等 3 个方面宏观管理，精简撤销议事协调机构 52 个。

按照《国务院关于取消非行政许可审批事项的决定》，2015 年 5 月教育部对审批事项清单又进行了调整：删除孔子学院（课堂）设置及年度项目审批，高等学校赴境外设立教育机构及采取其他形式实施学历教育审批，高等教育自学考试本科专业审批；删除全国普通高校本科生分学校招生计划，研究生分地区、分部门、分学校招生计划审批，高等学校面向全国招生和跨省招生生源计划审批，国家和省级教育考试机构与外国及港澳台地区考试机构或其他组织合作举办考试审批（已调整为政府内部审批）；删除“2011 计划”协同创新中心认定、教育部重点实验室审批、教育部工程中心审批、教育部人文社科重点研究基地审批。需要进一步改革和规范的其他权力事项，将随着简政放权和依法行政的推进，结合制定国务院部门权力清单，进一步研究、清理和规范。

与此同时，教育部印发《关于改进评审评估评价和检查工作的若干意见》，取消一批评审、评估、评价事项，整合内容交叉重复或关联度高的评审、评估、评价事项，统筹常规性、临时性检查，编制确需保留的评审、评估、评价和检查事项目录清单，项目评审、教育评估、人才评价事项减少三分之一以上。

中央层面简政放权改革力度的加大，激发了地方和学校推动教育综合改革的主体意识，增强了教育发展活力。目前已有上海、广东、江西、云南、新疆、贵州、江苏、四川等 13 个省级政府完成教育综合改革方案的编制工作。在 2014 年率先启动北京大学、清华大学综合改革的基础上，积极推进其他部属高校实施综合改革，目前已指导完成上海交通大学、浙江大学等 71 所中央部属高校综合改革方案的审核备案工作。通过推动省级政府和高校教育综合改革方案落地落实，尝试扩大地方和高校的自主权。

专栏

“一市两校”综合改革试点

《上海市教育综合改革方案（2014—2020 年）》，提出 10 个方面 52 条重大改革措施，进一步增强上海对接服务国家战略能力水平、完善省级政府教育统筹机制、推动各级各类教育争创一流、深化高校考试招生制度综合改革、强化教育改革发展支撑保障等，加快推动上海率先实现教育现代化。

清华大学和北京大学的方案主要是在完善大学治理结构，在办学自主权、人才培养等各项政策上寻求突破。清华大学方案内容包括加快完善中国特色现代大学制度、深入推进人事制度改革、创新人才培养模式、健全学科发展机制和科技创新体系、改革社会服务体制机制、推进资源管理模式改革、进一步深化行政管理改革 7 个方面。北京大学的方案主要从治理结构与管理体制、人才培养、科研体制、医学教育与医疗体制、师资人事制度、资源保障与配置体制、管理服务 7 个方面具体部署综合改革的主要任务和重要举措。

资料来源：根据“一市两校”综合改革试点相关资料整理。

2. 落实和扩大高等学校办学自主权

2014 年，国家教育体制改革领导小组办公室印发了《关于进一步落实和扩大高校办学自主权完善高校内部治理结构的意见》，扩大高校在选拔学生、调整优化学科专业、开展教育教学活动、选聘人才、开展科研活动、管理使用财产经费和扩大国际交流合作 7 个方面的自主权，尤其是在专业设置和学科管理方面取得较大进展。根据 2012 年新修订的《普通高等学校本科专业设置管理规定》规定，除国控专业和目录外专业，不再限定专业数和学科门类，高校经高校学科专业设置委员会审议后，可依法自主设置《普通高等学校本科专业目录》（2012 年）内所有非国控本科专业，各级各类高校专业设置权得到落实和扩大。另外，学科设置管理模式改革取得进展，二级学科由学位授予单位在一级学科授权权限内自主设置。职业院校在招生、专业设置和调整、教师评聘、资源配置、收入分配、校企合作等方面的办学自主权得到进一步落实。

（二）高等学校内部治理结构日趋完善

1. 坚持和完善党委领导下的校长负责制

2014 年，中共中央办公厅印发《关于坚持和完善普通高等学校党委领导下的校长负责制的实施意见》，要求坚持党委的领导核心地位，保证校长依法行使职权，建立健全党委统一领导、党政分工合作、协调运行的工作机制。印发实施《中共教育部党组关于进一步加强直属高等学校领导班子建设的若干意见》，提高直属高校领导班子建设的规范性制度化水平。完善大学校长选拔任用办法，教育部启动实施直属高校校长选拔任用制度改革的试点工作，为探索大学校长选拔任用的新模式进行了有益尝试。

2. 加强学术组织建设

2014 年教育部颁布实施《高等学校学术委员会规程》，要求高校把学术委员会作为校内最高学术机构，实现行政权力与学术权力的相对分离，赋予高校学术委员会独立行使学术事务的咨询、评定、审议和决策权。部分地方和高校因地制宜建立健全以学术委员会为核心的学术管理体系和组织架构，加强学术委员会建设，在实现教授治学、发挥学术委员会在学科建设、学术评价、学术发展中作用方面积极探索，尤其是通过修订完善学术委员会章程，探索教授治学的有效途径，为教授治学提供更加可靠的制度保障。

专栏

高校加强学术组织建设，实现教授治学

北京大学新制定的《北京大学学术委员会章程》对学校内部学术权力、行政权力进行区分，突出学术委员会的重要地位和独特作用，规定北京大学学术委员会是北京大学的最高学术机构，改革学术委员会的组织管理体制，设立了专门工作委员会和独立的办事机构，建立委员选举制度和自动更替制度，从而健全了学术治理体系和组织架构。

吉林大学 2010 年新修订的《吉林大学学术委员会章程》规定：学术委员会是学术评议、审议、论证和决策的最高学术权力机构，学校领导和职能部门负责人不担任各级学术委员会委员职务。

东北师范大学在全国高校中率先实行教授委员会制度，在学院一级成立了教授委员会，实行教授委员会集体决策基础上的院长负责制，为教授群体参与学校决策搭建了一个组织框架。

资料来源：根据相关学校调研材料整理。

3. 探索学校内部纵向分权

理顺学校与学院的关系，改变高校中校、院、系的直线职能式组织架构，建立完善体现学术单位管理特点的高校院系治理模式，在促进院（系）的科学管理和规范管理方面大力推进改革探索，扩大学院办学自主权，充分调动校院两级积极性，充分激发校院两级发展的内生动力。

专栏

复旦大学探索校院两级管理体制改革

复旦大学以深化校院两级管理体制改革为“牛鼻子”，推动学校综合改革。2014年学校发布《关于推进校院两级管理体制改革的若干意见》，通过转变校部机关职能，扩大学院办学自主权，带动学校一系列综合配套改革。学校对学院设置和管理服务构架、学科发展规划编制、人力资源规划编制提出明确要求，综合评估院系人员规模和组织架构等基本情况、学科发展及内部管理水平，拟定文、理、医、工四大类试点计划。对于参与试点的两级单位，学校着力抓好三个方面的建设：一是通过学科发展规划和人力资源规划抓好目标和定位；二是推动院系健全决策制度和议事规则；三是加强院系管理人员队伍建设。

资料来源：根据复旦大学调研材料整理。

4. 稳步推进校内民主管理

2011年，教育部发布《学校教职工代表大会规定》，对教职工代表大会的性质、功能和地位进行准确定位，对教职工代表大会参与民主管理和监督的权利进行细化，使其更具可操作性，保障学校教职工民主参与和监督的权利。高校通过支持各类群团组织、党派团体、专业咨询机构开展工作，健全校院两级教职工代表大会制度，依法保障广大教职工和学生参与学校民主管理和监督。目前教职工代表大会已成为高校广大教职工行使民主管理和民主监督权利的主要渠道和基本形式。

5. 发挥高校理事会作用

社会力量作为学校的外部利益相关者，对学校治理有着越来越重要的影响，各地不断探索形成适应不同类型教育和人才成长的社会参与治理机制。2014 年 7 月，教育部印发《普通高等学校理事会规程（试行）》，促进和规范高等学校理事会建设，增强高等学校与社会的联系、合作。各高校普遍以设立理事会、董事会或校务委员会及校友会、基金会等方式，扩大社会合作，积极发挥理事会在密切联系社会、扩大决策民主、争取社会支持、接受社会监督等方面的作用。

6. 推动高等学校章程建设

高等学校章程建设是 2010 年《教育规划纲要》提出的明确要求，是完善中国特色现代大学制度的基础性工作，目的是推动形成政府依章程管理、学校依章程自主办学、社会依章程监督和评价的高等教育治理格局。2011 年 7 月 12 日，教育部第 21 次部长办公会议审议通过《高等学校章程制定暂行办法》（教育部令第 31 号），要求所有高等学校在 2012 年内启动章程制定或者修订工作。2011 年 12 月 28 日，教育部办公厅印发《关于学习宣传、贯彻实施〈高等学校章程制定暂行办法〉的通知》，要求各地抓紧组织、深入开展学习宣传工作，进一步推动高等学校的依法治校工作。2012 年 11 月 22 日，教育部印发《关于〈全面推进依法治校实施纲要〉的通知》（教政法〔2012〕9 号），系统地提出了依法治校的总体要求和具体措施，各地以学校章程建设为突破口，全面推进依法治校。2013 年 9 月 22 日，教育部印发《关于〈中央部委所属高等学校章程建设行动计划（2013—2015 年）〉的通知》（教政法〔2013〕14 号），要求各中央部委所属高校按照计划要求，依据《高等学校章程制定暂行办法》，细化、落实章程建设的目标要求，进一步明确章程建设的工作方案和时间节点，保证按时完成章程建设任务。2014 年 5 月 28 日，教育部办公厅印发《关于加快推进高等学校章程制定、核准与实施工作的通知》，要求各地教育部门在 2015 年 12 月 31 日前完成所有高校章程的核准工作，在章程中客观表述学校的组织特征与定位，并且以章程建设推动高校综合改革。国务院有关部门、各地政府按照分类指导、分层分步推进的原则，积极推动本部门、本地方所属高校的章程建设，力争至 2015 年年底基本实现全国高校一校一章程格局。各高校将章程建设与学校深化综合改革、推进内涵发展的总要求紧密结合，高度重视，学校党委、校长亲自抓此项工作，并在章程制定过程中充分发扬民主、广泛征求各方面意见，促使章程起草成为学校各方共同参与、民主协商、凝聚共识的过程，保证章程内容能够成为学校依法自主办学、实施管理和履行公共职能的基本准则。

（三）专业教育服务机构发挥作用逐步增大

1. 建立社会公众和专业机构参与教育决策的机制

国家把健全依法、科学、民主决策机制作为教育管理、教育治理现代化的重要支撑，把公众参与、专家论证、风险评估、合法性审查、集体讨论决定作为重大教育决策法定程序。充分发挥国家教育咨询委员会及其他各类教育智库的作用，完善教育决策的智力支持系统。初步建成各类教育基础信息数据库并在此基础上建立教育管理公共服务平台，为专业机构和社会公众参与教育决策等提供全面、权威的数据支撑。伴随管理权下放和管理专业化的推进，许多地方政府也越来越注重教育决策的科学化、民主化。调查显示，全国半数省份成立了教育咨询委员会，部分省份成立了高等教育拨款咨询委员会，为教育决策提供战略咨询支撑（见表6－1）。许多学校主动加强治理能力建设，在决策管理或机构设置中引入战略咨询和公众参与机制。

表6－1　各省市教育决策咨询机构成立情况　　单位：省份

政策措施	是	否
是否成立了教育咨询委员会*	15	15
是否设立高等教育拨款咨询委员会	4	28

注：* 此项提供有效调查数据的省份为30个。

资料来源：根据调研整理。

2. 执行信息公开和公众监督制度

自2010年起，教育部先后制定《高等学校信息公开办法》《政府信息公开工作规定》《高等学校信息公开事项清单》等文件，有关招生、财务等重点领域信息公开制度基本形成。2014年，中国社会科学院法学研究所、社会科学文献出版社联合发布《法治蓝皮书》，其中《政府透明度指数报告》显示，55个受评估的国务院部门中，教育部在政府信息公开方面排名第一。公众对教育知情权、参与权和监督权得到切实保障。

专栏

推行以清单式管理为基础的信息公开制度

2014年7月，教育部根据《政府信息公开条例》和《高等学校信息公开办法》制定发布《高等学校信息公开事项清单》，要求全国各高校在2014年10月底之前向社会全面公开清单所列事项。该清单内容汇集了包括基本信息、招生考试信息、财务资产及收费信息、人事师资信息、教学质量信息、学生管理服务信息、学风建设信息、学位学科信息、对外交流与合作信息和其他信息等在内的10个大类50条具体项目；同时，教育部要求各高校编制学校上一学年信息公开工作年度报告，对清单所列信息的公开情况逐条详细说明。

资料来源：摘自教育部《高等学校信息公开事项清单》。

3. 稳步推进专业机构和社会组织参与教育评价

2013年，国务院办公厅印发《关于社会力量购买服务的指导意见》提出将适合市场化方式提供的公共服务事项，交由具备条件、信誉良好的社会组织、机构和企业等承担。财政部自2014年起已确定将教育部纳入年度政府购买服务工作计划，并将委托专业机构和社会组织开展教育评价纳入政府购买服务范围。各地也积极探索，培育和规范专业机构和社会组织参与地方评价。一些受政府委托的专业化教育机构所开展的教育评价，积极采用现代化评价方法和技术，保证教育评价的科学性、规范性、独立性，切实发挥了教育评价的诊断、导向和激励作用。

专栏

专业组织在我国研究生教育质量保障中发挥重要作用

2014年3月，国务院学位委员会、教育部下发《关于加强学位与研究生教育质量保证和监督体系建设的意见》，强调要充分发挥学术组织、行业部门和社会机构的监督作用，充分发挥国务院学位委员会学科评议组、全国专业学位研究生教育指导委员会、中国学位与研究生教育学会等学术组织在研究生教育质量调查研究、标准制订、评估论证及学风建设等方面的重要作用。

教育部学位与研究生教育发展中心作为教育部直属事业单位，具体负责对具有研究生培养和学位授予资格的一级学科进行整体水平评估。此项工作于2002年首次在全国开展，至今已完成四轮评估，社会反响强烈。

资料来源：根据中国学位和研究生教育信息网整理。

三、借鉴国外大学制度完善我国高等教育治理体系

制度具有根本性、全局性和长期性的作用。只有更加科学、完善的制度，才能更好地保障并促进学校事业的快速发展，更好地推进高校“双一流”建设。《总体方案》中明确提出，“双一流”建设要深化高校综合改革，加快中国特色现代大学制度建设，着力破除体制机制障碍，加快构建充满活力、富有效率、更加开放、有利于学校科学发展的体制机制，当好教育改革排头兵。中国特色现代大学制度的核心是在国家的宏观调控政策指导下，处理好大学与政府的关系、大学与社会的关系以及完善大学内部治理结构，实现大学面向社会，依法自主办学，实行科学管理。

（一）国外大学制度的比较借鉴

学界一般认为，大学与政府的关系、大学的内部治理结构以及大

学与社会的关系是中国特色现代大学制度建设的三个基本层面，这三重关系也影响到完善大学治理体系的方向、空间和深度。不同国家的高等教育治理体系各有特点，历史与现实都说明，没有放之四海而皆准的唯一有效的一流大学治理体系，但可以为我们所借鉴，即坚持中国特色，并积极吸收有益的国际经验，是面向“双一流”建设目标而不断完善我国大学治理应有的态度和策略。

1. 伯顿·克拉克的高等教育“三角协调模式”

在高等教育发展史上，政府、大学和社会三者的关系始终是一个带有普遍性和全局性的问题，也是各国高等教育体制改革的核心问题。对此，美国教育家伯顿·克拉克（Burton R. Clark）提出了政府权力（政府）、学术权威（大学）和市场（社会）三因子作用的“三角协调模式（Coordinatetriangle）”（见图 6－1）①。

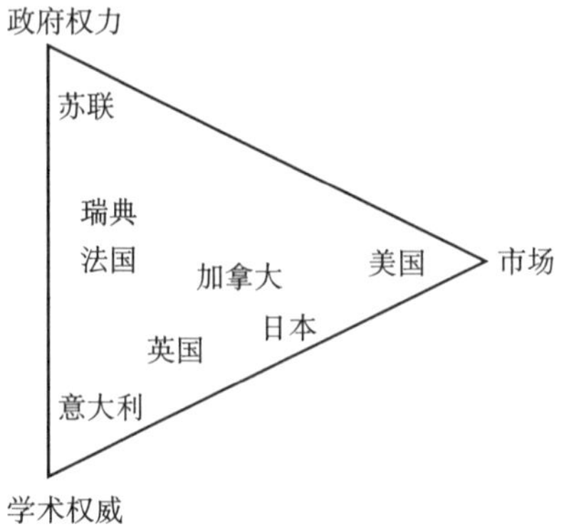

图 6－1　伯顿·克拉克的高等教育“三角协调模式”

在这个“三角关系”中，他将政府权力、学术权威和市场力量分

① （美）伯顿·R. 克拉克：《高等教育系统——学术组织的跨国研究》，王承绪等译，杭州大学出版社，1994，第 159 页。

别置于三角形的三个顶点：政府权力代表的是社会集体意志，它通过法律、政策、拨款等形式对高等教育系统施加影响；学术权威则是来自以资深教授和专家学者作为载体的知识和专业的本性力量，这种本性力量通过正式组织结构（如各种学术委员会）以及非正式渠道对教育发展产生影响；市场则是教育消费者的意愿，是高等教育的服务对象或产品承接者的要求。伯顿·克拉克的重要观点集中反映在他的经典之作——《高等教育系统——学术组织的跨国研究》（*The Higher Education System：Academic Organization in Cross-National Perspective*）一书中，成为人们普遍接受的研究高等教育结构的方法论基础。

关于“三角协调模式”，伯顿·克拉克是这样描述的：“我们这个从国家权力到市场的连续体可以重新改为国家、市场和学术权威呈三角形的协调模式。三角形的每个角代表一种模式的极端和另两种模式的最低限度，三角形内部的各个位置代表三种成分不同程度的结合。”① 在他看来，理想的模型应是政府权力、学术权威和市场三者处于三角鼎立的状态，既互相排斥，又互相牵制。在现实中，完全“理想的模式”是不存在的，各国由于政府支持高等教育的力度不同，所以其高等教育系统总是偏重于使用某一种模式进行协调。如果某一国家为高等教育提供了大部分或全部经费，国家对高等教育的控制便因此而提升；反之，如果以市场力量或来自非国家领域的力量为主体的话，国家对于高等教育的影响便减弱。比较极端的像苏联——偏向政府权力，意大利——偏向学术权威以及美国——偏向市场，其他国家则依据这三种力量的大小而定位自己。从这里看出，伯顿·克拉克对政府权力、学术权威和市场三者的关系的分析是宏观的、定

① （美）伯顿·R. 克拉克：《高等教育系统——学术组织的跨国研究》，王承绪等译，杭州大学出版社，1994，第 184 页。

性的，然而却是开创性的，为研究政府、大学和社会之间的关系提供了方法论的基础，不同国家的高等教育体系可以在三角形中找到不同的位置。

在诸多关于大学与外部世界关系的论述中，伯顿·克拉克的“三角协调模式”已成为解释现代高等教育系统运作，特别是进行多国高等教育体制比较时所使用的经典模式。由于不同国家、不同时期的政治、经济和文化发展状况不同，决定了政府、大学和社会三者的地位和力量也不同。但是，相对于某一个国家（从横向的世界范围看），或者一个国家的某一个时期（从纵向的某个国家的历史看），这三者又处于相对的平衡中，只不过是运动变化中的平衡。

在伯顿·克拉克的高等教育“三角协调模式”基础上，英国学者加雷斯·威廉斯（Gareth L. Williams）根据对高等教育经费分配中的权力关系的相关研究，进一步将这一模型细化为六个图像模式①，把此项研究又向前推进了一步。加雷斯·威廉斯是伦敦大学教育学院教授、英国有影响的高等教育学家。他在高等教育的市场化研究方面有很深的造诣，代表作有：《高等教育的市场化：高等教育财政的变革与潜在变化》（1995）、《高等教育新论》（第三章：经济的观点）等。加雷斯·威廉斯主要从经济学的角度研究高等教育拨款制度中的权力结构问题，是与非经济的研究方法有效对话的典范。

加雷斯·威廉斯根据政府、市场和大学三者在高等教育中所扮演角色的轻重，把外部制约方式分为“官僚控制模式”、“市场模式”和“学院控制模式”。官僚控制模式是指高校在相当大程度上受制于政府，是政府的下属部门，学校自主发展的空间很小，学校的决策权大

① （荷）弗兰斯·F. 范富格特主编：《国际高等教育政策比较研究》，王承绪等译，浙江教育出版社，2001。

部分掌握在政府手中；市场模式是指没有政府强有力的权力干预，但受到市场力量的控制，这是以利益为驱动牵引的，学校为了生存和发展，必须努力面向市场，适应市场的需要，有时还必须吸引社会人士参与学校决策，学校的决策权受到这只“看不见的手”的作用；学院模式则是一种比较充分体现学校自主办学、自主决策和自主发展的决策模式，决策权基本上集中于大学，大学作为自治性团体而不受外界的干扰，极少有外部参与，有时因过于强调学校自治和学术自由而走向封闭。在《高等教育的市场化：高等教育财政的变革与潜在变化》中，加雷斯·威廉斯沿着伯顿·克拉克的思路，根据对高等教育经费分配中的权力关系的相关研究，以政府为主导因子，将“三角协调模式”进一步细化为六个图像模式，如图6－2所示。

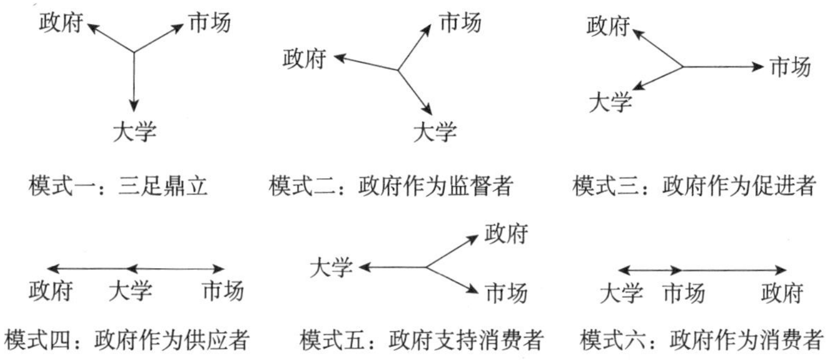

图6－2　加雷斯·威廉斯对“三角协调模式”的图像化

从图中的6种模式的命名就可以看出，在政府、大学和市场的关系中，加雷斯·威廉斯是以政府为主导因子的，是根据政府与大学、与市场的亲密度而划分类型的。这也符合“谁买单，谁做主”的大学发展历史。现在对加雷斯·威廉斯的各个模式作以简单分析：

在模式一中，政府、市场、大学三者力量平衡，互相牵制，大学既能保持自己的自治权和学术自由，又能从政府、社会那里获得必要的经费支持，这是比较理想的模式。

在模式二中，市场与大学分别与政府采取不同方向的发展，且其间的角度并不相等，它所显示的是政府不再与市场和大学只保持平衡关系，政府对于上述两者产生有限的影响，扮演着监督市场与大学运作的角色。此模式可以广泛地描述美国、英国高等教育中政府的传统角色，大学拥有自主权，政府的主要责任在于提供经费，但不直接介入大学的管理事务，而由中介机构负责向政府提供经费分配建议，规划高等教育相关事宜。

在模式三中，政府、市场与大学也分别采取不同方向的发展，但政府与大学的方向相近而与市场相反。它意味着在市场势力日趋膨胀的情况下，政府欲与大学合作发展出制衡市场的力量。政府在供给大学经费资源或拟定相关的高等教育政策促进大学发展时，所扮演的角色更为积极，以与市场力量相制衡。

模式四是典型的政府主导型，在此模式中，市场与政府、大学的发展方向是相反的，由于政府对大学的全供给或主体供应，政府就对大学有了特殊的要求，而这种要求往往是以功利主义为原则的，这就在客观上造成了大学不得不更多地依赖政府而疏远市场的状况。许多欧洲国家传统上多符合模式三或模式四。

在模式五中，大学与政府、市场的发展方向相反，政府与市场的发展方向相近。政府支持市场运作，并呈现放任大学自由发展的趋势。但政府也进一步利用与市场之间的合作，支持消费者的选择权，以发展出牵制大学发展的力量，并进一步引导大学趋于市场化发展。

模式六是典型的市场主导型，在此模式中，作为消费者的政府，完全站到了市场一边，与市场方向一致，而与大学方向相反，结果使大学与政府、与市场本该应有的三角关系变成了直线关系，这时候大学的自主性最强。大学在政府所运作的市场机制中，一方面需要自筹资金、自谋营生，另一方面需要与国家发展方向、社会市场需求相适应。此种模式的发展并不十分明显地见于现今的国家体系中。

从以上分析可以看出，经济因素在其中起关键作用——谁为高等教育买单，谁就有权对高等教育施加影响。据此，加雷斯·威廉斯将各个国家的高等教育经费分配模式划分为官僚控制模式、学院控制模式和市场模式，这也正是他对伯顿·克拉克“三角协调模式”进行细化的重要依据。

2. 国外高等教育治理及启示

由上所述，“三角协调模式”将世界高等教育大致划分为集权体制、自治体制和市场体制（或官僚控制模式、学院控制模式和市场模式），对高等教育理论发展以及当前正在进行的高等教育管理体制改革，具有积极意义，成为人们普遍接受的研究高等教育结构的方法论基础。近几十年来世界高等教育比较研究的范式，从总体上说是沿着伯顿·克拉克开创的路径前进的。

英国著名教育专家埃里克·阿什比（E. Ashby）在他的《科技发达时代的大学教育》中曾指出，任何类型的大学都是遗传与环境的产物。世界各国不同的遗传与环境因素，决定了不同的治理模式。可以说，并没有放之四海而皆准的治理模式。扎根中国大地办大学，更需要我们根据本国特点选择自己的发展道路。但考察、分析发达国家具有代表性的有关大学治理的经验做法，获得某些富有借鉴价值的资料，无疑将有助于我们从中更好地审视当前我国大学治理结构改革的现状，为“双一流”建设的改革实践提供有启发性的思路。概括起来，西方大学多元治理结构有以下共性特点：

（1）政府逐步放权，提倡外部监督。尽管西方各国大学教育管理体制不同，由此导致了各自大学、政府和社会的相互关系及其调节方式的差异，但政府对大学的管理主要是宏观上的控制与把握，而大学较充分地享有法律所赋予的权利和义务。在这一过程中，政府更重要的任务是扮演监督机构的角色，它的主要责任转变为制定、执行和维护治理规则，监督和评估高等教育的办学行为和质量。

美国是一个实行州权的联邦制国家，州在不违背联邦宪法的前提下对本州的事物拥有立法、司法和行政管辖权。教育，包括高等教育，是州政府的一项首要任务，州政府对本州的高等教育具有广泛的权力。联邦政府在高等教育管理上并没有实权的控制，而是大政方针的掌握与制定。通过制定法律、政策和调整税收等来影响高等教育；通过立法、行政命令和授权等方式成立各种专门委员会监督高校的发展；由国会通过立法方式，以经费资助、赠地和分发物资等形式对高等教育改革与发展施加影响。

德国的高等教育产生于中世纪晚期，比意大利、法国的大学约晚两个世纪。虽然采取了巴黎大学自治团体的模式，但它不是作为学者联合体自发产生的，而是由代表封建邦国的诸侯建立的。从一开始德国的大学就既有着学术自治的传统，又有着受政府控制的特点，大学既是国家机构又是社团法人①。因此，德国高等教育历来被分为国家行政管理和学术自我管理两个部分：作为国家机构的高等学校要服从国家的管理，而作为社团法人的高等学校又享有一定的自我管理的权利（主要在教学、研究学术活动领域）。虽然国家仍一如既往地承担大学财政，但放弃了对大学的微观控制，而授权大学自主灵活地使用下拨经费。

---

① 马陆亭：《德国高等教育的制度特点》，《教育研究》2002 年第 10 期。

法国是实行中央集权制的国家，为了改善中央政府与地方和学校的关系，法国教育界进行了关于契约管理的探索与改革①。法国《高等教育法》第一次在高等教育领域提出了“合同”的概念等。研究合同有利于大学制定较长期的科学研究规划，并将过去的一年拨发的研究经费调整为四年。大学与国家建立契约，首次将大学置于高等教育管理的中心位置，为大学与国家之间建立现代宏观管理的关系铺就了一条可行之路。这是法国大学在现代化管理道路上迈出的关键一步。而对于大学自身而言，重在自我管理，即在大学治理的过程中，校长办公会、评议会、董事会、理事会和外部评估监督机构依照法律的规定发挥作用，确保大学的有效运行、高等教育经费的合理使用以及高等教育管理决策的科学性。

（2）通过法律明确各主体的权利与义务。法治是多中心治理得以运行的保障。在西方大学管理体制中，有严格的立法保证和法律权威保障大学、政府、社会三者明确的权利和义务。无论是政府，还是社会，过分越位的现象和“人治”的情况都因此而减少。大学的自我管理、政府的宏观调控、社会的积极参与，使得三者交流、沟通、互为监督促进，呈现一体化的发展趋势。

分权制是美国教育管理体制的总特征。1791 宪法修正案的第 10 条规定：凡本宪法未划定而又非各州所禁止的事权，皆归属各州或人民。1979 年 10 月，美国国会在通过教育部设置法案时规定：关于教育的权限和责任，将保留给州及州所规定的其他机关。所以，在法律上美国把教育的管理权划归于各州，实行的是各州分权的高等教育管理体制，并以多元化管理为其主要特征。在美国，设置大学的审批权与

① 王晓辉：《法国教育财政体制与学生资助政策》，马陆亭、徐孝民主编，《国际教育投入与学生资助》，高等教育出版社，2007，第 44—46 页。

大学的评估认可权基本上是分离的，州负责审批大学的设置和协助大学的评估与认可，而大学自身的评估与认可则主要来自非州属的或非官方的独立的大学认证机构，从而能够更加公平、客观地评估大学实际状况，并提出合理的对策。

为保证德国各州高等教育发展能基本协调一致，《联邦德国基本法》于 1969 年赋予联邦政府对高等教育的原则立法权。由此于 1975 年诞生了联邦德国第一部《高等教育总法》，确定了国家高等教育发展的总体框架，放弃了罗列国家对专业监督事务的做法，提出“高校承担国家任务时，必须通过法律预先规定更进一步的监督”，仅仅保留了有关高校的法律地位和州政府监督权的基本规定。在这部法的范围内，德国各州相继调整了自己的高教法，以具体规定其高校的各项重要细节。

英国大学自古就有高度自治和学术自由的传统，与欧洲大陆的大学相比，英国大学受到国家控制的程度要小很多。政府和教育行政部门并不直接干预高校的管理事务，高校享有高度的自治权。1854 年和 1856 年分别制定的《牛津大学法》和《剑桥大学法》，被视为议会“干预”大学原则建立的一个转折点。此后，特别是“二战”以来，涉及高等教育的政策法规文本越来越多，如：《巴洛报告》（1946 年）、《技术教育白皮书》（1956 年）、《罗宾斯报告》（1963 年）、《多科技术学院和其他学院的计划白皮书》（1966 年）、《公共支出白皮书》（1981 年）、《教育改革法案》（1988 年）、《继续教育与高等教育法》（1992 年）、《迪尔英报告》（1997 年），等等。这些政策法规对于人们认识大学的观念，对于推动科技教育的发展、高等教育的大众化、双轨制的建立与终结、新大学的创建、大学经费的来源渠道、大学功能的多样化等都产生了深远影响。

法国通过《高等教育方向指导法》《高等教育法》《教育指导法》《综合大学自由与责任法》等法律明确支持大学自主办学。在法国，所有大学均为公立机构，任何私立教育机构都不得冠以“大学”（Université）称号。1984 年 1 月 26 日，法国《高等教育法》规定：“以科学、文化和职业为特点的公立机构为国立高等教育和科学研究机构，它具有法人资格，在教学、研究、行政、财政方面享有自主权。”这种自主权首先表现在，每所大学的管理并非完全受国家控制，而是可以由大学校务委员会决定。就是说，学校可以在国家规定的范围内，确定自己的教学、科研和资料工作的政策。

（3）重视发挥中介组织的“智囊团”与“减压阀”作用。通过中介组织协调大学治理主体之间的关系是各国比较普遍的做法，由此形成了大量各司其职的中介组织，有的负责外部监督与评估，有的成为政府、社会、大学沟通的桥梁，有的则关注行业内部自律与准入标准。西方国家在制定大学教育发展规划、拨款计划、对大学采取相关政策时，将大量的工作下放给中介组织来做，日益重视其“缓冲器”、“智囊团”的作用，以使管理和决策的过程更客观，注重科学论证和社会参与。

美国高等学校的教育质量和学术标准就是由社会中介机构来进行评估的。在美国有多个这类机构，除了新英格兰、西部、西北部、南部、中部和中北部六个地区的评估机构外，全国还有 70 多个全国性的教育和专业协会等评估组织，包括各种基金会、学术团体等。这些机构制定高等学校本科和研究生的课程标准，确定如何评价高等学校课程的手段。通过评价和不断的检查，定期公布达到标准的学校，以保证高等学校的教学质量。联邦政府和州政府依靠这些评估机构的评估结果，确定给哪些学校资助和投资，并将评估结果上网公布，供学生和家长查询。

英格兰高等教育基金委员会（the Higher Education Funding Council for England，HEFCE），是一个典型的教育拨款中介组织，由 15 名成员组成[①]，包括大学副校长、政府官员、学院院长及工商界等代表，其使命在于通过合作，为高质量、高效益的教学科研提供资金，满足学生、国家经济和社会的不同需求。主要任务包括：负责分配来自政府拨款的国家高等教育经费；指定和执行政策，保证科研项目、计划和高等教育条例一致；提出合理的资金分配原则和意见；帮助高等教育研究机构、大学和学院提高高等教育质量；鼓励高等教育多样化，拓宽办学渠道等。从其成立那一刻起，HEFCE 就担负着英国高等与继续教育系统中各个大学与学院的资金分配责任，一方面为了缓解高校面临过高的行政压力，另一方面，保留高校一定程度的自治管理权利。

（4）政府、大学、社会建立合作伙伴关系。在经济全球化背景下，社会需求日益多元化，面对大学特有的课程设置、学科设立、人才培养等问题，西方各国政府、大学与社会一般都通过谈判、协商达成共同的目标，如法国的契约合同模式、德国的科学审议会、大学理事会等。这些模式的最大特点是成员组成的多样性，重视大学治理主体的多元参与，其主要任务是为高等教育和科学事业的发展提供政策咨询。

当前，大学的主要资源还是来自公共财政的支持，因此，大学不仅要承担社会责任，还必须接受社会的监督。治理主体的多元化必然要从各自经济及社会利益来考虑、评价大学活动，加强与大学的联系，寻求最好的平衡。在这种体制下，政府是“掌舵人”，大学与政府通

---

① 《经合组织第三级教育国家报告：英国》，载范文曜等主编：《高等教育治理的国家政策》，高等教育出版社 2009 年版，第 106 页。

过中介组织联系。大学与市场、社会的联系是直接的，而与政府的联系是间接的。大学面向市场、社会自主办学，有利于社会各界参与教育决策和管理，有利于协调大学、市场、社会、政府之间的供给与需求。

（二）理顺大学与政府、社会的关系

按照治理理论，公共管理的行动者应由包括政府在内的众多机构和个人组成。政府并不是公共管理的单一中心，众多机构和个人以自己的方式参与公共管理。由以上国际比较可见，高等教育治理属于公共事务管理范畴，政府的主要职能在于制定教育法律、法规，从宏观上把握高等教育的方向和质量，充分尊重大学的办学自主权，为高等教育发展创造适宜的充满活力的环境。与此同时，随着大学与社会联系更加紧密，高等教育治理中也更多地有社会力量的参与、介入或干预。

反观当前我国大学、政府、社会之间的关系，还没有真正理顺，政府缺位、越位、错位的现象仍时有发生，大学办学自主权也有待进一步落实，社会参与高等教育治理还也很缺乏。为此，要按照《总体方案》要求，深入探讨大学、政府、社会三者的基本关系，揭示影响和制约“双一流”建设的相关制度要素及相互作用，完善高等教育治理体系，加强制度建设，形成大学、政府、社会有效运行机制。

1. 充分尊重大学的办学自主权

在大学与政府的关系中，充分尊重高校办学自主权、增强高校自身统筹发展的能力，是完善中国特色现代大学制度的首要要求和实现

“双一流”建设目标的根本保障。1998 年 8 月 29 日颁布的《中华人民共和国高等教育法》第三十条规定：“高等学校自批准设立之日起取得法人资格。高等学校的校长为高等学校的法定代表人。高等学校在民事活动中依法享有民事权利，承担民事责任。”这就确定了高校的独立法人性质，并享有自主权。按照《高等教育法》，高校依法享有招生、学科专业设置、教育教学、科学研究与社会服务、国际交流合作、机构设置与人事管理、财产管理与使用 7 个方面的办学自主权。2014 年 7 月，国家教育体制改革领导小组办公室印发了《关于进一步落实和扩大高校办学自主权完善高校内部治理结构的意见》①，进一步提出，扩大高校在选拔学生、调整优化学科专业、开展教育教学活动、选聘人才、开展科研活动、管理使用财产经费和扩大国际交流合作 7 个方面的自主权。

“双一流”建设方案给予学校更多自主权。《实施办法》中在政府与高校之间的关系，尤其是在落实高校自主办学权方面，明确要求有关部门要“深化高等教育领域简政放权改革，放管结合优化服务，在考试招生、人事制度、经费管理、学位授权、科研评价等方面切实落实建设高校自主权。”在这里，高校自我统筹发展能力的增强不仅仅包括争取更多的办学自主权，在更深层意义上，意味着高校应该用好办学自主权，依循学术组织的特性，自力更生，形成依法办学的可持续发展能力。因此，“双一流”政策文本中的相关表述为进一步调整和理顺高校与政府之间的关系，提升高校自主办学能力提供了一种可能的变革路径，为高校结合自身实际统筹一流学科和一流大学建设提

---

① 《国家教育体制改革领导小组办公室关于进一步落实和扩大高校办学自主权完善高校内部治理结构的意见》，http://www.moe.gov.cn/s78/A02/zfs_left/s6528/s6529/201412/t20141222_182222.html，2014 年 12 月 22 日。

供了前所未有的空间，有利于建设高校在“双一流”建设过程中增强自我统筹发展的能力。

2. 继续推进“管办评分离”

2017 年 9 月，中共中央办公厅、国务院办公厅印发《关于深化教育体制机制改革的意见》[①] 指出，要坚持“放管服”相结合。深化简政放权、放管结合、优化服务改革，把该放的权力坚决放下去，把该管的事项切实管住管好，加强事中事后监管，构建政府、学校、社会之间的新型关系。高校治理的核心就是要正确处理好政府、学校、社会的关系，并建立完整的治理结构。管办评分离的目的是要重新构建政府、学校、评估机构及社会之间的相互关系。目前，“管办评分离”实施过程中需要突破放权与分权的重重障碍，攻下学校自主办学的难点，克服社会组织评价落后的缺陷，才能真正实现由政府包揽的“管办评”到定位、结构和功能相对独立与完善的人才培养过程的“管”“办”“评”的融合。

在“双一流”建设背景下，坚持“管办评分离”的原则，就是要重新厘定政府、学校和社会组织之间的关系，使三者之间实行科学的职责分工，并建立有效的运行机制。在政府层面，推动高等教育政府管理改革的起点和重点是进行职能调整优化，简政放权，落实和扩大高校办学自主权，推进高校治理体系和治理能力现代化。在学校层面，最主要的任务便是健全高校内部治理结构，提升高校治理能力，学校着重开展自身发展规划、资源配置等。在社会层面，引入社会第三方

① 《中共中央办公厅、国务院办公厅印发〈关于深化教育体制机制改革的意见〉》，中国政府网，http：//www. moe. gov. cn/jyb_ xwfb/s6052/moe_ 838/201709/t20170925_ 315201. html，2017 年 9 月 25 日。

评价机制，建立多元化评价体系是促进“管办评分离”的基础，多元评价体系可由社会中介评价、教科研常规评价、社会评价以及政府的教育督导等多方评价组成，发挥中介组织、行业自律组织等方面对学校办学的评价作用。政府必须坚持政事分开的原则把专业性、技术性很强的工作交给专业服务机构，应该充分发挥行业协会、专业学会、基金会等社会组织参与教育公共治理的积极性，积极培育专业化的教育评估监测社会组织，鼓励专门机构和社会中介机构评估监测高校办学质量，适时将委托社会组织开展高等教育质量评估监测纳入政府购买服务程序中，作为完善评估监测制度体系的重要运作方式。

3. 积极探索负面清单管理模式

2016 年 3 月，教育部等 5 部门出台了《关于深化高等教育领域简政放权放管结合优化服务改革的若干意见》①，进一步向地方和高校放权，加快构建充满活力、富有效率、更加开放、有利于学校科学发展的体制机制。人们逐步认识到，转变政府职能是深化行政体制改革的核心；要进一步简政放权，深化行政审批制度改革，最大限度减少政府对微观事务的管理。我们可以看出，政府与大学之间不是利益争夺的关系，而是相互促进、获得共赢的利益共同体。政府摆正自己的角色定位，有进有退，管其所管、放其所放，大学获得更多自主权，办好自己应该做的事情。

积极探索负面清单管理模式，就是转变政府职能、扩大和落实大学办学自主权的必然要求。所谓负面清单管理模式，是指政府规定高

---

① 《教育部等五部门关于深化高等教育领域简政放权放管结合优化服务改革的若干意见》，http：//www. moe. gov. cn/srcsite/A02/s7049/201704/t20170405_ 301912. html，2017 年 4 月 6 日。

等教育中的哪些事项因属于“国家事务”而需要管控，除了清单上的禁区，其他任何领域都许可大学先行先试。负面清单管理模式的实质是坚持“法不禁止即自由”原则，凡是与大学办学自主权不符的政府管理措施都必须以清单的形式列明。政府开具负面清单必须符合“法律保留”原则，即对政府来说，没有法律的明确授权，不可随意增加管制事项以及为大学设置新的义务，即“法不授权不可为”①。

长期以来，教育行政部门占据了教育管理的主导地位，现代化学校管理客观上要求转变教育行政部门职能，要由对学校的直接行政管理转向更加重视运用立法、拨款、规划、信息服务、政策指导和必要的行政手段进行宏观管理转变，同时也是确立学校独立和自主的地位，真正还权于学校的现实路径。在“管办评分离”的管理模式中，教育行政部门应主要成为规则的制定者、平台的搭建者、评价的组织者和资源的调配者。

对“双一流”建设来说，设置“负面清单”制度，具有特别重要的意义。《实施办法》允许建设高校根据学校综合改革方案，自主确定建设定位、选择合适建设路径、确定学科建设口径和范围，支持学校科学编制整体建设方案、分学科建设方案，积极探索不同的一流建设之路。以往政府划拨给高校的经费使用限制过多，“买酱油的钱不能买醋”。为了充分发挥建设高校的主体作用，在“双一流”建设专项资金的使用上，除了不能用于违反政策规定、与“双一流”建设无关的项目外，剩下的所有支出应由高校自主支配。这样可以给建设高校以最大限度的自主、自由。在政府方面，通过加强监督检查，可以保证资金使用的最大化和效率。在高校方面，也要做好顶层设计，为

---

① 周光礼：《中国高等教育治理现代化：现状、问题与对策》，《中国高教研究》2014 年第 9 期。

专项资金的使用设立制约和监督机制，对每一个学科群的阶段性绩效进行动态考核，建立动态管理机制，从而保障“双一流”建设总体朝着有序的方向健康发展。

4. 扩大社会参与治理

在大学与社会的关系中，提升市场竞争和社会参与程度是完善中国特色现代大学制度的基本原则和激发“双一流”建设活力的主要推动力。《总体方案》明确将构建社会参与机制作为“双一流”建设过程中主要的改革任务，提出要“坚持面向社会依法自主办学，加快建立健全社会支持和监督学校发展的长效机制”，期望高校能够回应社会需求，接受社会问责，与社会形成良性互动关系。在高校与社会新型关系的构建方面，《总体方案》要求高校应通过市场竞争和相互合作的方式积极服务于国家重大战略需求和经济社会发展，以此提升自身服务水平，赢得国家与社会的信任。同时，《总体方案》还要求高校要积极吸纳社会力量参与高校治理，提升应变能力和办学水平。

值得关注的是，与以往相比，“双一流”更加重视第三方评估在整个建设过程中的作用，明确指出要“积极引入专门机构对学校的学科、专业、课程等水平和质量进行评估”。因此，从整体上来看，“双一流”为进一步拓展和完善中国高校与社会之间的关系提供基本的路径。要根据现代大学制度建设目标要求，加强社会参与高校治理，健全社会参与学校管理的机制，保证社会参与学校管理的渠道，加快形成社会有效参与学校治理、彰显改革探索活力的新局面。

（三）完善高等教育内部治理体系

在大学内部治理结构方面，进一步完善内部治理体系并提升内部治理能力现代化是完善中国特色现代大学制度的核心任务和完成“双一流”建设任务的重要保障。在政府向高校持续分权以及高校要面向社会依法自主办学的总体趋势下，高校只有通过提高内部治理能力，实现内部治理能力现代化，才能够在竞争和不确定的动荡环境中自我革新、持续发展。同时，实现高校内部治理能力现代化也意味着高校要能够自我约束并有能力向利益相关者负责，这是赢得政府信任的基本条件和完善中国特色现代大学制度的基本要求。

1. 按《总体方案》要求完善内部治理

内部治理结构主要指大学内部各种管理权力的结合，它取决于本国文化传统以及高等教育管理体制。我国大学内部治理结构有其特殊性，包括政治、行政、学术、师生个人权力四部分。高校必须完善内部治理结构，加强民主管理、民主监督、民主决策，发挥广大教职工治学的积极性和创造性。从整体上看，中国高校已经建立起大学内部治理的基本架构，但在实践过程中，权力和资源主要被党委和校长以及其他主要行政职能部门所垄断，基层学术组织和普通教师的学术利益表达不畅，降低了大学内部治理的有效性。

针对上述问题，《总体方案》从加强和改进党的领导以及完善内部治理结构两个方面提出了相应的改革任务。在领导和管理体制方面，《总体方案》提出“坚持和完善党委领导下的校长负责制，建立健全党委统一领导、党政分工合作、协调运行的工作机制”。这里提出的“党政分工、协调运行”的机制有利于改变“决策行政一体化”格局，形成决策权、监督权与执行权分立与制衡的治理构架。更为值得关注的是，《总体方案》还首次提出“积极探索师生代表参与学校决策的机制”，打破了传统决策体制的局限性，有利于提升大学治理的合法性和有效性。同时，《总体方案》在推动高校内部治理能力现代化方面将落实高校章程作为首要的改革任务，并将章程视为高校内部治理的基本依据，提出“建立健全高校章程落实机制，加快形成以章程为统领的完善、规范、统一的制度体系”的基本要求。领导与决策体制的完善以及高校章程地位的确立为推动高校内部治理能力现代化奠定了必要的基础。

2. 健全领导体制与建立权力制衡机制

在基层党委领导下的校长分工负责制是我国现行高校法人治理结构的根本特征。在现有的“党委领导下的校长负责制”的架构下，还不同程度地存在“决策行政一体化”的问题，党委与校长均有决策的权力，导致双方分工不明、权责不清。完善大学法人治理结构必须建立权力制衡机制。决策机构与执行机构相互制衡不足，无法建立起有效的问责机制。在坚持“党委领导下的校长负责制”的前提下，建立决策权、监督权与执行权分立与制衡机制，是当务之急。按照《关于坚持和完善普通高等学校党委领导下的校长负责制的实施意见》，党委领导下的校长负责制是一个不可分割的有机整体，必须坚持党委的领导核心地位，保证校长依法行使职权，建立健全党委统一领导、党政分工合作、协调运行的工作机制。高等学校党的委员会是学校的领导核心，履行党章等规定的各项职责，把握学校发展方向，决定学校重大问题，监督重大决议执行，支持校长依法独立负责地行使职权，保证以人才培养为中心的各项任务完成；校长是学校的法定代表人，在学校党委领导下，贯彻党的教育方针，组织实施学校党委有关决议，行使高等教育法等规定的各项职权，全面负责教学、科研、行政管理工作。

《总体方案》还提出要建立健全理事会制度，着力增强理事会的代表性和权威性，充分发挥理事会对学校改革发展的咨询、协商、审议、监督等功能。“党委领导下的校长负责制”是中国法定的高校治理结构，在此前提下，建立健全由政府、行业、企事业单位以及其他社会组织代表参加的理事会制度，就是要重构高校内部的权力格局，平衡相关利益主体的权力，吸引市场和社会力量参与及推进高校发展。这是学习和借鉴国外大学（如美国）普遍存在的董事会制度——一方面传达大学对社会资源的要求，接纳社会对大学的捐赠，另一方面与大学的管理者积极接触，参与学校的发展，把社会的需求体现在大学的治理中，体现了多个利益相关主体的愿望。一种可能的构想就是“双向进入制度”①，即党委常委会的全体成员进入理事会，理事会的关键成员进入党委常委会。在此构想中，一是要明确界定党委书记的职权与作用，赋予其在高校治理中的身份（如理事长）；二是要明确界定校长的职权与作用，明确其执行机关的身份，并完善行政负责人管理制度；三是要通过一系列配套的治理制度建设，为决策、管理和监督运行提供规范和指导。

3. 优化大学组织架构

大学组织架构的优劣、合理与否直接影响到大学功能的发挥和大学战略目标的实现。当前我国高校的管理方式以偏重行政权力为主，以科层组织形式构建的组织结构构成了学校内部组织的主要形式。行政权力为主导的科层组织占据着高校管理当中的统治地位，由此而挤占了学术事务中学术权力所应负责的空间。优化大学组织架构，就是

① 周光礼：《中国高等教育治理现代化：现状、问题与对策》，《中国高教研究》2014 年第 9 期，第 16—25 页。

要通过重构，形成规范高效、反应迅捷、协调有力的高校行政管理组织结构；下移管理重心，激发基层组织的学术活力，提高学术创新能力，为保障学术自由，建立良好的高校学术组织架构。

“双一流”建设，要在党委领导下，切实履行校长职责，充分发挥校务委员会、学术委员会在学校决策中的作用，健全学校民主决策、科学决策机制。应把参与和责任联系起来，建立党委、行政、院系负责人、教师明确的四级责任制。要建立多层次的教授会，加强高校学术委员会参与学术管理的深度和组织运行机制，扩展教代会、学/研代会等广泛联系师生的途径，为实现“党委领导，行政负责，教授治学”奠定坚实的组织基础，促进学校教学质量、学科建设、社会服务等功能的提高和办学效率的提升，实现学校、教师及学生的共同发展。

4. 发挥大学章程的作用

《关于深化高等教育领域简政放权放管结合优化服务改革的若干意见》指出：“高校要坚持正确办学方向和教育法律规定的基本制度，依法依章程行使自主权，强化章程在学校依法自主办学、实施管理和履行公共职能方面的基础作用。”国外大学一般都有由大学的权力机构（一般是大学的董事会）根据大学设立的特许状（如由王室或殖民地议会颁发）及国家或地方政府教育法律法规而制定的大学章程。作为大学运行的法律性约束文件，西方大学章程上承国家或州教育政策或法律法规，下启大学内部管理，是具有一定法律效力的治校总纲。加强大学章程建设，是政府转变职能、加强宏观管理的需要，也是大学完善内部管理，建立现代大学制度的重要内容。目前，我国大学章程建设与发展还比较薄弱，虽然大学制定了章程却束之高阁，未能发挥其应有的作用。从加强内部治理角度出发，高校必须大力推进依法治校，建立完善符合法律规定的学校章程和制度，并以大学章程为纽带，内外有机衔接，建立协调一致的现代大学运行规则体系。

四、根据“双一流”建设要求进一步提升高等教育治理能力

加快中国特色现代大学制度建设，为“双一流”建设提供制度保障，与完善高等教育治理体系所要求的政府放权、市场介入、大学自主之间存在内在的逻辑关联。要遵循高等教育规律，准确把握现代大学制度的本质和内涵，切实落实和正确行使办学自主权，形成学校依法自主管理、自主发展、自我约束、社会监督的机制。要努力推进我国大学治理体系和治理能力现代化，提升治理能力，实现“中国特色”和“现代大学制度”有机统一，充分调动高等学校办学的积极性、主动性、创造性。

（一）立足新时代加强和完善党的领导

坚持党的领导，是中国特色社会主义大学的本质特征和必然要求。在“双一流”建设中，只有加强党的领导，才能保证大学的社会主义办学方向、确保“双一流”建设顺利进行。

1. 保证社会主义办学方向

扎根中国大地办大学，高校必须始终坚持正确的政治方向不动摇，始终坚持党对高校工作的全面领导不动摇。要自觉把高等教育发展方向同我国发展的现实目标和未来方向紧密联系在一起，自觉为人民服

务，为中国共产党治国理政服务，为巩固和发展中国特色社会主义制度服务，为改革开放和社会主义现代化建设服务。我们的高校是党领导下的高校，是中国特色社会主义高校。坚持高校党的领导，做好高校思想政治工作，也是新时代保证社会主义办学方向，培养合格的社会主义事业的建设者和接班人的题中应有之义。要牢牢掌握党对高校工作的领导权，使高校成为坚持党的领导的坚强阵地。

保证社会主义办学方向，教师是关键。要从时代、全局和发展的战略高度，充分认识教师队伍建设对于教育发展和民族振兴的重大意义，坚定不移地建设好教师队伍。要努力提高教师的思想政治素质，拥护中国共产党领导，拥护社会主义，热爱祖国，热爱人民，坚持正确的政治方向。要在广大教师中，弘扬高尚师德，力行师德规范，不断提高师德水平，全面贯彻党和国家教育方针，树立先进教育理念，积极推进教育创新，全面实施素质教育，以自己良好的思想和道德风范去影响学生，为培养全面发展的一代新人做出新贡献。

2. 确保“双一流”建设顺利进行

加强党对高校的领导，将发展教育作为主要任务，优先谋划教育发展、在财政分配中优先保障教育经费、在资源配置中优先满足教育需求，进一步加强对教育发展的统筹、协调和指导，努力探索新的管理方式和手段，建立健全教育决策咨询和监督机制，确保政府职能到位。

“双一流”建设说到底就是要保证足够的投入、营造良好的学术氛围、吸引一流人才，并使他们充分发挥自己的潜能，在教学、科研、社会服务、文化传承创新等方面达到卓越境界。人才战略是实现“双一流”建设目标的关键。早在20世纪前半叶，清华大学梅贻琦校长

"所谓大学，乃大师之谓也，非大楼之谓也"的名言，就道出了大学组织高端人才密集的显著特征和办学的普遍规律。在 THE、QS 和 ARWU 等世界大学排名指标体系中，教师人才的权重无一例外地占到较大权重。QS 世界大学排名中，师生比占到 20%，综合反映大学教师水平的指标合计占到 60%。一流人才将对"双一流"建设发挥根本性作用。加强党的领导，能保证始终坚持人才强教，人才强校，重视教师资源的投入、开发和有效利用，把广大教师的积极性、主动性和创造性保持好、调动好和发展好。

（二）强化经费保障和政府宏观调控能力

1. 加强经费保障

"双一流"是继"211 工程"、"985 工程"之后，我国在中国高等教育领域的又一项重点建设工程，无疑面临巨大的资金需要。据整理"双一流"建设高校 2017 年预算（如表 6－2 所示），多数在几十亿元到上百亿元。预算收支总额排名前三位的分别是清华大学、北京大学和浙江大学。其中，清华大学 233.35 亿元，是唯一一所超过 200 亿元的学校，北京大学 193 亿元紧随其后。"双一流"《总体方案》提出："中央财政将中央高校开展世界一流大学和一流学科建设纳入中央高校预算拨款制度中统筹考虑，并通过相关专项资金给予引导支持；鼓励相关地方政府通过多种方式，对中央高校给予资金、政策、资源支持。地方高校开展世界一流大学和一流学科建设，由各地结合实际推进，所需资金由地方财政统筹安排，中央财政通过支持地方高校发展的相关资金给予引导支持。中央基本建设投资对世界一流大学和一流学科建设相关基础设施给予支持。"强化经费的保障机制，对"双一流”建设至关重要。同时，《总体方案》也鼓励高校要不断拓宽筹资渠道，积极吸引社会捐赠，扩大社会合作，健全社会支持长效机制，多渠道汇聚资源，增强自我发展能力。在对“双一流”的支持方式上，《实施办法》提出综合考虑建设高校基础、学科类别及发展水平，给予相应支持，同时经费实行动态滚动机制，使学校可以通过科学规划，有序、合理、自主地安排经费。

表 6－2　　“双一流”大学 2017 年预算①　　单位：亿元

学校	金额
北京大学	193.45
中国人民大学	52.03
清华大学	233.35
北京航空航天大学	
北京理工大学	
中国农业大学	49.66
北京师范大学	62.19
中央民族大学	13.89
南开大学	66.81
天津大学	113.49
大连理工大学	53.04
吉林大学	87.96
哈尔滨工业大学	
复旦大学	100.41
同济大学	76.55
上海交通大学	140.77
华东师范大学	50.39
南京大学	69.33

① 《“双一流”大学 2017 年预算公布：清华 233 亿最多　北大第二》，https://www.guancha.cn/Education/2017_10_09_430218_s.shtml，2017 年 10 月 9 日。

续表

学校	金额
东南大学	59.94
浙江大学	150.47
中国科学技术大学	
厦门大学	71.84
山东大学	79.9
中国海洋大学	26.63
武汉大学	87.49
华中科技大学	84.22
中南大学	67.74
中山大学	116.41
华南理工大学	63.24
四川大学	76.25
重庆大学	47.94
电子科技大学	41.81
西安交通大学	70.44
西北工业大学	
兰州大学	31.13
国防科学技术大学	
东北大学	47.76
湖南大学	40.6
西北农林科技大学	35.36
郑州大学	
云南大学	13.91
新疆大学	

2. 重点加强政府宏观调控能力

西方各国政府对大学的管理主要是宏观上的控制与把握。在实施

“管办评分离”的同时，提高政府宏观调控能力就显得尤其重要。“双一流”《总体方案》指出：“国家教育体制改革领导小组负责顶层设计、宏观布局、统筹协调、经费投入等重要事项决策，重大问题及时报告国务院。教育部、财政部、发展改革委负责规划部署、推进实施、监督管理等工作，日常工作由教育部承担。”要转变教育行政管理方式，彻底改革主要依靠行政手段管理教育事业的传统管理方式，改变为主要依靠法制手段、经济手段，辅之以必要的行政手段管理教育事业。政府要充分运用间接管理、动态管理和事后监督管理等手段对教育事务实施管理；充分发挥行政规划、行政指导、行政合同等方式的作用。

3. 建立健全绩效评价机制

要改革拨款方式，提高资源利用率。长期以来，我国政府对于高等学校拨款方式的探索一直没有停止过，但仍然差强人意。国际高等教育拨款制度也许能为我们提供一些参考经验。首先，拨款方式既要保障大学正常运行和发展，又要突出竞争，兼顾绩效。一般而言，教学性的经费通过协商的形式拨付，主要由政府承担，竞争的成分较少，与学校的招生规模、学科设置关系较大；而科研经费、项目经费等提高性拨款主要通过竞争获得，西方国家往往设立专门的研究委员会和基金，对项目进行评估，注重经费使用的最高效益。其次，设立缓冲机构，运用拨款间接调控而非直接干预教育，如借鉴英格兰高等教育基金委员会的做法等。政府的工作主要在于提出拨款的指导性方针，加强外部监督与评价，提高经费使用效率，而不直接干预学校的内部管理。

针对“双一流”建设，《总体方案》指出，“创新财政支持方式，更加突出绩效导向，形成激励约束机制。资金分配更多考虑办学质量特别是学科水平、办学特色等因素，重点向办学水平高、特色鲜明的学校倾斜，在公平竞争中体现扶优扶强扶特。完善管理方式，进一步增强高校财务自主权和统筹安排经费的能力，充分激发高校争创一流、办出特色的动力和活力。”要发挥政府宏观调控作用，强化绩效，动态支持。“建立健全绩效评价机制，积极采用第三方评价，提高科学性和公信度。在相对稳定支持的基础上，根据相关评估评价结果、资金使用管理等情况，动态调整支持力度，增强建设的有效性。对实施有力、进展良好、成效明显的，适当加大支持力度；对实施不力、进展缓慢、缺乏实效的，适当减少支持力度”。

（三）激发大学作为学术组织的活力

学术是大学的立校之本，基层学术组织是大学的学术心脏地带。要进一步健全学术委员会、教学委员会、学位评定委员会等学术组织及其运行机制，充分发挥学术组织在学科建设、学术评价、学术发展中的核心作用。积极推动学校管理重心下移，把学术权力还给基层学术组织，激发学部、院（系）等基层学术组织的创新活力，形成分工科学、运转顺畅高效的校、部、院（系）管理架构。要将学科建设、师资选聘、考核晋升、内部教学科研机构设置、学科经费与科研经费自主安排、人才培养方案、绩效奖励、研究生招生录取等部分权力下放给院（系），使院（系）成为学科建设和学院治理主体，学校更多承担宏观指导、综合协调、保障服务、考核监督的职能。总之，要激活大学的学术心脏地带，必须降低管理重心，大学要敢于向教授会放权，以调动广大教师的主动性、积极性和创造性。要树立行政为学术服务的思想，改革当前行政主导的学术评价机制，建立同行评价机制，充分发挥学术共同体的作用。

（四）用现代科技提高治理水平

以信息高速公路和多媒体技术为代表的科学技术对教育领域产生了极其强烈的冲击作用，从多方面、多角度、多层次改变着传统的教育管理观念和现有的教育管理模式，带来教育管理的现代化。信息化的教育管理包括将采用数学决策方法解决教育管理中遇到的现实问题；通过系统分析方法，使复杂问题条理化和简单化；把物质技术条件的作用和教职工、学生的作用结合起来，对日常管理中重复出现的工作总结出直接运用的标准数据、标准工作方法，以节约教育资源，提高工作效率①。信息化管理能够有效避免教育资源浪费或闲置，发挥教育制度的功能。

尤其是互联网技术飞速发展、大数据从无到有到日渐广泛应用，深刻改变了人们的学习、生产和生活方式。在教育领域，以互联网、云计算、大数据（含教育数据挖掘与学习分析）、人工智能等为代表的信息技术不断成熟，将推动教育主要业务全面数字化，所有数据可以随业务流程无缝流转。教育管理手段数字化是大数据时代教育管理现代化显现出的主要特征，也是办公电子化和自动化的主要表现。要发挥信息时代大数据的作用，全面提升高等教育治理现代化水平，包括充分利用一切信息技术手段，如采用电子政务、电子学籍与网络管理等数据化的管理方法，用网络化的电子计算机替代管理者从事学校

---

① 张景斌、蓝维著：《学校教育现代的理论与实践》，首都师范大学出版社，2000，第 204 页。

日常教学行政管理工作等。通过优化教育管理的技术手段，实现教育与其他子系统更多地、更频繁地交换信息和能量，加强教育与社会的联系以及教育系统内部各子系统之间的联系。另外，日常的事务性工作的数字化和电子化也使精简管理机构，缩减管理层次成为可能，更易实现精准、高效的工作效率。

参考文献

（一）著作类

[1] 本书编写组．党的十九大报告学习辅导百问［M］．北京：党建读物出版社，学习出版社，2017.

[2] 潘懋元，王伟廉．高等教育学［M］．福州：福建教育出版社，1995.

[3] 伯顿·R. 克拉克．高等教育系统——学术组织的跨国研究［M］．王承绪，等译．杭州：杭州大学出版社，1994.

[4] 阿什比．科技发达时代的大学教育［M］．滕大春，滕大生，译．北京：人民教育出版社，1983.

[5] 鲁洁，王逢贤．德育新论［M］．南京：江苏教育出版社，1994.

[6] 联合国教科文组织．反思教育：向“全球共同利益”的理念转变？［R］．联合国教科文组织总部中文科，译．北京：教育科学出版社，2015.

[7] 肖纪美．梳理人、事、物的纠纷——问题分析方法［M］．北京：清华大学出版社，广州：暨南大学出版社，2000.

[8] 国家教育发展研究中心．发达国家教育改革的动向和趋势（五集）［C］．北京：人民教育出版社，1986—1994.

[9] 阿尔温·托夫勒．第三次浪潮［M］．生活·读书·求知三联书店，1983.

[10] 约翰·奈斯比特．大趋势——改变我们生活的十个新方向［M］．北京：中国社会科学出版社，1984.

[11] 彼得·德鲁克．后资本主义社会［M］．张星岩，译．上海：上海译文出版社，1998.

[12]《教育规划纲要》工作小组办公室．全国教育工作会议文件汇编［Z］．北京：教育科学出版社，2010.

[13] 朱清时．21 世纪高等教育改革与发展［M］．北京：高等教育出

版社，2002.
[14] 课题组．教育大国的崛起：1978—2008 [M]．北京：教育科学出版社，2008.
[15] 何传启．现代化科学：国家发达的科学原理 [M]．北京：科学出版社，2010.
[16] 黄福涛．外国高等教育史 [M]．上海：上海教育出版社，2003.
[17] 陈洪捷，施晓光．国外高等教育学基本文献讲读 [M]．北京：北京大学出版社，2014.
[18] 乔纳森·R. 科尔．大学之道 [M]．冯国平等译．北京：人民文学出版社，2014.
[19] 褚宏启．教育现代化的路径 [M]．北京：教育科学出版社，2000.
[20] 教育部高等教育教学评估中心．中国高等教育质量报告 [R]．北京：教育科学出版社，2016.
[21] 欧内斯特·L. 博耶．关于美国教育改革的演讲 [M]．涂艳国等译．北京：教育科学出版社，2002.
[22] 德里克·博克．回归大学之道：对美国大学本科教育的反思与展望 [M]．侯定凯译．上海：华东师范大学出版社，2008.
[23] 纪宝成．中国大学学科专业设置研究 [M]．北京：中国人民大学出版社，2007.
[24] 杨颉．大学通识教育课程：借鉴与启示 [M]．上海：上海交通大学出版社，2009.
[25] 查尔斯·维特斯．一流大学卓越校长：麻省理工学院与研究型大学的作用 [M]．蓝劲松，译．北京：北京大学出版社 . 2008.
[26] 大卫·霍克里奇．教育中的新信息技术 [M]．王晓明，王伟廉，译．北京：中央民族学院出版社，1986.

[27] 嘉格伦．网络教育——21世纪的教育革命［M］．万小器，等译．北京：高等教育出版社，2000.

[28] 欧文·E. 休斯．公共管理导论（第二版）［M］．彭和平，周明德，金竹青，等译．北京：中国人民大学出版社，2001.

[29] 俞可平．权利政治与公益政治［M］．北京：社会科学文献出版社，2000.

[30] 弗兰斯·F. 范富格特．国际高等教育政策比较研究［M］．王承绪，等译．杭州：浙江教育出版社，2001.

[31] 王晓辉．全球教育治理——国际教育改革文献汇编［C］．北京：教育科学出版社，2008.

[32] 范文曜，马陆亭．国际视角下的高等教育质量评估与财政拨款［M］．北京：教育科学出版社，2004.

[33] 马陆亭，范文曜．大学章程要素的国际比较［M］．北京：教育科学出版社，2010.

[34] 国家教育发展研究中心．2009年中国教育绿皮书——中国教育政策年度分析报告［M］．北京：教育科学出版社，2009.

[35] 张力，马陆亭．中国特色现代大学制度建设理论与实践［M］．上海：华东师范大学出版社，2013.

[36] Association of American Colleges. Integrity in the College Curriculum：A report to the Academic Community［R］. Washington, DC：Association of American Colleges. 1985.

[37] Biggs, J. Teaching for quality learning at university［M］. Buckingham：The Society for Research into Higher Education & Open University Press. 2003.

[38] BREW A. Research and Teaching：Beyond the Divide［M］. Basingstroke：Palgrave MacMillan, 2006.

[39] Commission of the European Communities, Strata-Etan Expert Group (E. Bourgeois, Rapporteur). Developing Foresight for the Development of Higher Education/Research Relations in the Perspective of the European Research Area (ERA) (Brussels, European Commission, Directorate General for Research). 2002: 40.

[40] Harvard University. Introduction to the Core Curriculum: a Guide for Freshmen [M]. Cambridge. MA. US. 1994: 1.

[41] L. W. 安德森, D. R. 克拉斯沃尔等. 学习、教学和评估的分类学: 布鲁姆教育目标分类学修订版 [M]. 皮连生, 主译. 上海: 华东师范大学出版社, 2007.

[42] OSBORN J M, KARUKSTIS K K. The Benefits of Undergraduate Research, Scholarship, and Creative Activity. In: M. Boyd and J. Wesemann (Eds.), Pages 41—53, Broadening Participation in Undergraduate Research: Fostering Excellence and Enhancing the Impact. Council on Undergraduate Research, Washington, DC. 2009.

[43] Philip G. Altbach etc. Higher Education in American Society. Third Edition. New York: Prometheus Books, 1994.

[44] Thomas, E & Nelson, L. Deep Learning and College Outcomes: Do Fields of Study Differ? [C] Paper presented at the Annual Meeting of the Association for Institutional Research, May 29—June 1, 2005. SanDiego, CA.

(二) 论文类

[45] 邓静芬. 20 世纪 90 年代以来德国高等教育管理体制改革研究 [D]. 金华: 浙江师范大学, 2009.

[46] 潘懋元. 走向 21 世纪高等教育思想的转变 [J]. 高等教育研究, 1999 (1).

[47] 潘懋元．规模、速度、质量、特色——中国当前高等教育发展中的若干问题［J］．河北师范大学学报（教育科学版），2007（1）．
[48] 徐辉．21世纪世界高等教育改革的若干趋势及启示［J］．比较教育研究，2015（1）．
[49] 瞿振元．以新理念引领高等教育新发展［N］．人民日报，2016-08-04．
[50] 管培俊．新时代中国高等教育的使命［J］．中国高教研究，2017（12）．
[51] 钟秉林，张杰，杨卫．大学的可持续发展［J］．教育与职业，2011（5）．
[52] 雅克·德洛尔访谈录［J］．教育展望（中文版），1996（1）．
[53] 笔谈：中国特色视角下“双一流”建设研究［J］．中国高教研究，2018（1）．
[54] 别敦荣．习近平建设中国特色世界一流大学思想研究［J］．中国高等教育，2018（7）．
[55] 杜玉波．怎样建设中国特色的“双一流”［J］．中国高等教育，2017（19）．
[56] 眭依凡．关于“双一流建设”的理性思考［J］．高等教育研究，2017（9）．
[57] 周光礼．世界一流大学的特质［J］．中国高等教育，2010，（12）．
[58] 刘承波．十九大对“双一流”建设的新要求新期望［N］．中国科学报，2017-12-19．
[59] 刘承波．从国家战略高度加快建设世界一流大学［J］．清华大学教育研究，2005（6）．

[60] 毛盛勇．中国高等教育与经济发展的协调性［J］．统计研究，2009（5）．

[61] 顾明远．试论教育现代化的基本特征［J］．教育研究，2012（9）．

[62] 李国仓．论中国高等教育现代化进程中的理论认识与实践选择［J］．江苏大学学报（社会科学版），2015（3）．

[63] 蔡剑桥，高晓清．大学与社会进步关系的缘起［J］．武陵学刊，2013（6）．

[64] 中宣部．教育部关于进一步加强和改进高等学校思想政治理论课的意见［J］．教育部公报，2005（6）．

[65] 王立仁，孟晓光．高校思想政治教育实效性研究综述［J］．思想理论教育导刊，2007（5）．

[66] 刘福州．也谈思想政治理论课教学实效性的提高［J］．思想理论教育导刊，2005（10）．

[67] 王伟廉．论高校培养目标的来源及其相互关系［J］．中国高教研究，1996（4）．

[68] 张伟，张茂聪．我国高校一流大学建设的校际经验——基于6所高校一流大学建设方案的文本分析［J］．中国高教研究，2018（5）．

[69] 刘贵芹．创新高校人才培养机制的探索与思考［J］．中国大学教学，2014（10）．

[70] 刘承波．“双一流”建设与以研究为特征的大学教学［J］．大学教育科学，2017（5）．

[71] 孙智昌．学习方式：理论结构与转变策略［J］．教育学报，2010（6）．

[72] 董泽芳，王晓辉．国外一流大学人才培养模式的共同特点及启

示——基于对国外八所一流大学培养杰出人才的经验分析［J］. 国家教育行政学院学报，2014（4）.
［73］陈尤文. 感受哈佛的研究式教学［J］. 党政论坛，2007（9）.
［74］卢铁城. 现代信息技术对高等教育的十大影响［J］. 中国高等教育，2001（1）.
［75］王一兵. MOOCs 的灵魂、启示与对策［J］. 高等教育研究，2014（1）.
［76］蒋纯焦. 东中西部高等教育差异变迁的实证分析［J］. 河北师范大学学报，2007（3）.
［77］王小鲁，樊纲. 中国地区差距的变动趋势和影响因素［J］. 经济研究，2004（1）.
［78］周荣. 加强中西部高校建设 振兴中西部高等教育［J］. 大学（学术版），2011（3）.
［79］刘承波等. 着力提高质量 促进协调发展［J］. 中国高教研究，2007（7）.
［80］田学军. 推动人类社会进步的强大动力维护世界和平的牢固纽带——学习习近平总书记人文交流思想（N）. 中国教育报，2017－12－25.
［81］冯颜利，唐庆. 习近平人类命运共同体思想的深刻内涵与时代价值［J］. 当代世界，2017（11）.
［82］王洪才. “双一流”建设与传统路径依赖超越［J］. 高校教育管理，2017（6）.
［83］徐高明. 省域高水平大学建设的推进策略. 江苏高教，2017（2）.
［84］马陆亭，陈霞玲. 世界一流大学建设的新型路径［J］. 郑州大学学报（哲学社会科学版），2018（4）.

[85] 张艳，何洋．逾矩与超常：英国华威大学的成功之道与启示［J］．沈阳师范大学学报，2016（2）．

[86] 张海生．“新工科”的内涵、主要特征与发展思路［J］．山东高等教育，2018（1）．

[87] 吴爱华，等．加快发展和建设新工科 主动适应和引领新经济［J］．高等工程教育研究，2017（1）．

[88] 何传启．制度、质量、公平：实现高等教育现代化的突破口［J］．中国高等教育，2014（7）．

[89] 张丽．浅析伯顿·克拉克的院校分类思想——兼论与我国高教结构模式的比较［J］．比较教育研究，2004（8）．

[90] 彭湃．大学、政府与市场：高等教育三角关系模式探析——一个历史与比较的视角［J］．高等教育研究，2006（9）．

[91] 周光礼．中国高等教育治理现代化：现状、问题与对策［J］．中国高教研究，2014（9）．

[92] 管培俊．一流大学建设的两个关键要素：制度与人［J］．中国高教研究，2018（5）．

[93] 别敦荣．我国建设现代大学制度的实践探索与时代使命［J］．高等工程教育研究，2017（5）．

[94] 苏永建，李冲．“双一流”背景下中国特色现代大学制度的挑战与应对［J］．教育发展研究，2017（13—14）．

[95] 阎凤桥．我国高等教育“双一流”建设的制度逻辑分析［J］．中国高教研究，2016（11）．

[96] 杰米尔·萨尔米，阿勒诺什·萨拉杨．作为政策工具的大学排行榜［J］．教育研究，2010（1）．

[97] 刘承波．世界一流大学的学术品质评估对“双一流”建设的启示［J］．中国高教研究，2017（9）．

[98] 唐景莉. 从学科评估看学科建设：比名次更重要的是内涵 [N], 中国教育报, 2013-03-18.

[99] 王希. 从制度和技术层面改进教学评价 [J]. 社会科学论坛, 2009 (4).

[100] 黄宝印, 等. 努力构建中国特色国际影响的学科评估体系 [J]. 中国高等教育, 2018 (1).

[101] 刘承波. 完善高等学校治理结构 [J]. 团结杂志, 2009 (5).

[102] 刘承波. 中国公立高校治理中的社会参与 [J]. 大学教育科学, 2008 (5).

[103] 许青云. 高等教育"管办评分离"的内涵、意义及实现途径 [J]. 中外企业家, 2016 (5).

[104] 周海涛. 高等教育"管办评分离"的缘由与路径 [J]. 国家教育行政学院学报, 2014 (3).

[105] 赵新. 西方大学多元治理结构范式对我国大学治理的启示 [J]. 内蒙古师范大学学报 (哲学社会科学版), 2017 (5).

[106] 刘承波. 美国高教治理中的规划协调与社会参与机制研究及启示 [J]. 中国高教研究, 2007 (10).

[107] 阎国华. 自由与控制：美国分权型高等教育管理体制的形成与调适 [J]. 高教探索, 2015 (8).

[108] 张帆. 德国大学"卓越计划"述评 [J]. 比较教育研究, 2007 (12).

[109] 李威. "双一流"动态建设机制研究——德国"卓越倡议"计划的启示 [J]. 现代教育管理, 2016 (6).

[110] 桂华. 浅谈英国高等教育管理体制 [J]. 贵州大学学报 (社会科学版), 2008 (4).

[111] Barbara M. Kehm. Global University Rankings-Impacts and Unin-

tended Side Effects [J]. European Journal of Education, Vol. 49, No. 1, 2014.

[112] Barrett J. Taylor, Brendan Cantwell. Global Competition, US Research Universities, and International Doctoral Education: Growth and Consolidation of an Organizational Field [J]. Res High Educ 2015 (56): 411—441 DOI 10.1007/s11162 - 014 - 9355 - 6.

[113] Daniel W. Lang. "World Class" or The Curse of Comparison? [J] The Canadian Journal of Higher Education, Volume XXXV, No. 3, 2005, 27—55.

[114] Grauerholz, L. Teaching Holistically to Achieve Deep Learning [J]. College Teaching, 2001 (2).

[115] GRIFFITHS R. Knowledge Production and the Research-Teaching Nexus: the Case of the Built Environment Disciplines [J]. Studies in Higher Education, 2004, 2 (6).

[116] Jean-Claude Thoenig, Catherine Paradeise. Organizational Governance and the Production of Academic Quality: Lessons from Two Top U. S. Research Universities [J]. Minerva (2014) 52: 386—394.

[117] Leslie D, Gonzales&Anne-Marie Núñez. The Ranking Regime and the Production of Knowledge: Implications for Academia [J]. Education Policy Analysis Archives, 22 (31): 1—14.

[118] Meyers, N. M., & Nulty, D. D. How to use (five) curriculum design principles to align authentic learning environments, assessment, students' approaches to thinking and learning outcomes [J]. Assessment and Evaluation in Higher Education, 2009 (5).

[119] Marian Thakur. The Impact of Ranking Systems on Higher Educa-

tion and its Stakeholders [J]. Journal of Institutional Research, 13 (1). 83—96.

[120] Philip G. Altbach. The Globelization of College and University Rankings [J]. Change: January, February 2012, 27—31.

[121] Rhem, J. Deep/Surface Approaches To Learning: An Introduction [J]. THE NATIONAL TEACHING & LEARNING FORUM, 1995 (1).

[122] SIMONS M, ELEN J. The 'Research-Teaching Nexus' and 'Education through Research': an Exploration of Ambivalences [J]. Studies in Higher Education, 2007, 32 (5): 617—631.

[123] Tony Sheil. Moving beyond university rankings: developing a world class university system in Australia [J]. Australian Universities' Review, vol. 52, No. 1, 2010, 71—76.

[124] TRIGWELL K., PROSSER M. Improving the Quality of Student Learning: the Influence of Learning Context and Student Approaches to Learning on Learning Outcomes [J]. Higher Education, 1991, 22 (3): 251—266.

(三) 网络文献类

[125] 习近平在全国高校思想政治工作会议上强调：把思想政治工作贯穿教育教学全过程 开创我国高等教育事业发展新局面 [EB/OL]. (2016-12-9). http://dangjian.people.com.cn/n1/2016/1209/c117092-28936962.html.

[126] 习近平在北京大学师生座谈会上的讲话 [EB/OL]. (2018-05-03). http://politics.people.com.cn/n1/2018/0503/c1024-29961468.html.

[127] 陈宝生："双一流"不是"985"、"211"的翻版升级版山寨版

[EB/OL]. (2017-03-12). http://www.xinhuanet.com/politics/2017lh/2017-03/12/c_129507948.htm.

[128] 中外大学校长谈一流大学建设[EB/OL]. 大学校长论坛“建设世界一流大学”专辑. (2003-3-21). http://202.112.92.179/testwangye/luntan/FZHLT22.htm.

[129] 重磅报告解读：美国公布长达35页的《2016—2045年新兴科技趋势报告[EB/OL]. (2017-09-01). http://news.ifeng.com/a/20170901/51836012_0.shtml.

[130] 国务院关于印发“十三五”国家战略性新兴产业发展规划的通知（国发〔2016〕67号）[EB/OL]. (2016-12-19). http://www.gov.cn/zhengce/content/2016-12/19/content_5150090.htm.

[131] 高教专家潘懋元谈“双一流”建设：引领高等教育多样化发展[EB/OL]. (2017-11-18). http://news.cnr.cn/native/city/20171118/t20171118_524031034.shtml.

[132] 教育部推进“新工科”建设，重视“人工智能+X”复合专业[EB/OL]. (2018-04-12). http://n.cztv.com/news/12882625.html.

[133] 教育部推出490门国家精品在线开放课程[EB/OL]. (2018-01-16). http://news.cctv.com/2018/01/16/ARTIxbv3EUQ2FCbxVse3sXgL180116.shtml.

[134] 校友会2017中国大学各学科门类双一流学科排行榜，北京大学7项全国第一[EB/OL]. (2017-10-11). http://www.sohu.com/a/197483428_356902.

[135] 云南大学、郑州大学、新疆大学公布一流大学三步走建设方案[EB/OL]. (2018-01-02). http://news.163.com/18/0102/10/D74U0GFD000187VE.html.

[136] 习近平提出“人类命运共同体”重大意义之一：中国智慧启示全世界［EB/OL］.（2018－01－24）. http：//politics. people. com. cn/n1/2018/0124/c1001－29784322. html.

[137] 习近平提出“人类命运共同体”重大意义之二：中国方案推动全世界［EB/OL］.（2018－01－25）. http：//world. people. com. cn/n1/2018/0125/c1002－29786480. html.

[138] 习近平提出“人类命运共同体”重大意义之三：中国贡献繁荣全世界［EB/OL］.（2018－01－26）. http：//cpc. people. com. cn/xuexi/n1/2018/0126/c385474－29787976. html.

[139] 教育部等五部门关于深化高等教育领域简政放权放管结合优化服务改革的若干意见［EB/OL］.（2017－04－05）. http：//www. moe. gov. cn/srcsite/A02/s7049/201704/t20170405_ 301912. html.

[140] 国家教育体制改革领导小组办公室关于进一步落实和扩大高校办学自主权完善高校内部治理结构的意见［EB/OL］.（2014－12－22）. http：//www. moe. gov. cn/s78/A02/zfs_ _left/s6528/s6529/201412/t20141222_182222. html.

[141] 中共中央办公厅 国务院办公厅印发. 关于深化教育体制机制改革的意见［EB/OL］.（2017－09－25）. http：//www. moe. gov. cn/jyb_xwfb/s6052/moe_ 838/201709/t20170925_ 315201. html.

[142] 教育部公布2016年决算报告：追加175亿元建设“双一流”高校！［EB/OL］.（2017－07－25）. http：//www. edu. cn/zhong_guo_ jiao_ yu/gao_ deng/zhuan_ ti/syl/201707/t20170725_1543071. shtml.

[143] UNESCO. Higher Education in the Twenty-first Century［EB/OL］.（2016－04－19）. http：//www. unesco. org/education/educprog/wche/eng. htm.

[144] UNESCO. Higher Education: The New Dynamics of Higher Education and Research For Societal Change and Development [EB/OL]. (2016-04-22). http://www.unesco.org/fileadmin/MULTIMEDIA/HQ/ED/ED/pdf/WCHE_2009/FINAL%20COMMUNIQUE%20WCHE%202009.pdf.

[145] UNESCO. Education 2030: Incheon declaration and framework for action. [EB/OL]. (2016-04-22). http://www.unesco.org/new/fileadmin/MULTIMEDIA/HQ/ED/ED_new/pdf/FFA-ENG-27Oct15.pdf.

[146] United Nation Economic, Scientificand Cultural Organization (UNESCO) [EB/OL]. http://en.unesco.org/.

[147] The Boyer Commission on Educating Undergraduates in the Research University. REINVENTING UNDERGRADUATE EDUCATION: A Blueprint for America's Research Universities [EB/OL]. (2014-08-01). http://www.sunysb.edu/press/021006-Boyer.

[148] About Harvard College [EB/OL]. http://www.admissions.college.harvard.edu/about/index.html.

[149] Department for Business Innovation & Skills. Higher Education: Student at the Heart of the System [EB/OL]. (2016-04-21). https://www.gov.uk/government/uploads/system/uploads/attachment_data/file/32409/11-944-higher-education-students-at-heart-of-system.pdf.

[150] Entwistle, N. Learning and studying: contrasts and influence. 1991 [EB/OL]. http://www.newhorizons.org/future/Creating_the_Future/crfut_entwistle.html.

[151] Luke Myers and Jonathan Robe. College Rankings: History, Criti-

cism and Reform [J/OL]. A Report from the Center for College Affordability and Productivity March 2009, 22—39. (2017 - 5 - 15)]. http: //www. centerforcollegeaffordability. org.

[152] MIT BULLETIN Course Catalog [EB/OL]. http: //web. mit. edu/catalog/archive/2011—2012/catalog1112. pdf.

[153] WR. Excellence Initiative: Start [EB/OL]. (2016 - 01 - 25). http: //www. wissenschaftsrat. de/en/fields-of-activity/excellence-initiative/start. html.

[154] Mayumi Ishikawa. Ranking Regime and the Future of Vernacular Scholarship. Education Policy Analysis Archives, 22 (30) [J/OL]. (2017 - 3 - 22). http: //dx. doi. org/10. 14507/epaa. v22n30. 2014, p2—3.

[155] Scott, P. A Lot to Learn: We Are all Researchers Now. And We Can No Longer Separate Research from Teaching. [EB/OL]. (2014 - 09 - 10). http: //www. theguardian. com/education/2002/jan/08/highereducation. uk1.

[156] STANFORD BULLETIN 2011 - 12 [EB/OL]. http: //www. stanford. ed.

[157] Yale College Programs of Study Fall and Spring Terms 2011—2012 [EB/OL]. http: //www. yale. edu/printer/ bulletin/archivepdf-files/YCPS/YCPS_ 2011—2012. pdf.

附　录

附录一：

国务院关于印发统筹推进世界一流大学和一流学科建设总体方案的通知

（国发〔2015〕64 号）

各省、自治区、直辖市人民政府，国务院各部委、各直属机构：

现将《统筹推进世界一流大学和一流学科建设总体方案》印发给你们，请认真贯彻落实。

国务院

2015 年 10 月 24 日

（此文件公开发布）

统筹推进世界一流大学和一流学科建设总体方案

建设世界一流大学和一流学科，是党中央、国务院做出的重大战略决策，对于提升我国教育发展水平、增强国家核心竞争力、奠定长远发展基础，具有十分重要的意义。多年来，通过实施“211 工程”、“985 工程”以及“优势学科创新平台”和“特色重点学科项目”等重点建设，一批重点高校和重点学科建设取得重大进展，带动了我国高等教育整体水平的提升，为经济社会持续健康发展做出了重要贡献。同时，重点建设也存在身份固化、竞争缺失、重复交叉等问题，迫切需要加强资源整合，创新实施方式。为认真总结经验，加强系统谋划，加大改革力度，完善推进机制，坚持久久为功，统筹推进世界一流大学和一流学科建设，实现我国从高等教育大国到高等教育强国的历史性跨越，现制定本方案。

一、总体要求

（一）指导思想

高举中国特色社会主义伟大旗帜，以邓小平理论、“三个代表”重要思想、科学发展观为指导，认真落实党的十八大和十八届二中、三中、四中全会精神，深入贯彻习近平总书记系列重要讲话精神，按照“四个全面”战略布局和党中央、国务院决策部署，坚持以中国特色、世界一流为核心，以立德树人为根本，以支撑创新驱动发展战略、服务经济社会发展为导向，加快建成一批世界一流大学和一流学科，提升我国高等教育综合实力和国际竞争力，为实现“两个一百年”奋斗目标和中华民族伟大复兴的中国梦提供有力支撑。

坚持中国特色、世界一流，就是要全面贯彻党的教育方针，坚持社会主义办学方向，加强党对高校的领导，扎根中国大地，遵循教育规律，创造性地传承中华民族优秀传统文化，积极探索中国特色的世界一流大学和一流学科建设之路，努力成为世界高等教育改革发展的参与者和推动者，培养中国特色社会主义事业建设者和接班人，更好地为社会主义现代化建设服务、为人民服务。

（二）基本原则

——坚持以一流为目标。引导和支持具备一定实力的高水平大学和高水平学科瞄准世界一流，汇聚优质资源，培养一流人才，产出一流成果，加快走向世界一流。

——坚持以学科为基础。引导和支持高等学校优化学科结构，凝练学科发展方向，突出学科建设重点，创新学科组织模式，打造更多学科高峰，带动学校发挥优势、办出特色。

——坚持以绩效为杠杆。建立激励约束机制，鼓励公平竞争，强化目标管理，突出建设实效，构建完善中国特色的世界一流大学和一流学科评价体系，充分激发高校内生动力和发展活力，引导高等学校不断提升办学水平。

——坚持以改革为动力。深化高校综合改革，加快中国特色现代大学制度建设，着力破除体制机制障碍，加快构建充满活力、富有效率、更加开放、有利于学校科学发展的体制机制，当好教育改革排头兵。

（三）总体目标

推动一批高水平大学和学科进入世界一流行列或前列，加快高等教育治理体系和治理能力现代化，提高高等学校人才培养、科学研究、社会服务和文化传承创新水平，使之成为知识发现和科技创新的重要力量、先进思想和优秀文化的重要源泉、培养各类高素质优秀人才的重要基地，在支撑国家创新驱动发展战略、服务经济社会发展、弘扬中华优秀传统文化、培育和践行社会主义核心价值观、促进高等教育内涵发展等方面发挥重大作用。

——到 2020 年，若干所大学和一批学科进入世界一流行列，若干学科进入世界一流学科前列。

——到 2030 年，更多的大学和学科进入世界一流行列，若干所大学进入世界一流大学前列，一批学科进入世界一流学科前列，高等教育整体实力显著提升。

——到 21 世纪中叶，一流大学和一流学科的数量和实力进入世界前列，基本建成高等教育强国。

二、建设任务

（一）建设一流师资队伍

深入实施人才强校战略，强化高层次人才的支撑引领作用，加快培养和引进一批活跃在国际学术前沿、满足国家重大战略需求的一流科学家、学科领军人物和创新团队，聚集世界优秀人才。遵循教师成长发展规律，以中青年教师和创新团队为重点，优化中青年教师成长发展、脱颖而出的制度环境，培育跨学科、跨领域的创新团队，增强人才队伍可持续发展能力。加强师德师风建设，培养和造就一支有理想信念、有道德情操、有扎实学识、有仁爱之心的优秀教师队伍。

（二）培养拔尖创新人才

坚持立德树人，突出人才培养的核心地位，着力培养具有历史使命感和社会责任心，富有创新精神和实践能力的各类创新型、应用型、复合型优秀人才。加强创新创业教育，大力推进个性化培养，全面提升学生的综合素质、国际视野、科学精神和创业意识、创造能力。合理提高高校毕业生创业比例，引导高校毕业生积极投身大众创业、万众创新。完善质量保障体系，将学生成长成才作为出发点和落脚点，建立导向正确、科学有效、简明清晰的评价体系，激励学生刻苦学习、健康成长。

（三）提升科学研究水平

以国家重大需求为导向，提升高水平科学研究能力，为经济社会发展和国家战略实施做出重要贡献。坚持有所为有所不为，加强学科布局的顶层设计和战略规划，重点建设一批国内领先、国际一流的优势学科和领域。提高基础研究水平，争做国际学术前沿并行者乃至领跑者。推动加强战略性、全局性、前瞻性问题研究，着力提升解决重大问题能力和原始创新能力。大力推进科研组织模式创新，依托重点研究基地，围绕重大科研项目，健全科研机制，开展协同创新，优化资源配置，提高科技创新能力。打造一批具有中国特色和世界影响的新型高校智库，提高服务国家决策的能力。建立健全具有中国特色、中国风格、中国气派的哲学社会科学学术评价和学术标准体系。营造浓厚的学术氛围和宽松的创新环境，保护创新、宽容失败，大力激发创新活力。

（四）传承创新优秀文化

加强大学文化建设，增强文化自觉和制度自信，形成推动社会进步、引领文明进程、各具特色的一流大学精神和大学文化。坚持用价值观引领知识教育，把社会主义核心价值观融入教育教学全过程，引导教师潜心教书育人、静心治学，引导广大青年学生勤学、修德、明辨、笃实，使社会主义核心价值观成为基本遵循，形成优良的校风、教风、学风。加强对中华优秀传统文化和社会主义核心价值观的研究、宣传，认真汲取中华优秀传统文化的思想精华，做到扬弃继承、转化创新，并充分发挥其教化育人作用，推动社会主义先进文化建设。

（五）着力推进成果转化

深化产教融合，将一流大学和一流学科建设与推动经济社会发展紧密结合，着力提高高校对产业转型升级的贡献率，努力成为催化产业技术变革、加速创新驱动的策源地。促进高校学科、人才、科研与产业互动，打通基础研究、应用开发、成果转移与产业化链条，推动健全市场导向、社会资本参与、多要素深度融合的成果应用转化机制。强化科技与经济、创新项目与现实生产力、创新成果与产业对接，推动重大科学创新、关键技术突破转变为先进生产力，增强高校创新资源对经济社会发展的驱动力。

三、改革任务

（一）加强和改进党对高校的领导

坚持和完善党委领导下的校长负责制，建立健全党委统一领导、党政分工合作、协调运行的工作机制，不断改革和完善高校体制机制。进一步加强和改进新形势下高校宣传思想工作，牢牢把握高校意识形态工作领导权，不断坚定广大师生中国特色社会主义道路自信、理论自信、制度自信。全面推进高校党的建设各项工作，着力扩大党组织的覆盖面，推进工作创新，有效发挥高校基层党组织战斗堡垒作用和党员先锋模范作用。完善体现高校特点、符合学校实际的惩治和预防腐败体系，严格执行党风廉政建设责任制，切实把党要管党、从严治党的要求落到实处。

（二）完善内部治理结构

建立健全高校章程落实机制，加快形成以章程为统领的完善、规范、统一的制度体系。加强学术组织建设，健全以学术委员会为核心的学术管理体系与组织架构，充分发挥其在学科建设、学术评价、学术发展和学风建设等方面的重要作用。完善民主管理和监督机制，扩大有序参与，加强议事协商，充分发挥教职工代表大会、共青团、学生会等在民主决策机制中的作用，积极探索师生代表参与学校决策的机制。

（三）实现关键环节突破

加快推进人才培养模式改革，推进科教协同育人，完善高水平科研支撑拔尖创新人才培养机制。加快推进人事制度改革，积极完善岗位设置、分类管理、考核评价、绩效工资分配、合理流动等制度，加大对领军人才倾斜支持力度。加快推进科研体制机制改革，在科研运行保障、经费筹措使用、绩效评价、成果转化、收益处置等方面大胆尝试。加快建立资源募集机制，在争取社会资源、扩大办学力量、拓展资金渠道方面取得实质进展。

（四）构建社会参与机制

坚持面向社会依法自主办学，加快建立健全社会支持和监督学校发展的长效机制。建立健全理事会制度，制定理事会章程，着力增强理事会的代表性和权威性，健全与理事会成员之间的协商、合作机制，充分发挥理事会对学校改革发展的咨询、协商、审议、监督等功能。加快完善与行业企业密切合作的模式，推进与科研院所、社会团体等资源共享，形成协调合作的有效机制。积极引入专门机构对学校的学科、专业、课程等水平和质量进行评估。

（五）推进国际交流合作

加强与世界一流大学和学术机构的实质性合作，将国外优质教育资源有效融合到教学科研全过程，开展高水平人才联合培养和科学联合攻关。加强国际协同创新，积极参与或牵头组织国际和区域性重大科学计划和科学工程。营造良好的国际化教学科研环境，增强对外籍优秀教师和高水平留学生的吸引力。积极参与国际教育规则制定、国际教育教学评估和认证，切实提高我国高等教育的国际竞争力和话语权，树立中国大学的良好品牌和形象。

四、支持措施

（一）总体规划，分级支持

面向经济社会发展需要，立足高等教育发展现状，对世界一流大学和一流学科建设加强总体规划，鼓励和支持不同类型的高水平大学和学科差别化发展，加快进入世界一流行列或前列。每五年一个周期，2016 年开始新一轮建设。

高校要根据自身实际，合理选择一流大学和一流学科建设路径，科学规划、积极推进。拥有多个国内领先、国际前沿高水平学科的大学，要在多领域建设一流学科，形成一批相互支撑、协同发展的一流学科，全面提升综合实力和国际竞争力，进入世界一流大学行列或前列。拥有若干处于国内前列、在国际同类院校中居于优势地位的高水平学科的大学，要围绕主干学科，强化办学特色，建设若干一流学科，扩大国际影响力，带动学校进入世界同类高校前列。拥有某一高水平学科的大学，要突出学科优势，提升学科水平，进入该学科领域世界一流行列或前列。

中央财政将中央高校开展世界一流大学和一流学科建设纳入中央高校预算拨款制度中统筹考虑，并通过相关专项资金给予引导支持；鼓励相关地方政府通过多种方式，对中央高校给予资金、政策、资源支持。地方高校开展世界一流大学和一流学科建设，由各地结合实际推进，所需资金由地方财政统筹安排，中央财政通过支持地方高校发展的相关资金给予引导支持。中央基本建设投资对世界一流大学和一流学科建设相关基础设施给予支持。

（二）强化绩效，动态支持

创新财政支持方式，更加突出绩效导向，形成激励约束机制。资金分配更多考虑办学质量特别是学科水平、办学特色等因素，重点向办学水平高、特色鲜明的学校倾斜，在公平竞争中体现扶优扶强扶特。完善管理方式，进一步增强高校财务自主权和统筹安排经费的能力，充分激发高校争创一流、办出特色的动力和活力。

建立健全绩效评价机制，积极采用第三方评价，提高科学性和公信度。在相对稳定支持的基础上，根据相关评估评价结果、资金使用管理等情况，动态调整支持力度，增强建设的有效性。对实施有力、进展良好、成效明显的，适当加大支持力度；对实施不力、进展缓慢、缺乏实效的，适当减少支持力度。

（三）多元投入，合力支持

建设世界一流大学和一流学科是一项长期任务，需要各方共同努力，完善政府、社会、学校相结合的共建机制，形成多元化投入、合力支持的格局。

鼓励有关部门和行业企业积极参与一流大学和一流学科建设。围绕培养所需人才、解决重大瓶颈等问题，加强与有关高校合作，通过共建、联合培养、科技合作攻关等方式支持一流大学和一流学科建设。

按照平稳有序、逐步推进原则，合理调整高校学费标准，进一步健全成本分担机制。高校要不断拓宽筹资渠道，积极吸引社会捐赠，扩大社会合作，健全社会支持长效机制，多渠道汇聚资源，增强自我发展能力。

五、组织实施

（一）加强组织管理

国家教育体制改革领导小组负责顶层设计、宏观布局、统筹协调、经费投入等重要事项决策，重大问题及时报告国务院。教育部、财政部、发展改革委负责规划部署、推进实施、监督管理等工作，日常工作由教育部承担。

（二）有序推进实施

要完善配套政策，根据本方案组织制定绩效评价和资金管理等具体办法。

要编制建设方案，深入研究学校的建设基础、优势特色、发展潜力等，科学编制发展规划和建设方案，提出具体的建设目标、任务和周期，明确改革举措、资源配置和资金筹集等安排。

要开展咨询论证，组织相关专家，结合经济社会发展需求和国家战略需要，对学校建设方案的科学性、可行性进行咨询论证，提出意见建议。

要强化跟踪指导，对建设过程实施动态监测，及时发现建设中存在的问题，提出改进的意见建议。建立信息公开公示网络平台，接受社会公众监督。

（载自中华人民共和国中央人民政府网站，http：//www.gov.cn/zhengce/content/2015－11/05/content_ 10269.htm）

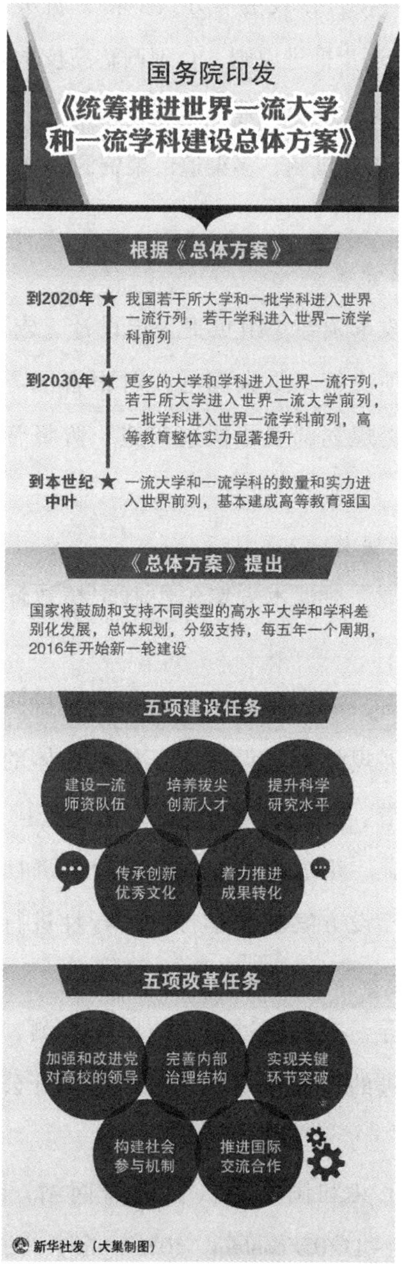

（资料来源：新华社发，大巢制图：《国务院印发〈统筹推进世界一流大学和一流学科建设总体方案〉》载自 http：//www. gov. cn/xinwen/2015 - 11/05/content_ 5005301. htm）

附录二：

教育部、财政部、国家发展和改革委员会关于印发《统筹推进世界一流大学和一流学科建设实施办法（暂行）》的通知

（教研〔2017〕2号）

各省、自治区、直辖市人民政府，国务院各部委、各直属机构：

为贯彻落实党中央、国务院关于建设世界一流大学和一流学科的重大战略决策，根据国务院《统筹推进世界一流大学和一流学科建设总体方案》，教育部、财政部、国家发展改革委制定了《统筹推进世界一流大学和一流学科建设实施办法（暂行）》，经国务院同意，现予以印发。

教育部

财政部

国家发展和改革委员会

2017年1月24日

统筹推进世界一流大学和一流学科建设实施办法（暂行）

第一章　总则

第一条　为贯彻落实党中央、国务院关于建设世界一流大学和一流学科的重大战略决策部署，根据《统筹推进世界一流大学和一流学科建设总体方案》（国发〔2015〕64号，以下简称《总体方案》），制

定本办法。

第二条　全面贯彻党的教育方针，坚持社会主义办学方向，按照“四个全面”战略布局和创新、协调、绿色、开放、共享发展理念，以中国特色、世界一流为核心，落实立德树人根本任务，以一流为目标、以学科为基础、以绩效为杠杆、以改革为动力，推动一批高水平大学和学科进入世界一流行列或前列，为实现“两个一百年”奋斗目标、实现中华民族伟大复兴的中国梦提供有力支撑。

第三条　面向国家重大战略需求，面向经济社会主战场，面向世界科技发展前沿，突出建设的质量效益、社会贡献度和国际影响力，突出学科交叉融合和协同创新，突出与产业发展、社会需求、科技前沿紧密衔接，深化产教融合，全面提升我国高等教育在人才培养、科学研究、社会服务、文化传承创新和国际交流合作中的综合实力。

到2020年，若干所大学和一批学科进入世界一流行列，若干学科进入世界一流学科前列；到2030年，更多的大学和学科进入世界一流行列，若干所大学进入世界一流大学前列，一批学科进入世界一流学科前列，高等教育整体实力显著提升；到21世纪中叶，一流大学和一流学科的数量和实力进入世界前列，基本建成高等教育强国。

第四条　加强总体规划，坚持扶优扶需扶特扶新，按照“一流大学”和“一流学科”两类布局建设高校，引导和支持具备较强实力的高校合理定位、办出特色、差别化发展，努力形成支撑国家长远发展的一流大学和一流学科体系。

第五条　坚持以学科为基础，支持建设一百个左右学科，着力打造学科领域高峰。支持一批接近或达到世界先进水平的学科，加强建设关系国家安全和重大利益的学科，鼓励新兴学科、交叉学科，布局一批国家急需、支撑产业转型升级和区域发展的学科，积极建设具有中国特色、中国风格、中国气派的哲学社会科学体系，着力解决经济社会中的重大战略问题，提升国家自主创新能力和核心竞争力。强化学科建设绩效考核，引领高校提高办学水平和综合实力。

第六条　每五年一个建设周期，2016 年开始新一轮建设。建设高校实行总量控制、开放竞争、动态调整。

第二章　遴选条件

第七条　一流大学建设高校应是经过长期重点建设、具有先进办学理念、办学实力强、社会认可度较高的高校，须拥有一定数量国内领先、国际前列的高水平学科，在改革创新和现代大学制度建设中成效显著。

一流学科建设高校应具有居于国内前列或国际前沿的高水平学科，学科水平在有影响力的第三方评价中进入前列，或者国家急需、具有重大的行业或区域影响、学科优势突出、具有不可替代性。

人才培养方面，坚持立德树人，培育和践行社会主义核心价值观，在拔尖创新人才培养模式、协同育人机制、创新创业教育方面成果显著；积极推进课程体系和教学内容改革，教学成果丰硕；资源配置、政策导向体现人才培养的核心地位；质量保障体系完善，有高质量的本科生教育和研究生教育；注重培养学生社会责任感、法治意识、创新精神和实践能力，人才培养质量得到社会高度认可。

科学研究方面，科研组织和科研机制健全，协同创新成效显著。基础研究处于科学前沿，原始创新能力较强，形成具有重要影响的新知识新理论；应用研究解决了国民经济中的重大关键性技术和工程问题，或实现了重大颠覆性技术创新；哲学社会科学研究为解决经济社会发展重大理论和现实问题提供了有效支撑。

社会服务方面，产学研深度融合，实现合作办学、合作育人、合作发展，科研成果转化绩效突出，形成具有中国特色和世界影响的新型高端智库，为国家和区域经济转型、产业升级和技术变革、服务国家安全和社会公共安全做出突出贡献，运用新知识新理论认识世界、传承文明、科学普及、资政育人和服务社会成效显著。

文化传承创新方面，传承弘扬中华优秀传统文化，推动社会主义先进文化建设成效显著；增强文化自信，具有较强的国际文化传播影响力；具有师生认同的优秀教风学风校风，具有广阔的文化视野和强大的文化创新能力，形成引领社会进步、特色鲜明的大学精神和大学文化。

师资队伍建设方面，教师队伍政治素质强，整体水平高，潜心教书育人，师德师风优良；一线教师普遍掌握先进的教学方法和技术，教学经验丰富，教学效果良好；有一批活跃在国际学术前沿的一流专家、学科领军人物和创新团队；教师结构合理，中青年教师成长环境良好，可持续发展后劲足。

国际交流合作方面，吸引海外优质师资、科研团队和学生能力强，与世界高水平大学学生交换、学分互认、联合培养成效显著，与世界高水平大学和学术机构有深度的学术交流与科研合作，深度参与国际或区域性重大科学计划、科学工程，参加国际标准和规则的制定，国际影响力较强。

第三章　遴选程序

第八条　坚持公平公正、开放竞争。采取认定方式确定一流大学、一流学科建设高校及建设学科。

第九条　设立世界一流大学和一流学科建设专家委员会，由政府有关部门、高校、科研机构、行业组织人员组成。专家委员会根据《总体方案》要求和本办法，以中国特色学科评价为主要依据，参考国际相关评价因素，综合高校办学条件、学科水平、办学质量、主要贡献、国际影响力等情况，以及高校主管部门意见，论证确定一流大学和一流学科建设高校的认定标准。

第十条　根据认定标准专家委员会遴选产生拟建设高校名单，并提出意见建议。教育部、财政部、发展改革委审议确定建议名单。

第十一条　列入拟建设名单的高校要根据自身实际，以改革为动力，结合学校综合改革方案和专家委员会咨询建议，确定建设思路，合理选择建设路径，自主确定学科建设口径和范围，科学编制整体建设方案、分学科建设方案（以下统称建设方案）。建设方案要以人才培养为核心，优化学科建设结构和布局，完善内部治理结构，形成调动各方积极参与的长效建设机制，以一流学科建设引领健全学科生态体系，带动学校整体发展。以 5 年为一周期，统筹安排建设和改革任务，综合考虑各渠道资金和相应的管理要求，设定合理、具体的分阶段建设目标和建设内容，细化具体的执行项目，提出系统的考核指标体系，避免平均用力或碎片化。高校须组织相关专家，结合经济社会发展需求和国家战略需要，对建设方案的科学性、可行性进行深入论证。

第十二条　论证通过的建设方案及专家论证报告，经高校报所属省级人民政府或主管部门审核通过后，报教育部、财政部、发展改革委。

第十三条　专家委员会对高校建设方案进行审核，提出意见。

第十四条　教育部、财政部、发展改革委根据专家委员会意见，研究确定一流大学、一流学科建设高校及建设学科，报国务院批准。

第四章　支持方式

第十五条　创新支持方式，强化精准支持，综合考虑建设高校基础、学科类别及发展水平等，给予相应支持。

第十六条　中央高校开展世界一流大学和一流学科建设所需经费由中央财政支持；中央预算内投资对中央高校学科建设相关基础设施给予支持。纳入世界一流大学和一流学科建设范围的地方高校，所需资金由地方财政统筹安排，中央财政予以引导支持。

有关部门深化高等教育领域简政放权改革，放管结合优化服务，在考试招生、人事制度、经费管理、学位授权、科研评价等方面切实落实建设高校自主权。

第十七条　地方政府和有关主管部门应通过多种方式，对世界一流大学和一流学科建设加大资金、政策、资源支持力度。建设高校要积极争取社会各方资源，形成多元支持的长效机制。

第十八条　建设高校完善经费使用管理方式，切实管好用好，提高使用效益。

第五章　动态管理

第十九条　加强过程管理，实施动态监测，及时跟踪指导。以学科为基础，制定科学合理的绩效评价办法，开展中期和期末评价，加大经费动态支持力度，形成激励约束机制，增强建设实效。

第二十条　建设中期，建设高校根据建设方案对建设情况进行自评，对改革的实施情况、建设目标和任务完成情况、学科水平、资金管理使用情况等进行分析，发布自评报告。专家委员会根据建设高校的建设方案和自评报告，参考有影响力的第三方评价，对建设成效进行评价，提出中期评价意见。根据中期评价结果，对实施有力、进展良好、成效明显的建设高校及建设学科，加大支持力度；对实施不力、进展缓慢、缺乏实效的建设高校及建设学科，提出警示并减小支持力度。

第二十一条　打破身份固化，建立建设高校及建设学科有进有出动态调整机制。建设过程中，对于出现重大问题、不再具备建设条件且经警示整改仍无改善的高校及建设学科，调整出建设范围。

第二十二条　建设期末，建设高校根据建设方案对建设情况进行整体自评，对改革的实施情况、建设目标和任务完成情况、学科水平、资金管理使用情况等进行全面分析，发布整体自评报告。专家委员会根据建设高校的建设方案及整体自评报告，参考有影响力的第三方评价，对建设成效进行评价，提出评价意见。根据期末评价结果等情况，重新确定下一轮建设范围。对于建设成效特别突出、国际影响力特别显著的少数建设高校及建设学科，在资金和政策上加大支持力度。

第六章　组织实施

第二十三条　教育部、财政部、发展改革委建立部际协调机制，负责规划部署、推进实施、监督管理等工作。

第二十四条　省级政府应结合经济社会发展需求和基础条件，统筹推动区域内有特色高水平大学和优势学科建设，积极探索不同类型高校的一流建设之路。

第二十五条　建设高校要全面加强党的领导和党的建设，坚持正确办学方向，深化综合改革，破除体制机制障碍，统筹学校整体建设和学科建设，加强组织保障，营造良好建设环境。

第二十六条　动员各方力量积极参与世界一流大学和一流学科建设，鼓励行业企业加强与高校合作，协同建设。省级政府、行业主管部门加大对建设高校的投入，强化跟踪指导，及时发现建设中存在的问题，提出改进的意见和建议。

第二十七条　坚持公开透明，建立信息公开网络平台，公布建设高校的建设方案及建设学科、绩效评价情况等，强化社会监督。

第七章　附则

第二十八条　本办法由教育部、财政部、发展改革委负责解释。

第二十九条　本办法自发布之日起实施。

（中华人民共和国中央人民政府网站，载自 http：//www. gov. cn/xinwen/2017 －01/27/content_ 5163903. htm#allContent）

附录三：

教育部、财政部、国家发展和改革委员会关于公布世界一流大学和一流学科建设高校及建设学科名单的通知

（教研函〔2017〕2号）

各省、自治区、直辖市人民政府，新疆生产建设兵团，国务院各部委、各直属机构，中央军委训练管理部：

根据国务院《统筹推进世界一流大学和一流学科建设总体方案》以及教育部等三部委《统筹推进世界一流大学和一流学科建设实施办法（暂行）》，经专家委员会遴选认定，教育部、财政部、国家发展改革委研究并报国务院批准，现公布世界一流大学和一流学科（简称“双一流”）建设高校及建设学科名单。

各单位要全面贯彻习近平总书记系列重要讲话精神和全国高校思想政治工作会议精神，按照党中央、国务院关于建设世界一流大学和一流学科的决策部署，以马克思主义为指导，加强党对高校的领导，坚持社会主义办学方向，坚持中国特色、世界一流，坚持内涵建设，采取有力措施，支持推动建设高校及建设学科加快发展，取得更大建设成效。

特此通知。

附件：

1.“双一流”建设高校名单。

2. “双一流”建设学科名单。

教育部 财政部 国家发展和改革委员会

2017 年 9 月 20 日

（载自中华人民共和国中央人民政府网站，http：//www. gov. cn/xinwen/2017 -09/21/content_ 5226572. htm）

附件 1

“双一流”建设高校名单

（按学校代码排序）

一、一流大学建设高校 42 所

1. A 类 36 所

北京大学、中国人民大学、清华大学、北京航空航天大学、北京理工大学、中国农业大学、北京师范大学、中央民族大学、南开大学、天津大学、大连理工大学、吉林大学、哈尔滨工业大学、复旦大学、同济大学、上海交通大学、华东师范大学、南京大学、东南大学、浙江大学、中国科学技术大学、厦门大学、山东大学、中国海洋大学、武汉大学、华中科技大学、中南大学、中山大学、华南理工大学、四川大学、重庆大学、电子科技大学、西安交通大学、西北工业大学、兰州大学、国防科技大学

2. B 类 6 所

东北大学、郑州大学、湖南大学、云南大学、西北农林科技大学、新疆大学

二、一流学科建设高校 95 所

北京交通大学、北京工业大学、北京科技大学、北京化工大学、北京邮电大学、北京林业大学、北京协和医学院、北京中医药大学、首都师范大学、北京外国语大

学、中国传媒大学、中央财经大学、对外经济贸易大学、外交学院、中国人民公安大学、北京体育大学、中央音乐学院、中国音乐学院、中央美术学院、中央戏剧学院、中国政法大学、天津工业大学、天津医科大学、天津中医药大学、华北电力大学、河北工业大学、太原理工大学、内蒙古大学、辽宁大学、大连海事大学、延边大学、东北师范大学、哈尔滨工程大学、东北农业大学、东北林业大学、华东理工大学、东华大学、上海海洋大学、上海中医药大学、上海外国语大学、上海财经大学、上海体育学院、上海音乐学院、上海大学、苏州大学、南京航空航天大学、南京理工大学、中国矿业大学、南京邮电大学、河海大学、江南大学、南京林业大学、南京信息工程大学、南京农业大学、南京中医药大学、中国药科大学、南京师范大学、中国美术学院、安徽大学、合肥工业大学、福州大学、南昌大学、河南大学、中国地质大学、武汉理工大学、华中农业大学、华中师范大学、中南财经政法大学、湖南师范大学、暨南大学、广州中医药大学、华南师范大学、海南大学、广西大学、西南交通大学、西南石油大学、成都理工大学、四川农业大学、成都中医药大学、西南大学、西南财经大学、贵州大学、西藏大学、西北大学、西安电子科技大学、长安大学、陕西师范大学、青海大学、宁夏大学、石河子大学、中国石油大学、宁波大学、中国科学院大学、第二军医大学、第四军医大学

附件 2

“双一流”建设学科名单

（按学校代码排序）

北京大学：哲学、理论经济学、应用经济学、法学、政治学、社会学、马克思主义理论、心理学、中国语言文学、外国语言文学、考古学、中国史、世界史、数学、物理学、化学、地理学、地球物理学、地质学、生物学、生态学、统计学、力学、材料科学与工程、电子科学与技术、控制科学与工程、计算机科学与技术、环境科学与

工程、软件工程、基础医学、临床医学、口腔医学、公共卫生与预防医学、药学、护理学、艺术学理论、现代语言学、语言学、机械及航空航天和制造工程、商业与管理、社会政策与管理

中国人民大学：哲学、理论经济学、应用经济学、法学、政治学、社会学、马克思主义理论、新闻传播学、中国史、统计学、工商管理、农林经济管理、公共管理、图书情报与档案管理①

清华大学：法学、政治学、马克思主义理论、数学、物理学、化学、生物学、力学、机械工程、仪器科学与技术、材料科学与工程、动力工程及工程热物理、电气工程、信息与通信工程、控制科学与工程、计算机科学与技术、建筑学、土木工程、水利工程、化学工程与技术、核科学与技术、环境科学与工程、生物医学工程、城乡规划学、风景园林学、软件工程、管理科学与工程、工商管理、公共管理、设计学、会计与金融、经济学和计量经济学、统计学与运筹学、现代语言学

北京交通大学：系统科学

北京工业大学：土木工程（自定）

北京航空航天大学：力学、仪器科学与技术、材料科学与工程、控制科学与工程、计算机科学与技术、航空宇航科学与技术、软件工程

北京理工大学：材料科学与工程、控制科学与工程、兵器科学与技术

北京科技大学：科学技术史、材料科学与工程、冶金工程、矿业工程

北京化工大学：化学工程与技术（自定）

北京邮电大学：信息与通信工程、计算机科学与技术

中国农业大学：生物学、农业工程、食品科学与工程、作物学、农业资源与环境、植物保护、畜牧学、兽医学、草学

北京林业大学：风景园林学、林学

北京协和医学院：生物学、生物医学工程、临床医学、药学

---

① 注：1. 不加（自定）标示的学科，是根据“双一流”建设专家委员会确定的标准而认定的学科；2. 加（自定）标示的学科，是根据“双一流”建设专家委员会建议由高校自主确定的学科；3. 高校建设方案中的自主建设学科按照专家委员会的咨询建议修改后由高校自行公布。

北京中医药大学：中医学、中西医结合、中药学

北京师范大学：教育学、心理学、中国语言文学、中国史、数学、地理学、系统科学、生态学、环境科学与工程、戏剧与影视学、语言学

首都师范大学：数学

北京外国语大学：外国语言文学

中国传媒大学：新闻传播学、戏剧与影视学

中央财经大学：应用经济学

对外经济贸易大学：应用经济学（自定）

外交学院：政治学（自定）

中国人民公安大学：公安学（自定）

北京体育大学：体育学

中央音乐学院：音乐与舞蹈学

中国音乐学院：音乐与舞蹈学（自定）

中央美术学院：美术学、设计学

中央戏剧学院：戏剧与影视学

中央民族大学：民族学

中国政法大学：法学

南开大学：世界史、数学、化学、统计学、材料科学与工程

天津大学：化学、材料科学与工程、化学工程与技术、管理科学与工程

天津工业大学：纺织科学与工程

天津医科大学：临床医学（自定）

天津中医药大学：中药学

华北电力大学：电气工程（自定）

河北工业大学：电气工程（自定）

太原理工大学：化学工程与技术（自定）

内蒙古大学：生物学（自定）

辽宁大学：应用经济学（自定）

大连理工大学：化学、工程

东北大学：控制科学与工程

大连海事大学：交通运输工程（自定）

吉林大学：考古学、数学、物理学、化学、材料科学与工程

延边大学：外国语言文学（自定）

东北师范大学：马克思主义理论、世界史、数学、化学、统计学、材料科学与工程

哈尔滨工业大学：力学、机械工程、材料科学与工程、控制科学与工程、计算机科学与技术、土木工程、环境科学与工程

哈尔滨工程大学：船舶与海洋工程

东北农业大学：畜牧学（自定）

东北林业大学：林业工程、林学

复旦大学：哲学、政治学、中国语言文学、中国史、数学、物理学、化学、生物学、生态学、材料科学与工程、环境科学与工程、基础医学、临床医学、中西医结合、药学、机械及航空航天和制造工程、现代语言学

同济大学：建筑学、土木工程、测绘科学与技术、环境科学与工程、城乡规划学、风景园林学、艺术与设计

上海交通大学：数学、化学、生物学、机械工程、材料科学与工程、信息与通信工程、控制科学与工程、计算机科学与技术、土木工程、化学工程与技术、船舶与海洋工程、基础医学、临床医学、口腔医学、药学、电子电气工程、商业与管理

华东理工大学：化学、材料科学与工程、化学工程与技术

东华大学：纺织科学与工程

上海海洋大学：水产

上海中医药大学：中医学、中药学

华东师范大学：教育学、生态学、统计学

上海外国语大学：外国语言文学

上海财经大学：统计学

上海体育学院：体育学

上海音乐学院：音乐与舞蹈学

上海大学：机械工程（自定）

南京大学：哲学、中国语言文学、外国语言文学、物理学、化学、天文学、大气科学、地质学、生物学、材料科学与工程、计算机科学与技术、化学工程与技术、矿业工程、环境科学与工程、图书情报与档案管理

苏州大学：材料科学与工程（自定）

东南大学：材料科学与工程、电子科学与技术、信息与通信工程、控制科学与工程、计算机科学与技术、建筑学、土木工程、交通运输工程、生物医学工程、风景园林学、艺术学理论

南京航空航天大学：力学

南京理工大学：兵器科学与技术

中国矿业大学：安全科学与工程、矿业工程

南京邮电大学：电子科学与技术

河海大学：水利工程、环境科学与工程

江南大学：轻工技术与工程、食品科学与工程

南京林业大学：林业工程

南京信息工程大学：大气科学

南京农业大学：作物学、农业资源与环境

南京中医药大学：中药学

中国药科大学：中药学

南京师范大学：地理学

浙江大学：化学、生物学、生态学、机械工程、光学工程、材料科学与工程、电气工程、控制科学与工程、计算机科学与技术、农业工程、环境科学与工程、软件工程、园艺学、植物保护、基础医学、药学、管理科学与工程、农林经济管理

中国美术学院：美术学

安徽大学：材料科学与工程（自定）

中国科学技术大学：数学、物理学、化学、天文学、地球物理学、生物学、科学技术史、材料科学与工程、计算机科学与技术、核科学与技术、安全科学与工程

合肥工业大学：管理科学与工程（自定）

厦门大学：化学、海洋科学、生物学、生态学、统计学

福州大学：化学（自定）

南昌大学：材料科学与工程

山东大学：数学、化学

中国海洋大学：海洋科学、水产

中国石油大学（华东）：石油与天然气工程、地质资源与地质工程

郑州大学：临床医学（自定）、材料科学与工程（自定）、化学（自定）

河南大学：生物学

武汉大学：理论经济学、法学、马克思主义理论、化学、地球物理学、生物学、测绘科学与技术、矿业工程、口腔医学、图书情报与档案管理

华中科技大学：机械工程、光学工程、材料科学与工程、动力工程及工程热物理、电气工程、计算机科学与技术、基础医学、公共卫生与预防医学

中国地质大学（武汉）：地质学、地质资源与地质工程

武汉理工大学：材料科学与工程

华中农业大学：生物学、园艺学、畜牧学、兽医学、农林经济管理

华中师范大学：政治学、中国语言文学

中南财经政法大学：法学（自定）

湖南大学：化学、机械工程

中南大学：数学、材料科学与工程、冶金工程、矿业工程

湖南师范大学：外国语言文学（自定）

中山大学：哲学、数学、化学、生物学、生态学、材料科学与工程、电子科学与技术、基础医学、临床医学、药学、工商管理

暨南大学：药学（自定）

华南理工大学：化学、材料科学与工程、轻工技术与工程、农学

广州中医药大学：中医学

华南师范大学：物理学

海南大学：作物学（自定）

广西大学：土木工程（自定）

四川大学：数学、化学、材料科学与工程、基础医学、口腔医学、护理学

重庆大学：机械工程（自定）、电气工程（自定）、土木工程（自定）

西南交通大学：交通运输工程

电子科技大学：电子科学与技术、信息与通信工程

西南石油大学：石油与天然气工程

成都理工大学：地质学

四川农业大学：作物学（自定）

成都中医药大学：中药学

西南大学：生物学

西南财经大学：应用经济学（自定）

贵州大学：植物保护（自定）

云南大学：民族学、生态学

西藏大学：生态学（自定）

西北大学：地质学

西安交通大学：力学、机械工程、材料科学与工程、动力工程及工程热物理、电气工程、信息与通信工程、管理科学与工程、工商管理

西北工业大学：机械工程、材料科学与工程

西安电子科技大学：信息与通信工程、计算机科学与技术

长安大学：交通运输工程（自定）

西北农林科技大学：农学

陕西师范大学：中国语言文学（自定）

兰州大学：化学、大气科学、生态学、草学

青海大学：生态学（自定）

宁夏大学：化学工程与技术（自定）

新疆大学：马克思主义理论（自定）、化学（自定）、计算机科学与技术（自定）

石河子大学：化学工程与技术（自定）

中国矿业大学（北京）：安全科学与工程、矿业工程

中国石油大学（北京）：石油与天然气工程、地质资源与地质工程

中国地质大学（北京）：地质学、地质资源与地质工程

宁波大学：力学

中国科学院大学：化学、材料科学与工程

国防科技大学：信息与通信工程、计算机科学与技术、航空宇航科学与技术、软件工程、管理科学与工程

第二军医大学：基础医学

第四军医大学：临床医学（自定）

后　记

2018年9月10日，党中央召开了新时代第一次全国教育大会，习近平总书记发表重要讲话，对教育工作进行了全面系统的部署，提出了“九个坚持”的重要论述：坚持党对教育事业的全面领导，坚持把立德树人作为根本任务，坚持优先发展教育事业，坚持社会主义办学方向，坚持扎根中国大地办教育，坚持以人民为中心发展教育，坚持深化教育改革创新，坚持把服务中华民族伟大复兴作为教育的重要使命，坚持把教师队伍建设作为基础工作。“九个坚持”指明了新时代我国教育工作的道路和方向，是新时代中国特色社会主义教育事业必须坚持的重大原则。

教育是国之大计、党之大计。实施“双一流”建设，是党中央面向实现“两个一百年”宏伟目标做出的重大战略决策，最终目的是把我国建成高等教育强国，服务中华民族伟大复兴。习近平总书记高度重视“双一流”建设，强调要扎根中国大地办大学，加快一流大学和一流学科建设，鼓励高校办出特色，在不同学科不同方面争创一流。本书的出版适逢全国上下深入学习、宣传、贯彻落实教育大会精神之际，书中以“坚持扎根中国大地办教育”为根本遵循，对新时代“双一流”建设的历史使命、推进策略等理论与实践问题进行了积极探索。但由于时间节点的关系，本书还没能来得及充分吸收全国教育大会精神，对照习近平总书记重要讲话，相关内容还需要进一步补充完善，这只有留待以后的研究再做弥补了。

本书还非常荣幸地得到我的导师潘懋元先生亲自作序，圆了我多年来的一个梦想！在此谨向先生表示衷心感谢！先生在2018年生病初愈之后，便立即投入到所热爱的事业当中，给博士生上课、批改论文、参加学生答辩、开展学术活动等。年近百岁的老人如此繁忙，我实在不忍心去麻烦他老人家，但他却不辞劳累，欣然命笔作序，给我以极大的鼓励！从先生身上我也更能深切地感受到强大的精神力量！他一直都是用行动践行着对高等教育事业的热爱，保持着对学术前沿的敏感。电话中先生常嘱咐我多回厦大看看，到院里作报告，亲切的话语饱含着鼓舞和鞭策。一位世纪老人如此顽强执著，积极乐观，仍在对他所开创的事业孜孜以求，作为晚辈还有什么理由懈怠？唯有加倍努力，来报答先生的厚爱！

本书的编写及出版也得到了多方面的支持和帮助。本人所在单位教育部教育发展研究中心努力为研究人员搭建政策研究平台，陈子季主任、汪明副主任对本书的出版给予大力支持；本部门战略发展部马陆亭主任及张伟、鞠光宇副研究员给我诸多帮助，替我承担许多工作。南开大学刘清华教授、福建师范大学叶信治教授、湖南大学胡弼成教授、厦门大学校友总会石慧霞副秘书长等，为本书贡献宝贵意见建议，为课题研究提供素材和无私帮助。中国财经出版社张怡然编辑，为本书出版不辞辛苦。我的爱人董荣妮为照顾家庭任劳任怨，默默地支持我的工作。在此谨向各位领导、同事、朋友、家人一并表示衷心感谢！最后，还要感谢为本书提供了重要参考的著作、论文的作者们，向有关专家学者表示最真诚的感谢！

刘承波
2019年1月